银行业专业人员职业资格考试辅导系列

银行业法律法规与综合能力(初级)
过关必做1200题(含历年真题)
(第2版)

主编:圣才学习网
www.100xuexi.com

中国石化出版社
·北京·

内 容 提 要

本书是银行业专业人员职业资格考试科目“银行业法律法规与综合能力（初级）”的过关必做习题集。本书遵循银行业法律法规与综合能力（初级）考试大纲的章目编排，包括5部分，共分为22章，根据《银行业法律法规与综合能力》教材内容及相关法律法规精心编写了约1200道习题，其中包括历年机考真题。所选习题基本涵盖了考试大纲规定需要掌握的知识内容，侧重于选编常考重难点习题，并对大部分习题进行了详细的分析和解答。

圣才学习网（www.100xuexi.com）提供银行业专业人员职业资格考试辅导方案【视频课程、电子书、题库等】。购书即可享受大礼包增值服务【本书电子书（手机版、电脑版）】。手机扫码（本书封底）领取本书大礼包。

图书在版编目（CIP）数据

银行业法律法规与综合能力（初级）过关必做1200题：含历年真题/圣才学习网主编. —2版. —北京：中国石化出版社，2019.5（2025.9重印）
ISBN 978-7-5114-5328-0

Ⅰ.①银… Ⅱ.①圣… Ⅲ.①银行法-中国-资格考试-习题集 Ⅳ.①D922.281-44

中国版本图书馆CIP数据核字（2019）第088566号

中国石化出版社出版发行

地址：北京市东城区安定门外大街58号
邮编：100011 电话：（010）57512500
发行部电话：（010）57512575
http://www.sinopec-press.com
E-mail:press@sinopec.com
武汉市盛宏源印务有限公司印刷
全国各地新华书店经销

*

787×1092毫米16开本14.5印张363千字
2019年7月第2版 2025年9月第3次印刷
定价：58.00元

序　言

为了帮助考生顺利通过银行业专业人员职业资格考试，我们根据考试大纲和指定参考教材精心制作了银行业专业人员职业资格考试辅导系列。

1. 银行业法律法规与综合能力(初级)过关必做1200题(含历年真题)
2. 个人理财(初级)过关必做1200题(含历年真题)
3. 公司信贷(初级)过关必做1000题(含历年真题)
4. 个人贷款(初级)过关必做1000题(含历年真题)
5. 风险管理(初级)过关必做1000题(含历年真题)
6. 银行管理(初级)过关必做1000题(含历年真题)

本书是银行业专业人员职业资格考试科目“银行业法律法规与综合能力(初级)”的过关必做习题集。本书遵循银行业法律法规与综合能力(初级)考试大纲的章目编排，包括5部分，共分为22章，根据《银行业法律法规与综合能力》教材内容及相关法律法规精心编写了约1200道习题，其中包括历年机考真题。所选习题基本涵盖了考试大纲规定需要掌握的知识内容，侧重于选编常考重难点习题，并对大部分习题进行了详细的分析和解答。

购书即可享受大礼包增值服务。手机扫码(本书封底)领取本书大礼包。具体包括：本书电子书(手机版、电脑版)。

与本书相配套，圣才学习网提供银行业专业人员职业资格考试视频课程、电子书、题库。

圣才学习网(www.100xuexi.com)是一家为全国各类考试和专业课学习提供名师视频课程、电子书、题库等全方位教育服务的综合性学习型视频学习网站，拥有近100种考试(含418个考试科目)、194种经典教材(含英语、经济、管理、证券、金融等共16大类)，合计近万小时的面授班、网授班课程。

资格考试：www.100xuexi.com(圣才学习网)
考研辅导：kaoyan.100xuexi.com(圣才考研网)

圣才学习网编辑部

目　录

第一部分　经济金融基础知识

第一章　经济基础知识

一、单选题(下列选项中只有一项最符合题目要求，请将正确选项的代码填入括号内)

1．一个市场中许多生产者生产同种但不同质产品，每个厂商都在市场上具有一定的垄断能力，但它们之间又存在着激烈的竞争。这种行业是指(　　)。[2019 年 6 月真题]

A．寡头垄断的行业　　B．完全垄断的行业

C．垄断竞争的行业　　D．完全竞争的行业

【解析】垄断竞争的行业，是指一个市场中许多生产者生产同种但不同质产品的市场情形。在垄断竞争的市场上，每个厂商都在市场上具有一定的垄断能力，但它们之间又存在着激烈的竞争。其特点是：生产者众多，各种生产资料可以流动；生产的产品同种但不同质，即产品之间存在着差异；由于产品差异性的存在，生产者可以树立自己产品的信誉，从而对自己经营的产品的价格有一定的控制力。

2．宏观经济发展的总体目标一般包括(　　)。[2018 年 10 月真题]

A．经济增长、充分就业、物价稳定和进出口增长

B．经济增长、区域协调、物价稳定和国际收支平衡

C．经济增长、区域协调、物价稳定和进出口增长

D．经济增长、充分就业、物价稳定和国际收支平衡

【解析】宏观经济发展的总体目标一般包括四个，即经济增长、充分就业、物价稳定和国际收支平衡。这四大目标分别通过国内生产总值、失业率、通货膨胀率和国际收支等指标来衡量。

3．消费者物价指数的含义是(　　)。[2018 年 10 月真题]

A．指一组出厂产品批发价格的变化幅度

B．指一组出厂产品零售价格的变化幅度

C．指一组与居民生活有关的商品价格的变化幅度

D．指一组与城乡居民生产和生活有关的商品价格的变化幅度

【解析】对通货膨胀的衡量可以通过对一般物价水平上涨幅度的衡量来进行。常用的指标有三种：消费者物价指数、生产者物价指数、国内生产总值物价平减指数。消费者物价指数是指一组与居民生活有关的商品价格的变化幅度。生产者物价指数是指一组出厂产品批发价格的变化幅度。国内生产总值物价平减指数则是按当年不变价格计算的国内生产总值与按基年不变价格计算的国内生产总值的比率。

1C　2D　3C

4. 国际收支平衡是宏观经济发展总体目标的重要内容之一，关于这一目标的表述，正确的是(　　)。[2017 年 6 月真题]

A. 国际收支顺差越大对一国经济发展越有利

B. 国际收支差额最好处于一个相对合理的范围

C. 国际收支差额对一国国内经济发展基本无影响

D. 国际收支逆差越大对一国经济发展越有利

【解析】国际收支平衡是指国际收支差额处于一个相对合理的范围内，既无巨额的国际收支赤字，又无巨额的国际收支盈余。保持国际收支平衡是保证国民经济持续稳定增长和经济安全的重要条件。

5. 在行业的市场结构中，(　　)是由许多企业生产同质产品的市场情形，是竞争充分而不受任何阻碍和干扰的一种市场结构。[2017 年 6 月真题]

A. 完全竞争的行业　　B. 寡头垄断的行业

C. 完全垄断的行业　　D. 垄断竞争的行业

【解析】完全竞争的行业，是指由许多企业生产同质产品的市场情形，是竞争充分而不受任何阻碍和干扰的一种市场结构。在现实生活中这类市场非常罕见，只有初级产品的市场类型如农产品市场较为接近。

6. 在经济周期中，一般而言，商业银行资产规模和盈利能力处于最高水平的时期是(　　)。[2016 年 10 月真题]

A. 衰退时期　　B. 繁荣时期　　C. 复苏时期　　D. 萧条时期

【解析】在经济繁荣阶段，失业率下降，收入增加使消费支出增加，社会购买力上升，市场兴旺，产品供不应求，价格上升；市场预期好转，企业投资意愿增强；生产发展迅速，企业的经营规模不断扩大，投资数额显著增加，利润激增，此时，商业银行的资产规模和利润处于最高水平。

7. 在行业的市场结构特征分析中，相对少量的生产者在某种产品的生产中占据很大市场份额的情形是指(　　)。[2020 年 10 月真题]

A. 寡头垄断的行业　　B. 完全竞争的行业

C. 完全垄断的行业　　D. 垄断竞争的行业

【解析】根据行业的市场结构可以把行业划分为：①完全竞争的行业，是指由许多企业生产同质产品的市场情形，是竞争充分而不受任何阻碍和干扰的一种市场结构；②垄断竞争的行业，是指一个市场中许多生产者生产同种但不同质产品的市场情形；③寡头垄断的行业，是指相对少量的生产者在某种产品的生产中占据很大市场份额的情形；④完全垄断的行业，是指独家企业生产某种特质产品从而整个行业的市场完全处于一家企业所控制之下的情形。

8. 目前我国常用的衡量经济增长的宏观经济指标是(　　)。[2019 年 6 月真题]

A. 失业率　　B. 国际收支顺差　　C. 国内生产总值　　D. 通货膨胀率

【解析】宏观经济发展的总体目标一般包括四个，即经济增长、充分就业、物价稳定和国

4B　5A　6B　7A　8C

际收支平衡。这四大目标分别通过国内生产总值、失业率、通货膨胀率和国际收支等指标来衡量。

9. 我国统计部门公布的失业率指标是(　　)。[2017 年 10 月真题]

A. 全体人口失业率　　B. 城镇自然失业率

C. 城镇登记失业率　　D. 城市人口失业率

【解析】我国统计部门公布的失业率为城镇登记失业率，即城镇登记失业人数占城镇从业人数与城镇登记失业人数之和的百分比。城镇登记失业人数是指拥有非农业户口，在一定的劳动年龄内有劳动能力，无业而要求就业，并在就业服务机构进行求职登记的人数。

10. 在国内生产总值的定义中区分国内生产和国外生产，一般以(　　)为标准。[2017 年 10 月真题]

A. 市民　　B. 常住居民　　C. 城市居民　　D. 公民

【解析】国内生产总值(GDP)，是指一国(或地区)所有常住居民在一定时期内生产活动的最终成果，即指在一国的领土范围内，本国居民和外国居民在一定时期内所生产的、以市场价格表示的产品和劳务总值。

11. 以下属于垄断竞争行业特征的是(　　)。

A. 市场上只有惟一的一个企业生产和销售产品

B. 所有的资源具有完全的流动性

C. 市场上存在许多生产者，且其对自己经营的产品的价格有一定的控制力

D. 企业生产和销售的产品没有合适的替代品

【解析】垄断竞争的行业的特点是：①生产者众多，各种生产资料可以流动；②生产的产品同种但不同质，即产品之间存在着差异；③由于产品差异性的存在，生产者可以树立自己产品的信誉，从而对自己经营的产品的价格有一定的控制力。AD 两项属于完全垄断行业的特征；B 项属于完全竞争行业的特征。

12. 在衡量一国整体经济增长状况时，一般使用的宏观经济指标是(　　)。[2021 年 6 月真题]

A. 国民生产净值　　B. 国内生产总值　　C. 国民收入　　D. 财政收入

【解析】衡量经济增长的宏观经济指标是国内生产总值(GDP)，它是指一国(或地区)所有常住居民在一定时期内生产活动的最终成果，即指在一国的领土范围内，本国居民和外国居民在一定时期内所生产的、以市场价格表示的产品和劳务总值。GDP 是衡量一国(或地区)整体经济状况的主要指标，GDP 增长率是反映一定时期经济发展水平变化程度的动态指标。

13. 在衡量通货膨胀时，(　　)使用得最多、最普遍。[2024 年 10 月真题]

A. 通货膨胀率　　B. 消费者物价指数

C. 生产者物价指数　　D. GDP 平减指数

【解析】常用来衡量通货膨胀的指标有三种：消费者物价指数、生产者物价指数、国内生产总值物价平减指数。其中，消费者物价指数使用得最多、最普遍。

9C　10B　11C　12B　13B

14. 在经济周期的(　　)阶段，企业进行固定资产更新。

A. 繁荣　　B. 衰退　　C. 萧条　　D. 复苏

【解析】经济周期一般分为四个阶段：繁荣阶段、衰退阶段、萧条阶段和复苏阶段。在经济复苏阶段，公众对市场信心恢复，企业投资意愿增加，企业开始增加投资并进行固定资产更新，生产经营活动趋于正常，利润增加，对借贷资金的需求也显著扩大，商业银行的资产业务规模和利润也有明显扩大。

15. 在经济周期的下降阶段，食品业的销售收入和利润会(　　)。

A. 上升　　B. 下降　　C. 基本稳定　　D. 难以预测

【解析】食品业属于防守型行业，防守型行业所提供的产品需求相对稳定，不受经济周期变化影响，无论在经济周期上升阶段或下降阶段，由于稳定的需求和价格，行业的销售收入和利润会呈现基本稳定的态势。

16. 一个行业在(　　)会面临非常大的竞争压力。

A. 初创期　　B. 成长期　　C. 成熟期　　D. 衰退期

【解析】成长期是一个行业的黄金发展时期，行业利润迅猛增加。在这个阶段，新产品得到市场充分认可，需求量大幅增加，价格稳步提高，逐渐显露出高收益的特征。随着利润的增长，进入该行业的企业数量不断增加，出现新旧企业之间和新旧产品之间激烈竞争的局面。因此，这一时期的企业面临的竞争压力非常巨大。

17. 行业组织是指同一行业内企业的组织形态和企业间的关系，其内容不包括(　　)。

A. 市场结构　　B. 市场行为　　C. 市场供给　　D. 市场绩效

【解析】行业组织是指同一行业内企业的组织形态和企业间的关系，包括市场结构、市场行为、市场绩效三个方面内容。

18. 下列关于区域发展条件分析，说法错误的是(　　)。

A. 自然条件和自然资源是区域社会经济发展的物质前提和物质基础

B. 区域人口的数量会影响区域经济的发展水平和区域产业的构成状况

C. 技术将区域发展的可能性转变为现实性

D. 对区域基础设施的分析应重点评价基础设施的种类、规模、水平、配套等对区域发展的影响

【解析】区域劳动人口的数量会影响区域自然资源开发利用的规模(生产规模的大小)，区域人口的素质会影响区域经济的发展水平和区域产业的构成状况。

19. 下列不属于国内生产总值核算方法的是(　　)。

A. 生产法　　B. 支出法　　C. 预算法　　D. 收入法

【解析】在实际核算中，国内生产总值有三种计算方法，即生产法、收入法和支出法。

20. 下列不属于经济周期所经历阶段的是(　　)。[2024 年 10 月真题]

A. 衰退阶段　　B. 成长阶段　　C. 繁荣阶段　　D. 复苏阶段

【解析】经济周期是指经济处于生产和再生产过程中周期性出现的经济扩张与经济紧缩

14D　15C　16B　17C　18B　19C　20B

交替更迭、循环往复的一种现象。经济周期一般分为四个阶段：繁荣阶段、衰退阶段、萧条阶段和复苏阶段。

21. 一般来说，在衡量通货膨胀时，使用最多最普遍的指标是(　　)。[2024 年 10 月真题]
A. 消费者物价指数　　B. 生产者物价指数
C. 批发物价指数　　D. 国内生产总值物价平减指数
【解析】常用来衡量通货膨胀的指标有三种：消费者物价指数、生产者物价指数、国内生产总值物价平减指数。其中，消费者物价指数使用得最多、最普遍。

22. 以下不属于影响行业兴衰主要因素的选项是(　　)。[2024 年 10 月真题]
A. 社会变化　　B. 政府政策　　C. 企业家精神　　D. 技术进步
【解析】影响行业兴衰的主要因素包括：①技术进步；②政府政策；③行业组织创新；④社会变化；⑤经济全球化。

23. 国外友人的捐赠应该记录在(　　)。[2024 年 10 月真题]
A. 错误与遗漏账户　　B. 外汇账户
C. 资本账户　　D. 经常账户
【解析】汇款和捐赠属于国际收支平衡表经常账户中的经常转移。

24. 根据我国金融业门类划分，属于资本市场服务的是(　　)。[2025 年 6 月真题]
A. 期货市场服务　　B. 再保险　　C. 银行理财服务　　D. 商业养老金
【解析】金融业门类包括货币金融服务、资本市场服务、保险业、其他金融业 4 个大类。货币金融服务包括中央银行服务、货币银行服务、非货币银行服务、银行理财服务、银行监管服务 5 个中类。资本市场服务包括证券市场服务、公开募集证券投资基金、非公开募集证券投资基金、期货市场服务、证券期货监管服务、资本投资服务、其他资本市场服务 7 个中类。保险类包括人身保险、财产保险、再保险、商业养老金、保险中介服务、保险资产管理、保险监管服务、其他保险活动 8 个中类。其他金融类包括金融信托与管理服务、控股公司服务、非金融机构支付服务、金融信息服务、金融资产管理公司、其他未列明金融业 6 个中类。

二、多选题(下列选项中有两项或两项以上符合题目要求，请将符合题目要求选项的代码填入括号内)

1. 在我国，衡量一般物价水平上涨幅度常用的指标有(　　)。[2017 年 6 月真题]
A. 房地产价格指数　　B. 住房价格指数
C. 国内生产总值物价平减指数　　D. 消费者物价指数
E. 生产者物价指数
【解析】通货膨胀是指一般物价水平在一段时间内持续、普遍地上涨。常用的指标有三种：消费者物价指数、生产者物价指数、国内生产总值物价平减指数。

2. 根据行业的市场结构，可以把行业划分为(　　)。[2018 年 10 月真题]
A. 寡头垄断行业　　B. 完全竞争行业　　C. 新兴行业　　D. 垄断竞争行业

21A　22C　23D　24A　|　1CDE　2ABDE

E. 完全垄断行业

【解析】根据行业的市场结构可以把行业划分为：①完全竞争的行业，是指由许多企业生产同质产品的市场情形，是竞争充分而不受任何阻碍和干扰的一种市场结构；②垄断竞争的行业，是指一个市场中许多生产者生产同种但不同质产品的市场情形；③寡头垄断的行业，是指相对少量的生产者在某种产品的生产中占据很大市场份额的情形；④完全垄断的行业，是指独家企业生产某种特质产品从而整个行业的市场完全处于一家企业所控制之下的情形。

3. 关于失业率，下列说法正确的有(　　)。

A. 我国统计部门公布的失业率是全社会失业率

B. 城镇登记失业率即城镇登记失业人数占城镇从业人数与城镇登记失业人数之和的百分比

C. 失业率是充分就业的宏观经济衡量指标

D. 城镇登记失业人员拥有非农业户口

E. 劳动力人口是指年龄在16周岁以上具有劳动能力的人的全体

【解析】A项，我国统计部门公布的失业率为城镇登记失业率。

4. 以下属于完全竞争行业的特征的有(　　)。

A. 市场上有大量的卖者　　B. 市场上每个厂商提供同质的商品

C. 所有的生产资料具有完全的流动性　　D. 市场信息通畅

E. 企业是价格接受者

【解析】完全竞争行业的特点：①生产者众多，各种生产资料可以完全流动；②产品无论是有形或无形的，都是同质的、无差别的；③企业永远是价格的接受者而不是价格的制定者；④企业的盈利基本上由市场对产品的需求来决定；⑤市场信息通畅，生产者和消费者对市场情况非常了解，并且可以自由进入和退出这个市场。完全竞争市场的根本特点是企业的产品无差异，生产者无法控制市场价格。

5. 下列属于完全垄断行业的特征的有(　　)。

A. 市场上只有惟一的一个企业生产和销售产品

B. 该企业生产和销售的产品缺乏合适的替代品

C. 存在许多卖者，每个企业都认为自己行为的影响很小

D. 企业生产的产品属于某种特质产品

E. 企业对产品价格有很强的控制力

【解析】完全垄断的行业，是指独家企业生产某种特质产品从而整个行业的市场完全处于一家企业所控制之下的情形。其主要特点是：市场完全处于一家企业的控制中，产品被独占，产品又缺乏合适的替代品，所以垄断企业对自己的产品价格有很强的控制力，能够获得最大利润。

6. 宏观经济分析研究国民生产总值和国民收入的变动及其与(　　)的关系。

A. 单个经济单位　　B. 社会就业

3BCDE　4ABCDE　5ABDE　6BCE

C. 经济周期波动　　D. 单个生产要素市场

E. 经济增长

【解析】宏观经济分析是以整个国民经济活动作为考察对象，研究各个有关的总量及其变动，特别是研究国民生产总值和国民收入的变动及其与社会就业、经济周期波动、通货膨胀、经济增长等之间的关系。因此，宏观经济分析又称总量分析或整体分析。AD 两项属于微观经济分析的研究内容。

7. 长期、巨额的国际收支顺差会导致(　　)。

A. 本币的大幅贬值　　B. 资本的大量外流

C. 大量的外汇储备闲置　　D. 外汇市场对本币信心的丧失

E. 国内通货膨胀压力增加

【解析】长期、巨额的国际收支顺差，既使大量的外汇储备闲置，造成资源浪费，又常常因为购买大量的外汇而增加本国货币投放，导致国内通货膨胀压力增加；巨额的国际收支逆差可能导致外汇市场对本币信心的丧失、资本的大量外流、外汇储备的急剧下降、本币的大幅贬值，甚至导致严重的货币和金融危机。

8. 经济周期一般分为四个阶段，下列(　　)属于繁荣阶段的特点。

A. 社会购买力上升　　B. 企业开始增加投资并进行固定资产更新

C. 产品供不应求，价格上升　　D. 企业的经营规模不断扩大

E. 消费需求开始减少

【解析】在经济繁荣阶段，失业率下降，收入增加使消费支出增加，社会购买力上升，市场兴旺，产品供不应求，价格上升；市场预期好转，企业投资意愿增强；生产发展迅速，企业的经营规模不断扩大，投资数额显著增加，利润激增，这时，商业银行的资产规模和利润也处于最高水平。B 项属于经济复苏阶段的特点；E 项属于经济衰退阶段和萧条阶段的特点。

9. 经济结构会通过影响一国国民经济的(　　)来间接影响商业银行。

A. 供需平衡　　B. 增长速度　　C. 增长质量　　D. 稳定性

E. 可持续性

【解析】经济结构对商业银行既有直接影响，也有间接影响。从直接的角度来看，经济结构会直接影响社会经济主体对商业银行服务的需求，从而在一定程度上决定商业银行的经营特征。从间接的角度来看，经济结构会通过影响一国国民经济的增长速度、增长质量和可持续性来影响商业银行。

10. 金融危机可分为(　　)。[2024 年 10 月真题]

A. 外债危机　　B. 系统性金融危机

C. 银行危机　　D. 货币危机

E. 经济危机

【解析】国际货币基金组织将金融危机分为四大类：货币危机、银行危机、外债危机、系统性金融危机。

7CE　8ACD　9BCE　10ABCD

11. 增长型行业主要依靠技术进步、新产品的推出和更优质的服务，从而使其经常呈现出增长形态，下列属于增长型行业的是(　　)。

A. 耐用品制造业　B. 生物技术　C. 食品业　D. 物联网

E. 4D 技术

【解析】A 项属于周期型行业；C 项属于防守型行业。

12. 在影响行业兴衰的主要因素中，政府政策的核心是(　　)。

A. 货币政策　B. 财政政策　C. 汇率政策　D. 产业结构政策

E. 产业组织政策

【解析】政府主要通过产业政策来对各行业进行管理和调控进而影响行业的发展。产业政策是国家干预经济的一种形式，是为了实现一定的社会经济目标而对行业发展进行干预的各种政策的总和。政府政策的核心是产业结构政策和产业组织政策。

13. 国内生产总值的表现形态包括(　　)。

A. 收入形态　B. 产品形态　C. 货币形态　D. 价值形态

E. 服务形态

【解析】国内生产总值(GDP)是指一国(或地区)所有常住居民在一定时期内生产活动的最终成果，即指在一国的领土范围内，本国居民和外国居民在一定时期内所生产的、以市场价格表示的产品和劳务总值。国内生产总值有三种表现形态，即价值形态、收入形态和产品形态。

14. 国际收支平衡表的账户包括(　　)。

A. 收入账户　B. 经常账户

C. 资本与金融账户　D. 错误与遗漏账户

E. 支出账户

【解析】国际收支平衡表是系统地记录一个国家一定时期内(通常为一年)全部国际收支项目及金额的统计报表。国际收支平衡表的账户可分为三大类：①经常账户；②资本与金融账户；③错误与遗漏账户。

15. 下列行业中属于第三产业的是(　　)。

A. 批发和零售业　B. 制造业

C. 金融业　D. 文化、体育和娱乐业

E. 建筑业

【解析】国民经济可分为第一产业、第二产业和第三产业。国家统计局 2018 年 3 月 27 日发布了《关于修订〈三次产业划分规定(2012)〉的通知》，根据《国民经济行业分类》(GB/T 4754—2017)，对三次产业划分中的行业类别进行了调整。调整后的第三产业即服务业，是指除第一产业、第二产业以外的其他行业，具体包括：农、林、牧、渔专业及辅助性活动，开采专业及辅助性活动，批发和零售业，交通运输、仓储和邮政业，住宿和餐饮业，信息传输、软件和信息技术服务业，金融业，房地产业，租赁和商务服务业，科学研究和技术服务业，水利、环境和公共设施管理业，居民服务、修理和

11BDE　12DE　13ABD　14BCD　15ACD

其他服务业，教育，卫生和社会工作，文化、体育和娱乐业，公共管理、社会保障和社会组织，国际组织。BE 两项属于第二产业。

16. 我国采用经济活动的同质性原则划分国民行业。根据 2017 年公布的《国民经济行业分类》（GB/T 4754—2017），我国将行业分为 20 个门类，其中金融业门类包括的大类有（　　）。

A. 保险业　　B. 其他金融业　　C. 银行理财服务　　D. 货币金融服务

E. 资本市场服务

【解析】根据 2017 年公布的《国民经济行业分类》（GB/T 4754—2017），我国将行业分为 20 个门类，其中金融业门类包括货币金融服务、资本市场服务、保险业、其他金融业等 4 个大类。C 项，货币金融服务包括中央银行服务、货币银行服务、非货币银行服务、银行理财服务、银行监管服务等 5 个中类。

三、判断题（请对下列各题的描述做出判断，正确的用 A 表示，错误的用 B 表示）

1. 完全竞争市场避免了信息不畅可能导致的一个市场同时按照不同的价格进行交易的情况。（　　）

【解析】完全竞争市场的一个基本特征就是信息通畅，生产者和消费者对市场情况非常了解，并且可以自由进入和退出这个市场。完全竞争市场中，企业生产的产品无差异，生产者无法控制市场价格，所以也不会出现按不同价格进行交易的情况。

2. 国际收支平衡是指国际收支差额为零。（　　）

【解析】国际收支平衡是指国际收支差额处于一个相对合理的范围内，既无巨额的国际收支赤字，又无巨额的国际收支盈余。

3. 经济周期即产品生命周期，是指经济处于生产和再生产过程中周期性出现的经济扩张与经济紧缩交替更迭、循环往复的一种现象。（　　）

【解析】经济周期是指经济处于生产和再生产过程中周期性出现的经济扩张与经济紧缩交替更迭、循环往复的一种现象。经济周期一般分为四个阶段：繁荣阶段、衰退阶段、萧条阶段和复苏阶段。而产品生命周期是指产品从投入市场到更新换代和退出市场所经历的全过程。

4. 经济危机一旦引发经济基本面的极端恶化，大量企业倒闭，社会经济陷入极端萧条中，就会发展为金融危机。（　　）

【解析】金融危机一旦引发经济基本面的极端恶化，大量企业倒闭，社会经济陷入极端萧条中，就会发展为经济危机。

5. 增长型行业的运行状态与经济周期关联不大。（　　）

【解析】增长型行业的运行状态与经济周期关联不大。这些行业收入增长的速度相对于经济周期的变动来说，不会出现同步影响。它们主要依靠技术进步、新产品的推出和更优质的服务，从而使其经常呈现出增长形态。

6. 在很多情况下，行业的衰退期往往比行业生命周期的其他阶段的总和还要长。（　　）

16ABDE　▎　1A　2B　3B　4B　5A　6A

【解析】在很多情况下，行业的衰退期往往比行业生命周期的其他阶段的总和还要长，大量的行业存在着衰而不亡的情况，甚至会长期存在于人类社会发展过程中。

7. 行业组织创新是使行业组织重新获得竞争优势的过程。（　　）

【解析】行业组织创新是使行业组织重新获得竞争优势的过程。一些组织创新活跃的行业，随着新技术、新产品和新型组织关系的不断涌现，往往能获得超额利润。

8. 对区域经济发展水平和发展阶段的分析是通过纵向比较，明确区域经济发展水平，确定其所处的发展阶段，为区域经济发展的战略决策提供依据。（　　）

【解析】对区域经济发展水平和发展阶段的分析主要是在建立经济发展水平量度标准的基础上，通过横向比较，明确区域经济发展水平，确定其所处的发展阶段，为区域发展的战略决策提供依据。

9. 我国采用经济活动的同质性原则划分国民行业。（　　）［2025 年 6 月真题］

【解析】行业是指从事相同性质的经济活动的所有单位的集合。我国采用经济活动的同质性原则划分国民行业。

7A　8B　9A

第二章　金融基础知识

一、单选题（下列选项中只有一项最符合题目要求，请将正确选项的代码填入括号内）

1. 通货膨胀的主要标志是（　　）。［2019 年 6 月真题］

A. 货币需要量增加　　B. 物价总水平持续上涨

C. 货币发行量增加　　D. 货币供应量增加

【解析】物价总水平持续上涨是通货膨胀的必然结果，是通货膨胀的主要标志。因此，世界各国多用物价指数测量通货膨胀率。

2. 在下列中央银行可以运用的货币政策工具中，主动性和灵活准确性较强的是（　　）。［2021 年 6 月真题］

A. 利率　　B. 再贴现率　　C. 存款准备金率　　D. 公开市场业务

【解析】公开市场业务政策具有主动性、灵活准确性、可逆转性、可微调、操作过程迅速、可持续操作等优点，所以成为中央银行常用的主要货币政策工具。

3. 我国货币政策的目标是（　　）。［2019 年 6 月真题］

A. 制定和执行货币政策，加强宏观调控

B. 保持货币币值的稳定，并以此促进经济增长

C. 防范和化解金融风险

D. 维护金融稳定，促进经济发展

【解析】在现阶段，我国的货币政策目标是"保持货币币值稳定，并以此促进经济增长"。币值稳定既包括避免通货膨胀和防止通货紧缩，也包括货币对内币值稳定（国内物价稳定）和对外币值稳定（汇率稳定）。这一政策目标既规定了稳定货币的第一属性，又明确了稳定货币的最终目的（促进经济增长）。

4. 下列关于货币产生的表述，错误的是（　　）。［2018 年 10 月真题］

A. 是商品经济内在矛盾的产物

B. 是随着商品交换的发展从商品中分离出来的

C. 是随着商品交换的发展由国家规定而产生的

D. 是价值表现形式发展的必然结果

【解析】货币是在商品交换出现以后，随着商品交换的发展，从商品世界分离出来的、固定作为商品交换媒介的特殊商品。它是商品经济内在矛盾的产物，是价值表现形式发展的必然结果。

5. 中央银行在市场上买卖政府债券，属于哪种中央银行调控措施？（　　）［2018 年 10 月真题］

A. 公开市场业务　　B. 再贷款　　C. 窗口指导　　D. 再贴现

1B　2D　3B　4C　5A

【解析】公开市场业务是指中央银行在金融市场上卖出或买进有价证券，吞吐基础货币，以改变商业银行等金融机构的可用资金，进而影响货币供应量和利率，实现货币政策目标的一种政策措施。

6. 一国货币对外升值后，下列关于对进口贸易影响的说法，正确的是(　　)。[2019 年 6 月真题]

A. 有利于外国商品的进口　　B. 有利于减少贸易逆差

C. 有利于增加贸易顺差　　D. 有利于本国商品的出口

【解析】本国货币升值后，以外国货币表示的本国出口商品的价格上升，出口商品在国外市场上的竞争力下降，利润减少，出口量减少；相反，进口商品以本国货币表示的价格下降，需求会上升，进而扩大进口。贸易逆差扩大。

7. 货币的本质决定了货币是(　　)。[2017 年 6 月真题]

A. 具有价值和使用价值的普通商品　　B. 具有使用价值的普通商品

C. 是固定充当一般等价物的特殊商品　　D. 是固定充当一般等价物的普通商品

【解析】货币的本质表现为：货币是一般等价物，是固定充当一般等价物的特殊商品，体现商品生产者之间的社会关系。

8. 中央银行提高法定存款准备金率时，在市场上引起的效应为(　　)。[2016 年 10 月真题]

A. 商业银行可用资金减少，贷款总量上升，导致货币供应量增多

B. 商业银行可用资金增多，贷款总量下降，导致货币供应量减少

C. 商业银行可用资金增多，贷款总量上升，导致货币供应量增多

D. 商业银行可用资金减少，贷款总量下降，导致货币供应量减少

【解析】紧缩的货币政策中，中央银行可以提高法定存款准备金率，使商业银行的超额准备金减少，贷款能力减弱，货币乘数降低，派生存款数量减少，达到收缩货币供应量的目的。

9. 下列关于基准利率的表述，错误的是(　　)。[2016 年 10 月真题]

A. 基准利率变化趋势引导着一个国家利率的总体变化方向

B. 基准利率决定着一个国家的金融市场的最高利率水平

C. 中国人民银行对商业银行的再贷款利率可以理解为基准利率

D. 基准利率是金融机构制定存款利率、贷款利率、有价证券利率的依据

【解析】基准利率有两重含义：①基准利率决定着一个国家的金融市场利率水平，是金融机构系统制定存款利率、贷款利率、有价证券利率的依据；②基准利率表明中央银行对于当期金融市场货币供求关系的总体判断，基准利率的变化趋势引导着一个国家利率的总体变化方向。中国人民银行对商业银行的再贷款利率，可以理解为我国目前的基准利率。

10. 通常，法定存款准备金率的制定者是(　　)。[2016 年 5 月真题]

A. 中央银行　　B. 银行业协会　　C. 商业银行　　D. 货币政策委员会

【解析】法定存款准备金即以法律形式规定商业银行必须保留的最低数额的准备金。法

6A　7C　8D　9B　10A

定存款准备金率由中央银行规定。法定存款准备金率的高低，直接影响银行创造存款货币的能力。

11. 下列因素中，与银行创造派生存款多少成正比的是(　　)。[2023 年 10 月真题]

A. 法定存款准备金率　　B. 原始存款

C. 超额准备金率　　D. 现金漏损率

【解析】银行用转账方式发放贷款、贴现和投资时创造的存款，即为派生存款。银行创造派生存款的多少与原始存款的数量成正比，与法定存款准备金率、超额准备金率、现金漏损率成反比。

12. 当社会需求严重不足、生产资源大量闲置、解决失业和刺激经济增长成为宏观调控首要目标的情况下，一国通常会采取财政政策与货币政策的搭配方式是(　　)。[2016 年 5 月真题]

A. 紧缩性财政政策与扩张性货币政策　　B. 扩张性财政政策与扩张性货币政策

C. 扩张性财政政策与紧缩性货币政策　　D. 紧缩性财政政策与紧缩性货币政策

【解析】题中所述经济现象是通货紧缩。治理通货紧缩应采取扩张的财政政策和扩张的货币政策。扩张的财政政策主要是扩大财政开支，兴建公共工程，增加财政赤字，减免税收。扩张的货币政策主要是通过降低法定存款准备金率、降低再贴现率、公开市场买入有价证券等手段，以增加商业银行的超额准备金、增加基础货币，扩大货币乘数，增加社会货币供给总量；降低基准利率，以减少商业银行借款成本，降低市场利率，刺激总需求。

13. 中央银行在运用货币政策进行金融宏观调控时，主要是通过调控(　　)来影响社会经济活动。[2017 年 10 月真题]

A. 国民生产总值　　B. 货币需求量

C. 货币供给量　　D. 国内生产总值

【解析】货币政策是指中央银行为实现特定经济目标而采用的控制和调节货币供应量、信用及利率等方针和措施的总称，是国家调节和控制宏观经济的主要手段之一。

14. 下列不属于货币政策中介目标和操作目标的选择标准的是(　　)。[2016 年 5 月真题]

A. 相关性　　B. 可观测性　　C. 可控性　　D. 流动性

【解析】货币政策中介目标和操作目标的选择标准：①可观测性，这种指标能够观察货币政策作用的效果和实施进度，反映这种指标的数据资料能够准确及时获取，便于定量分析；②可控性，即中央银行能按政策意图对所选择的中介目标和操作目标进行有效控制和调节，要处于中央银行运用的政策工具的作用范围之内；③相关性，这种指标既要与货币政策工具密切相关，又要与货币政策最终目标紧密相连。

15. 下列关于贷款利率的表述，正确的是(　　)。[2016 年 5 月真题]

A. 贷款利率越高，企业的利润越高

B. 贷款利率越高，金融机构的利息收入越少

C. 贷款利率的高低直接决定着金融机构的筹资成本

11B　12B　13C　14D　15D

D. 贷款利率的高低直接决定着金融机构的利息收入

【解析】贷款利率的高低直接决定着金融机构的利息收入和借款人的筹资成本，影响着借贷双方的经济利益。贷款利率越高，金融机构的利息收入越多，借款人的筹资成本越高。

16. 我国划分货币层次的标准是(　　)。[2015 年 10 月真题]

A. 收益性　　B. 期限性　　C. 流动性　　D. 风险性

【解析】现阶段，我国按照国际通行的原则，以货币流动性差别作为划分各层次货币供应量的标准。

17. 下列选项中属于通货紧缩产生的原因之一是(　　)。[2017 年 10 月真题]

A. 货币供给过多　　B. 经济结构不合理，存在过多的无效供给

C. 外资流入增加　　D. 有效需求过大

【解析】通货紧缩是指经济中货币供应量少于客观需要量，社会总需求小于总供给，导致单位货币升值、价格水平普遍和持续下降的经济现象。通货紧缩产生的原因有：①货币供给减少。②有效需求不足。③供需结构不合理。由于经济中存在不合理的扩张和投资，造成了不合理的供给结构和过多的无效供给，当积累到一定程度时必然加剧供求之间的矛盾，导致供过于求，产品价格下跌。④国际市场的冲击。对于开放度较高的国家，在国际经济不景气的情况下，国内市场也会受到很大的影响。主要表现在出口下降，外资流入减少，导致国内供给增加、需求减少，产品价格下降。

18. 当本国利率水平高于外国利率时，会引起(　　)。[2020 年 10 月真题]

A. 对本国货币需求增大　　B. 外汇升值，本币贬值

C. 对外汇需求增大　　D. 资本流出

【解析】当一国提高利率水平或本国利率高于外国利率时，会引起资本流入，由此对本国货币需求增大，使本币升值，外汇贬值；反之，当一国降低利率或本国利率低于外国利率时，会引起资本从本国流出，由此对外汇需求增大，外汇升值，本币贬值。

19. 现阶段我国货币政策的中介目标是(　　)。[2017 年 10 月真题]

A. 货币供应量　　B. 现金　　C. 基础货币　　D. 经济增长

【解析】货币政策的中介目标是中央银行为了实现货币政策的终极目标而设置的可供观察和调整的指标。中介目标主要包括货币供应量和利率。它们与货币政策终极目标关系密切，并且中央银行又可直接控制，通过观测和控制这些指标，就可以间接地控制终极目标。现阶段我国货币政策的中介目标主要是货币供应量。

20. 治理通货膨胀的措施中，属于紧缩的财政政策的是(　　)。[2015 年 10 月真题]

A. 减少赋税　　B. 减少基础货币投放

C. 提高利率　　D. 减少政府支出

【解析】通货膨胀的治理对策有：①紧缩的货币政策，包括减少货币供应量和提高利率；②紧缩的财政政策，主要是增收节支、减少赤字，其中增收的措施主要是增加税赋，

16C　17B　18A　19A　20D

节支的措施主要是压缩政府机构费用开支，抑制公共事业投资，减少各种补贴和救济等福利性支出。

21. 下列关于货币需求的理解，错误的是(　　)。

A. 货币需求是指经济主体对货币的流通手段和支付手段的需求

B. 货币需求发端于商品交换

C. 在信用制度发达条件下，货币需求强度较低

D. 经济结构、社会分工也会影响货币需求

【解析】A 项，货币需求是指在一定时期内，社会各阶层(个人、企业单位、政府)愿意以货币形式持有财产的需要，或社会各阶层对货币的流通手段、支付手段和贮藏手段的需求。

22. 收入状况是决定货币需求的主要因素之一，在一般情况下，货币需求量与收入水平(　　)。

A. 正相关　　B. 负相关　　C. 无关　　D. 不确定

【解析】收入状况是决定货币需求的主要因素之一。在一般情况下，货币需求量与收入水平成正比，当居民、企业等经济主体的收入增加时，他们对货币的需求也会增加；当其收入减少时，他们对货币的需求也会减少。

23. 当一国存在较大国际收支逆差时，不会出现的现象是(　　)。[2017 年10 月真题]

A. 会造成本国外汇收入比外汇支出少　　B. 会造成外汇汇率上涨

C. 会造成对外汇的需求小于外汇供给　　D. 会造成本币对外贬值

【解析】当一国存在较大国际收支逆差时，说明本国外汇收入比外汇支出少，对外汇的需求大于外汇供给，会造成外汇汇率上涨，本币对外贬值。

24. 货币供应量是指(　　)。

A. 处于流通中的现金量　　B. 处于流通中的存款量

C. 货币需要量　　D. 处于流通中的现金量和存款量之和

【解析】由于 M_2 通常反映社会总需求变化和未来通货膨胀的压力状况，因此，一般所说的货币供应量是指 M_2。$M_2 = M_1$ + 城乡居民储蓄存款 + 企业存款中具有定期性质的存款 + 外币存款 + 信托类存款，其中，$M_1 = M_0$ + 企业活期存款 + 机关团体部队存款 + 农村存款 + 个人持有的信用卡类存款；M_0 = 流通中现金。因此，货币供应量即处于流通中的现金量和存款量之和。

25. 下列关于商业银行创造存款货币的能力的说法，正确的是(　　)。

A. 法定存款准备金率越高，商业银行创造存款货币的数量越少

B. 现金漏损率越高，商业银行创造存款货币的数量越多

C. 超额准备金与活期存款总额同向变化

D. 定期存款的存款准备金率越高，商业银行创造存款货币的数量越多

【解析】货币乘数可表示为：$K = \frac{1}{r_d + c + e + r_t \cdot t}$，其中，$r_d$ 代表法定存款准备金率，c

---

21A　22A　23C　24D　25A

代表现金漏损率，e 代表超额准备金率，r_t 代表定期存款的存款准备金率，t 代表定期存款占活期存款的比例。从货币乘数的公式中可以看出，商业银行创造存款货币的能力与法定存款准备金率、现金漏损率、超额准备金率、定期存款的存款准备金率成反向变动关系。C 项，超额准备金和活期存款总额是反向比例关系。

26. 假定金融机构的法定准备金率为20%，超额准备金率为2%，现金漏损率为3%，不考虑定期存款的存款准备金率，则存款乘数为(　　)。

A. 4.00　　B. 4.12　　C. 5.00　　D. 20.00

【解析】不考虑定期存款的存款准备金率，则存款乘数 $K=\frac{1}{r_d+e+c}$，其中 r_d 代表法定准备金率，e 代表超额准备金率，c 代表现金漏损率。题中，$r_d=20\%$，$e=2\%$，$c=3\%$，故存款乘数为 $K=\frac{1}{20\%+2\%+3\%}=4$。

27. “太多的货币追求太少的商品”，从而导致一般物价水平上涨，这种情形属于(　　)通货膨胀。

A. 需求拉上型　　B. 成本推进型　　C. 结构型　　D. 隐蔽型

【解析】需求拉上型通货膨胀是指当总需求与总供给的对比处于供不应求状态，总需求大于总供给时，过多的需求拉动价格水平上涨。由于在现实生活中，总需求是由有购买和支付能力的货币量构成，总供给则表现为市场上的商品和劳务，所以也就是“过多的货币追求过少的商品”引起了物价上涨。

28. 当存在商品和劳务销售的完全竞争市场时，不可能产生的是(　　)。

A. 需求拉上型通货膨胀　　B. 结构型通货膨胀

C. 工资推进型通货膨胀　　D. 利润推进型通货膨胀

【解析】利润推进的通货膨胀，其前提条件是存在着商品和劳务销售的不完全竞争市场。

29. 2010 年至 2012 年上半年，由于国际大宗商品价格上涨，导致我国重要原材料和中间产品的价格持续上涨，由此而引起的通货膨胀属于(　　)通货膨胀。

A. 需求拉上型　　B. 结构型　　C. 成本推动型　　D. 供求混合型

【解析】成本推动型通货膨胀的根源在于社会总供给的变化，在商品和劳务的需求不变的情况下，因生产成本的提高而推动物价上涨。生产成本的提高主要来自两个方面的原因：①工资推进的通货膨胀；②利润推进的通货膨胀。本题所述情景属于利润推进的通货膨胀导致生产成本提高。

30. 为治理通货膨胀，中央银行一般会在市场上(　　)。

A. 出售有价证券　　B. 购入有价证券

C. 加大货币投放量　　D. 降低利率

【解析】治理通货膨胀的对策有紧缩的货币政策和紧缩的财政政策，其中，紧缩的货币政策包括：①减少货币供应量；②提高利率。中央银行可以通过在公开市场上出售有价证券来减少货币供应量达到控制通货膨胀的目的。

26A　27A　28D　29C　30A

31. (　　)是中央银行为实现特定的经济目标而采用的各种控制和调节货币供应量或信用量的方针、政策、措施的总称。

A. 国际收支　B. 货币政策　C. 货币政策工具　D. 信贷政策

【解析】货币政策是指中央银行为实现特定经济目标而采用的控制和调节货币供应量、信用及利率等方针和措施的总称，是国家调节和控制宏观经济的主要手段之一。

32. 作为调节对象和监测货币政策效果的金融指标是(　　)。

A. 货币政策最终目标　B. 货币政策工具

C. 货币政策中介目标　D. 货币政策操作目标

【解析】货币政策的中介目标是中央银行为了实现货币政策的终极目标而设置的可供观察和调整的指标。货币政策中介目标的作用在于：表明货币政策实施的进度；为中央银行提供一个追踪观测的指标；便于中央银行调整政策工具的使用。

33. 选择中介目标的可控性是指货币政策中介目标要能通过(　　)进行调控。

A. 货币政策工具　B. 金融工具　C. 经济政策　D. 经济手段

【解析】理想的货币政策中介目标应具有可观测性、可控性、相关性。其中，可控性是指中央银行能按政策意图对所选择的中介目标和操作目标进行有效控制和调节，要处于中央银行运用的政策工具的作用范围之内。

34. 一般性货币政策的主要作用在于对(　　)或信用进行总量调控，对整个经济产生影响。

A. 货币贮存量　B. 货币供应量　C. 货币发行量　D. 现金发行量

【解析】一般性货币政策工具是从总量的角度，通过对货币供应总量或信用总量的调节与控制来影响整个经济，也被称为经常性、常规性货币政策工具。

35. 降低法定存款准备金率，会使商业银行的(　　)。

A. 资金周转率下降　B. 资金周转率提高

C. 货币创造能力上升　D. 货币创造能力下降

【解析】法定存款准备金率越高，银行吸收的存款中可用于放款的资金越少，创造存款货币的数量则越少；反之，法定存款准备金率越低，创造存款货币的数额则越大。因此，降低法定存款准备金率，会使商业银行的货币创造能力上升。

36. 中央银行在公开市场上买卖有价证券，将直接影响(　　)，从而影响货币供应量。

A. 商业银行法定准备金　B. 商业银行超额准备金

C. 中央银行再贴现　D. 中央银行再贷款

【解析】当中央银行需要增加货币供应量时，可利用公开市场操作买入证券，增加商业银行的超额准备金，通过商业银行存款货币的创造功能，最终导致货币供应量的多倍增加。反之则相反。

37. 在中央银行的一般性货币政策工具中，与存款准备金政策相比，公开市场业务的优点之一是(　　)。

A. 富有弹性，可对货币进行微调　B. 对商业银行具有强制性

31B　32C　33A　34B　35C　36B　37A

C. 时滞较短，不确定性小　　　　　　D. 不需要发达的金融市场条件

【解析】公开市场业务政策具有主动性、灵活准确性、可逆转性、可微调、操作过程迅速、可持续操作等优点，所以成为中央银行常用的主要货币政策工具。

38. (　　)在期限较长、市场利率变化较多的情况下，借贷双方都可能会承担利率波动的风险。

A. 浮动利率　　B. 固定利率　　C. 实际利率　　D. 拆借利率

【解析】固定利率便于计算成本和收益，但在期限较长、市场利率变化较多的情况下，借贷双方都可能会承担利率波动的风险。

39. 中央银行货币政策实施传导过程是(　　)。[2024 年 10 月真题]

A. 中央银行→中介目标→最终目标→操作目标

B. 中央银行→操作目标→最终目标→中介目标

C. 中央银行→中介目标→操作目标→最终目标

D. 中央银行→操作目标→中介目标→最终目标

【解析】中央银行通过货币政策工具操作直接引起操作目标的变动，操作目标的变动又通过一定的途径传导到整个金融体系，引起中介目标的变化，进而影响宏观经济运行，实现货币政策最终目标。

40. 在汇率标价方法当中，间接标价法是指以(　　)。

A. 一定数额的外币表示一定单位的本币

B. 一定数额的本币表示一定单位的外币

C. 一定数额的本币表示一定单位的黄金

D. 一定数额的本币表示一定单位的特别提款权

【解析】间接标价法是以一定单位的本币作为标准，来计算应付多少外币的标价方法，又称为应收标价法。

41. 根据购买力平价理论，决定汇率长期趋势的主导因素是(　　)。

A. 国际收支　　　　　　　　　　B. 相对利率

C. 相对通货膨胀率　　　　　　　D. 心理预期

【解析】在当今不规定含金量的纸币制度下，货币购买力的对比是两国汇率决定的基础，即货币购买力平价。物价水平变动反映货币购买力，而国际间物价水平的相对变动，也可以看作是相对通货膨胀率的变化。

42. 当一国存在较大规模国际收支顺差时，通常出现的现象是(　　)。[2021 年 6 月真题]

A. 会造成对外汇的需求小于外汇供给　　B. 会造成本国外汇收入比外汇支出少

C. 会造成外汇汇率上涨　　　　　　　　D. 会造成本币对外贬值

【解析】当一国处于国际收支顺差时，说明本国出口增加、外汇收入增加，而进口减少、外汇支付减少，这时，外汇供给大于支出，从而造成本币对外升值，外汇汇率下跌。

43. 根据购买力平价理论，通货膨胀高的国家货币汇率(　　)。

A. 升水　　B. 贬值　　C. 升值　　D. 贴水

38B　39D　40A　41C　42A　43B

【解析】在一国发生通货膨胀的情况下，该国货币所代表的价值量就会减少，其实际购买力也随之下降，于是其对外币比价同样趋于下跌。

44. 目前，我国实行以市场供求为基础、参考(　　)。

A. 美元和欧元进行调节、自由浮动的汇率制度

B. 美元进行调节、可调整的盯住汇率制度

C. 欧元进行调节、可调整的盯住汇率制度

D. 一篮子货币进行调节、有管理的浮动汇率制度

【解析】汇率制度又称汇率安排，是指一国货币当局对其货币汇率的变动所作的一系列安排或规定的统称。目前，我国实行以市场供求为基础、参考一篮子货币进行调节、有管理的浮动汇率制度。

45. (　　)是体现货币性质的基本职能。

A. 价值尺度和流通手段　　B. 价值尺度和支付手段

C. 贮藏手段和支付手段　　D. 贮藏手段和世界货币

【解析】货币具有价值尺度、流通手段、贮藏手段、支付手段、世界货币等职能，这几种职能是相互联系的：①价值尺度和流通手段是体现货币性质的基本职能，其他职能都是在这两个职能基础上派生出来的；②货币的支付手段职能和价值尺度、流通手段职能的关系是密不可分的；③正是由于货币能执行流通手段和支付手段职能，人们才愿意把货币作为社会财富的代表保存起来，货币才有贮藏手段职能，同时贮藏的货币价值又是一种潜在的流通手段和支付手段；④货币的价值尺度、流通手段、贮藏手段、支付手段在世界市场上发挥作用时，就执行世界货币职能，这一职能是以其他职能为基础的。

46. 下列不属于中央银行所采用的间接性货币政策工具的是(　　)。

A. 道义劝告　　B. 窗口指导　　C. 公开宣传　　D. 信用配额

【解析】除一般性货币政策工具外，中央银行还可以利用选择性货币政策工具、直接性货币政策工具、间接性货币政策工具对经济进行调控。其中，间接性货币政策工具主要包括窗口指导、道义劝告、金融检查、公开宣传等。D 项属于直接性货币政策工具。

47. 下列各项中，属于价格型货币政策工具的是(　　)。

A. 公开市场业务　　B. 法定存款准备金政策

C. 汇率　　D. 再贴现

【解析】数量型货币政策工具是指侧重于直接调控货币供给量(基础货币、货币供应量)的工具；价格型货币政策工具是指侧重于间接调控的工具。在我国，价格型货币政策工具主要包括利率、汇率等价格变量。ABD 三项属于数量型货币政策工具。

48. 反映借款成本和贷款收益的是(　　)。

A. 名义利率　　B. 实际利率　　C. 官定利率　　D. 公定利率

【解析】名义利率是以名义货币表示的对物价变动因素未作剔除的利率，通常是指商业

44D　45A　46D　47C　48B

银行和其他金融机构对社会公布的挂牌利率。实际利率是指名义利率扣除当期通货膨胀率之后的真实利率。官定利率是由政府金融管理部门或中央银行根据国家经济发展和金融市场需要所确定和调整的利率。公定利率是由一个国家或地区银行公会(同业协会)等金融机构行业组织所确定的利率。在通货膨胀条件下，实际利率是不易被直接观察到的，反映借款成本和贷款收益的是实际利率而不是名义利率。

49. 在划分货币供应量层次中，M_1一般是指(　　)。[2021 年 6 月真题]

A. 流通中现金　　B. 狭义货币　　C. 准货币　　D. 广义货币

【解析】M_1被称为狭义货币，是现实购买力，M_2被称为广义货币；M_2与M_1之差被称为准货币，是潜在购买力。

50. 当一国利率低于外国利率时，下列关于对国际收支和汇率可能产生影响的表述，正确的是(　　)。[2024 年 10 月真题]

A. 外汇贬值　　B. 本币升值　　C. 资本流出　　D. 资本流入

【解析】当一国提高利率水平或本国利率高于外国利率时，会引起资本流入，由此对本国货币需求增大，使本币升值，外汇贬值；反之，当一国降低利率或本国利率低于外国利率时，会引起资本从本国流出，由此对外汇需求增大，外汇升值，本币贬值。

51. 下列属于通货紧缩所产生的影响的是(　　)。[2024 年 10 月真题]

A. 会形成有利于债权人不利于债务人的资金再分配

B. 会增加消费需求

C. 导致社会总投资增加

D. 会形成有利于债务人不利于债权人的资金再分配

【解析】通货紧缩会使政府的收入向企业和个人转移，主要是通过降低所得税实现的；会使企业在价格下降中受到损失；会使工人的实际工资增加；会形成有利于债权人而不利于债务人的资金再分配。

52. 中央银行要增加货币供应量时，可以采取的货币政策工具是(　　)。[2024 年 10 月真题]

A. 降低存款准备金率

B. 提高再贴现率

C. 通过窗口指导劝告商业银行减少贷款发放

D. 在公开市场卖出有价证券

【解析】扩张的货币政策主要是通过降低法定存款准备金率、降低再贴现率、公开市场买入有价证券等手段，以增加商业银行的超额准备金、增加基础货币，扩大货币乘数，增加社会货币供给总量；降低基准利率，以减少商业银行借款成本，降低市场利率，刺激总需求。

53. 下列关于对货币本质的描述错误的是(　　)。[2024 年 10 月真题]

A. 货币是价值和使用价值的统一体　　B. 货币能体现全部的生产关系

C. 货币是一般等价物　　D. 货币是特殊商品

49B　50C　51A　52A　53B

【解析】货币的本质表现在：货币是一般等价物，是固定充当一般等价物的特殊商品，体现商品生产者之间的社会关系。

54. 选择性货币政策工具不包括(　　)。[2025 年 6 月真题]

A. 消费者信用控制　　B. 不动产信用控制

C. 证券市场信用控制　　D. 公开市场业务

【解析】选择性货币政策工具主要包括证券市场信用控制、消费者信用控制、不动产信用控制、优惠利率、预缴进口保证金等。

55. 中央银行可以通过(　　)手段来增加金融市场货币供应量。[2025 年 6 月真题]

A. 提高再贴现率　　B. 提高法定存款准备金率

C. 卖出有价证券　　D. 增加再贷款

【解析】中央银行通过增加对商业银行的再贷款，可以直接向商业银行提供更多资金，从而增加商业银行的可贷资金量，进而增加金融市场的货币供应量。

56. 下列关于货币本质的表述中，错误的是(　　)。[2025 年 6 月真题]

A. 货币仅具有同一部分商品交换的能力

B. 货币是固定充当一般等价物的商品

C. 货币体现商品生产者之间的社会关系

D. 货币是一般等价物

【解析】货币的本质表现在：货币是一般等价物，是固定充当一般等价物的特殊商品，体现商品生产者之间的社会关系。

57. 如果外汇储备货币的汇率上升，下列说法正确的是(　　)。[2025 年 6 月真题]

A. 外汇储备规模增加　　B. 外汇储备的实际价值减少

C. 外汇储备的实际价值增加　　D. 外汇储备规模减小

【解析】汇率变动对一国国际储备的影响，可以表现为对国际储备存量和增量的影响。一方面，从对国际储备存量的影响来看，一国外汇储备中，如果储备货币的汇率上升，外汇储备的实际价值增加。反之，外汇储备的实际价值减少。另一方面，从国际储备的增量来看，在不考虑其他因素的情况下，如果本币贬值，将刺激出口，使外汇收入和外汇储备增加。反之，情况恰好相反。

58. 下列不属于通货紧缩的政策措施是(　　)。[2025 年 6 月真题]

A. 提高利率　　B. 降低利率　　C. 购入有价证券　　D. 增加货币供应量

【解析】通货紧缩的治理对策：①扩大有效需求。②扩张的财政政策主要是扩大财政开支，兴建公共工程，增加财政赤字，减免税收。扩张的货币政策主要是通过降低法定存款准备金率、降低再贴现率、公开市场买入有价证券等手段，以增加商业银行的超额准备金、增加基础货币，扩大货币乘数，增加社会货币供给总量；降低基准利率，以减少商业银行借款成本，降低市场利率，刺激总需求。③引导公众预期。

59. 中央银行的“三大传统法宝”有(　　)。[2025 年 6 月真题]

54D　55D　56A　57C　58A　59A

A. 法定存款准备金政策、再贴现政策、公开市场业务

B. 消费信用控制、再贴现政策、公开市场业务

C. 再贴现政策、利率管制、法定存款准备金

D. 利率管制、公开市场业务、法定存款准备金

【解析】一般性货币政策工具主要包括法定存款准备金政策、再贴现政策及公开市场业务，即中央银行的“三大传统法宝”。

二、多选题(下列选项中有两项或两项以上符合题目要求，请将符合题目要求选项的代码填入括号内)

1. 按交割时期划分，汇率可分为(　　)。[2017 年 6 月真题]

A. 基本汇率　　B. 即期汇率　　C. 远期汇率　　D. 套算汇率

E. 固定汇率

【解析】按照外汇买卖的交割时期划分，汇率可分为即期汇率和远期汇率。即期汇率也称为现汇汇率，是指买卖外汇双方成交当天或两天以内进行交割的汇率；远期汇率是在未来一定时期进行交割，而事先由买卖双方签订合同、达成协议的汇率。

2. 下列关于托宾 q 理论的表述，正确的有(　　)。[2016 年 10 月真题]

A. q 同投资支出存在正相关关系

B. q 指企业的市场价值与资本的重置成本之差

C. q 指企业的市场价值与资本的重置成本之比

D. 托宾 q 理论也叫“托宾效应”，属于货币政策传导渠道中的资产价格渠道

E. 当 q 值增大时，企业投资意愿增加

【解析】货币政策的资产价格渠道主要有两种：①基于托宾 q 理论的“托宾效应”。q 是指企业的市场价值与资本的重置成本之比，q 同投资支出存在正相关关系。当中央银行采取扩张性货币政策时，货币供应量增加，股票价格上涨，q 值增大，企业愿意增加投资，全社会总产出增加。②莫迪利安尼的“消费财富效应”。

3. 中央银行传统的一般性货币政策工具有(　　)。[2016 年 5 月真题]

A. 利率管制　　B. 消费信用控制　　C. 公开市场业务　　D. 存款准备金率

E. 再贴现率

【解析】一般性货币政策工具是从总量的角度，通过对货币供应总量或信用总量的调节与控制来影响整个经济，也被称为经常性、常规性货币政策工具。一般性货币政策工具主要包括法定存款准备金政策、再贴现及公开市场业务，即中央银行的“三大传统法宝”。

4. 下列关于存款利率的表述，正确的有(　　)。[2015 年 10 月真题]

A. 存款利率越高，银行的融资成本越高

B. 存款利率的高低直接决定了金融机构的融资成本

C. 存款利率的高低直接决定了存款人的利息收益

D. 存款利率越高，存款人的利息收入越多

1BC　2ACDE　3CDE　4ABCD

E．存款利率越高，银行的利润越高

【解析】存款利率是指客户在银行或其他金融机构存款所取得的利息与存款本金的比率。存款利率的高低直接决定了存款人的利息收益和金融机构的融资成本，对金融机构集中社会资金的数量有重要的影响。一般来说，存款利率越高，存款人的利息收入越多，银行的融资成本越高，金融机构集中的社会资金数量越多。E项，存款利率是银行的融资成本，存款利率越高，银行的融资成本越高，利润越低。

5．下列关于通货膨胀的表述，错误的有（　　）。[2024年10月真题]

A．是经济中货币供应量少于客观需要量的现象

B．是在社会总需求小于总供给情况下发生的

C．对稳定经济会产生有利影响

D．是货币失衡、物价不稳定的一种表现

E．表现为单位货币升值、价格水平普遍和持续下降

【解析】AE两项，通货膨胀是在纸币流通的情况下，货币供应量超过需要量，引起纸币贬值、物价持续上涨的经济现象。B项，通货膨胀产生的原因有：①总需求大于总供给；②生产成本的提高；③供求混合推动；④经济结构因素的变化。C项，通货膨胀会扰乱金融秩序，影响社会、经济的稳定。

6．在交换发展过程中，商品的价值表现经历了（　　）阶段。

A．简单的价值形式　　B．扩大的价值形式

C．一般价值形式　　D．货币价值形式

E．信用价值形式

【解析】在交换发展过程中，商品的价值表现经历了简单的价值形式、扩大的价值形式、一般价值形式、货币价值形式四个阶段，并最终产生货币。

7．可以被采用的货币政策操作目标主要有（　　）。[2017年10月真题]

A．存款准备金　　B．货币供应量　　C．利率　　D．汇率

E．基础货币

【解析】货币政策的操作目标是中央银行运用货币政策工具能够直接影响或控制的目标变量。它介于政策工具和中介目标之间，是货币政策工具影响中介目标的传导桥梁。通常被采用的操作目标主要有基础货币、存款准备金。

8．在货币流通规律中，货币需求量M与其他相关变量的关系正确的是（　　）。

A．与物价水平成正比　　B．与货币流通速度成正比

C．与社会商品可供量成正比　　D．与物价水平成反比

E．与货币流通速度成反比

【解析】若以M代表货币需求量，P代表物价水平，Q代表社会商品可供量，V代表货币流通速度，则根据货币流通规律有如下公式：$M = PQ/V$。可见，物价水平和社会商品可供量同货币需求成正比；货币流通速度同货币需求成反比。

9．影响货币需求的因素有（　　）。

5ABCE　6ABCD　7AE　8ACE　9ABCDE

A. 收入水平　　　　　　　　　　　　B. 货币流通速度
C. 汇率　　　　　　　　　　　　　　D. 人口密集程度
E. 交通通信等技术状况

【解析】影响货币需求的主要因素有：①收入水平；②利率水平；③社会商品可供量、物价水平、货币流通速度；④信用制度发达程度；⑤汇率；⑥公众的预期和偏好。此外，人口数量、人口密集程度、经济结构、社会分工、交通通信等技术状况都会影响货币需求。

10. 影响货币供给的主要因素有(　　)。
A. 社会公众持有现金的愿望　　　　　B. 社会各部门的现金需求
C. 货币流通速度　　　　　　　　　　D. 社会的信贷资金需求
E. 财政收支

【解析】社会公众持有现金的愿望、社会各部门的现金需求、社会的信贷资金需求、财政收支等因素，都会影响货币供给总量。C 项，货币流通速度影响的是货币需求。

11. 现代信用制度下，商业银行信用创造能力的决定因素有(　　)。
A. 商品交易量　　B. 货币价值　　C. 商品价格　　D. 原始存款的规模
E. 货币乘数

【解析】商业银行创造存款货币的能力，首先取决于原始存款的规模。在原始存款基础上，派生存款的规模还取决于货币乘数。

12. 下列情形中，可能会导致成本推动型通货膨胀的有(　　)。
A. 垄断性大公司为获取垄断利润人为提高产品价格
B. 劳动力和生产要素不能根据社会对产品和服务的需求及时发生转移
C. 有组织的工会迫使工资的增长率超过劳动生产率的增长率
D. 资源在各部门之间的配置严重失衡
E. 过多的货币追求过少的商品

【解析】成本推动型通货膨胀的根源在于社会总供给的变化，在商品和劳务的需求不变的情况下，因生产成本的提高而推动物价上涨。生产成本的提高主要来自两个方面的原因：①工资推进的通货膨胀；②利润推进的通货膨胀。A 项属于利润推进的通货膨胀；C 项属于工资推进的通货膨胀。

13. 通货膨胀对社会经济的影响有(　　)。
A. 生产成本提高，生产性投资风险加大
B. 使货币的价值尺度功能受到破坏，成本、收入、利润等均无法准确核算
C. 引起不利于固定薪金收入阶层的国民收入的再分配
D. 有利于债权人而不利于债务人的分配
E. 使社会公众失去对本国纸币的信心，不愿意接受和使用纸币

【解析】D 项，通货膨胀使债务人的实际债务减轻，而成为受益者。而以一定利息为报酬的债权持有人，会由于实际利率下降而受到损失。

10ABDE　11DE　12AC　13ABCE

14. 治理通货紧缩的政策包括(　　)。

A. 扩张性的财政政策　　B. 扩张性的货币政策

C. 引导公众预期　　D. 减少信贷资金投入

E. 提高利率

【解析】通货紧缩的治理对策：①扩大有效需求；②实行扩张的财政政策和货币政策；③引导公众预期。DE 两项属于紧缩的货币政策。

15. 货币政策的时滞包括(　　)。

A. 中央银行认识到需要采取货币政策　　B. 公众意识到货币政策并采取措施

C. 制定并实施货币政策　　D. 中央银行监测到货币政策的效果

E. 所采取的货币政策发挥作用

【解析】在具体实施货币政策时，从中央银行认识到需要采取货币政策，然后制定并实施货币政策，到所采取的货币政策发挥作用、对货币政策的最终目标产生影响，需要相当长的一段时间，这段时间被称为货币政策的时滞。

16. 货币政策中介目标的作用在于(　　)。

A. 表明货币政策实施的进度

B. 为中央银行提供一个追踪观测的指标

C. 传导桥梁

D. 中央银行运用货币政策工具能够直接影响或控制的目标变量

E. 便于中央银行调整政策工具的使用

【解析】货币政策的中介目标是中央银行为了实现货币政策的终极目标而设置的可供观察和调整的指标。货币政策中介目标的作用在于：①表明货币政策实施的进度；②为中央银行提供一个追踪观测的指标；③便于中央银行调整政策工具的使用。CD 两项，货币政策操作目标是中央银行运用货币政策工具能够直接影响或控制的目标变量，它介于政策工具和中介目标之间，是货币政策工具影响中介目标的传导桥梁。

17. 货币政策可选择的中介目标有(　　)。

A. 同业拆借利率　　B. 信贷规模

C. 货币供应量　　D. 利率

E. 银行备付金率

【解析】中介目标主要包括货币供应量和利率。它们与货币政策终极目标关系密切，并且中央银行又可直接控制，通过观测和控制这些指标，就可以间接地控制终极目标。

18. 不同的货币政策传导机制理论有不同的货币政策传导渠道，目前货币政策的传导渠道有(　　)。

A. 利率渠道　　B. 信贷渠道　　C. 资产价格渠道　　D. 汇率渠道

E. 国际收支渠道

【解析】不同的货币政策传导机制理论，提出了不同的货币政策传导渠道，其传导渠道主要有利率渠道、信贷渠道、资产价格渠道、汇率渠道等。其中，汇率渠道也称国际

14ABC　15ACE　16ABE　17CD　18ABCD

贸易渠道。

19. 下列关于利息的说法，正确的有(　　)。

A. 利息是从属于信用的一个经济范畴

B. 利息本质上是一种生产关系

C. 利息是借款人支付给贷款人的使用贷款的代价

D. 利息是借款人由于借出货币使用权而从贷款人那里获得的报酬

E. 信用关系是利息产生的基础

【解析】B 项，利息反映所处生产方式的生产关系，从本质上看，利息是剩余产品价值的一部分；D 项，利息是借款人支付给贷款人的使用贷款的代价，而非从贷款人那里获得的报酬。

20. 关于利率市场化对商业银行的影响，说法正确的有(　　)。

A. 利率波动的不确定性影响银行存贷差的利润空间

B. 把定价权交给了市场，对银行金融产品的定价能力和技术水平提出了更高的要求

C. 减少商业银行面临的各种风险

D. 改变商业银行外部经营环境，影响银行业的竞争格局，使竞争日益激烈

E. 增加了资本管理难度

【解析】利率市场化对商业银行的影响主要包括：①利率波动的不确定性影响银行存贷差的利润空间，尤其对国内银行高度依赖利息收入的传统经营模式造成冲击；②把定价权交给了市场，对银行金融产品的定价能力和技术水平提出了更高的要求；③加大商业银行面临的利率风险、信用风险、流动性风险等一系列风险；④改变商业银行外部经营环境，影响银行业的竞争格局，使竞争日益激烈；⑤影响商业银行的资产负债结构，增加了资本管理难度。

21. 根据我国目前的有关规定，属于外汇范畴的有(　　)。

A. 外国纸币　　B. 外币银行存款凭证

C. 外币邮政储蓄凭证　　D. 外国铸币

E. 外国动产与不动产

【解析】我国 2008 年 8 月修订的《中华人民共和国外汇管理条例》明确规定："本条例所称外汇，是指下列以外币表示的可以用做国际清偿的支付手段和资产：①外币现钞，包括纸币、铸币；②外币支付凭证或者支付工具，包括票据、银行存款凭证、银行卡等；③外币有价证券，包括债券、股票等；④特别提款权；⑤其他外汇资产。"

22. 外汇需要具备的前提条件包括(　　)。

A. 以外币表示的外国金融资产　　B. 能自由地兑换成其他支付手段

C. 是在国外能得到偿付的货币债权　　D. 以黄金储备为基础

E. 与特别提款权相关联

【解析】外汇一般常指自由外汇，作为自由外汇必须同时具备以下特征：①以外币表示的外国金融资产；②在国外能够得到偿付的货币债权；③可以兑换成其他支付手段的

19ACE　20ABDE　21ABCD　22ABC

外币资产。

23. 货币具有价值尺度、流通手段、贮藏手段、支付手段、世界货币等职能。其中，世界货币的作用主要表现在(　　)。

A. 作为国际间流通手段
B. 作为国际间贮藏手段
C. 作为国际间支付手段
D. 作为国际间的一般购买手段
E. 作为社会财富的转移手段

【解析】随着国际贸易的发展，货币超越国界，在世界市场上发挥一般等价物作用，从而在国际范围内发挥价值尺度、流通手段、贮藏手段、支付手段的职能，即世界货币职能。世界货币的作用主要表现在以下三方面：①作为国际间支付手段，用来支付国际收支差额；②作为国际间的一般购买手段，进行国际间的贸易往来；③作为社会财富的转移手段，如资本的转移、对外援助、战争赔款等。

24. 目前，我国中央银行的创新型货币政策工具包括(　　)。

A. 短期流动性调节工具
B. 常备借贷便利
C. 临时流动性便利
D. 中期借贷便利
E. 抵押补充贷款

【解析】随着利率市场化改革的不断完善，我国中央银行创设了多种新型政策工具，包括短期流动性调节工具(SLO)、临时流动性便利(TLF)、常备借贷便利(SLF)、中期借贷便利(MLF)、抵押补充贷款(PSL)、定向中期便利(TMLF)，用以管理中短期利率水平。

25. 下列关于通货紧缩的表述，正确的有(　　)。[2024 年 10 月真题]

A. 是在社会总需求小于总供给情况下发生的
B. 是货币供求失衡、物价不稳定的一种表现
C. 表现为单位货币升值、价格水平普遍和持续下降
D. 对稳定经济会产生有利的影响
E. 是经济中货币供应量少于客观需要量的现象

【解析】与通货膨胀一样，通货紧缩也是货币供求失衡、物价不稳定的一种表现，对整个经济增长也同样有着不利的影响。

三、判断题(请对下列各题的描述做出判断，正确的用 A 表示，错误的用 B 表示)

1. 法定存款准备金率下降，商业银行的信贷扩张能力也下降。(　　)[2017 年 6 月真题]

【解析】法定存款准备金率越高，银行吸收的存款中可用于放款的资金越少，创造存款货币的数量则越少；反之，法定存款准备金率越低，创造存款货币的数额则越大。

2. 目前，包括中国在内的世界上大多数国家的外汇标价都采用直接标价法。(　　)[2016 年 10 月真题]

【解析】目前，世界上绝大多数国家都采用直接标价法，我国人民币汇率也采用这种标价方法。

23CDE　24ABCDE　25ABCE　▎　1B　2A

3. 中央银行在公开市场上买卖有价证券是为了实现特定的政策目标。(　　)［2016 年 5 月真题］

【解析】公开市场业务是中央银行实现货币政策目标的一种政策措施。与一般金融机构所从事的证券买卖不同，中央银行买卖证券的目的不是为了营利，而是调控经济。当中央银行需要增加货币供应量时，可利用公开市场操作买入证券。反之则相反。

4. 货币是固定地充当一般等价物的特殊商品，但不是人类劳动的产物。(　　)

【解析】货币首先是商品，与其他商品一样，是人类劳动的产物，是价值和使用价值的统一体。

5. 作为价值尺度，货币把一切商品的价值表现为同名的量，使商品在质的方面相同，在量的方面可以比较。所以货币充当价值尺度职能，必须是本身有价值的特殊商品。(　　)

【解析】货币充当价值尺度职能，可以是本身有价值的特殊商品，也可以是不足值或没有价值的信用货币或价值符号。

6. 货币供应量是一个流量概念。(　　)

【解析】货币供应量是指由中央银行和商业银行供给货币所形成的货币量，是一国在某一时点上为社会经济运转服务的货币量，是一个存量概念。

7. M_1 被称为狭义货币，是现实购买力，M_2 被称为广义货币，是潜在购买力。(　　)

【解析】M_1 被称为狭义货币，是现实购买力，M_2 被称为广义货币；M_2 与 M_1 之差被称为准货币，是潜在购买力。

8. 商业银行创造信用货币是在它的资产负债业务中，通过创造派生存款形成的。(　　)

【解析】商业银行创造信用货币是在它的资产负债业务中，通过创造派生存款形成的。一般来说，只有商业银行才有权经营活期存款，在此基础上，形成商业银行创造存款即创造信用货币的能力。

9. 在整个经济总供给与总需求大体均衡的情况下，不会出现通货膨胀的经济现象。(　　)

【解析】通货膨胀还可以在整个经济总供给与总需求大体均衡的情况下，由于经济结构因素的变化而引起。

10. 货币政策的最终目标中，失业率与通货膨胀负相关。(　　)

【解析】存在高失业率的国家，中央银行可通过宽松的货币政策，如增发货币、扩大信用投放等途径刺激社会总需求，以减少失业或实现充分就业。但宽松的货币政策往往在一定程度上导致一般物价水平上涨，诱发或加剧通货膨胀。

11. 最初建立存款准备金制度的目的是中央银行对货币供给的调控，即使之成为货币政策工具。(　　)

【解析】存款准备金制度的初始作用是防止商业银行盲目发放贷款，保证其清偿能力，保护客户存款的安全，以维持整个金融体系的正常运行，以及保证存款的支付和清算，后来逐渐演变成为货币政策工具。

3A　4B　5B　6B　7B　8A　9B　10A　11B

12. 在我国，贷款基准利率是指商业银行对其最优质客户执行的贷款利率，其他贷款利率可在此基础上加减点生成。(　　)

【解析】中国人民银行对商业银行的再贷款利率，可以理解为我国目前的基准利率。贷款基础利率是指商业银行对其最优质客户执行的贷款利率，其他贷款利率可在此基础上加减点生成。

13. 商业银行的存款准备金率不得低于8%。(　　)

【解析】根据《商业银行法》的规定，银行的资本充足率不能低于8%；而存款准备金率由中国人民银行制定。

14. 当经济发生通货膨胀时，可以降低法定存款准备金率，缩小货币乘数，迫使商业银行紧缩信贷规模，从而减少市场货币供应量，达到抑制经济增长的目的。(　　)

【解析】当经济扩张、发生通货膨胀时，可以提高法定存款准备金率，缩小货币乘数，迫使商业银行紧缩信贷规模，从而减少市场货币供应量，达到抑制经济增长的目的。

15. 中期借贷便利是中国人民银行正常的流动性供给渠道，主要功能是满足金融机构期限较长的大额流动性需求。(　　)

【解析】常备借贷便利是中国人民银行正常的流动性供给渠道，主要功能是满足金融机构期限较长的大额流动性需求，期限比短期流动性调节长，最长为3个月，以1~3个月期操作为主。中期借贷便利是中央银行提供中期基础货币的货币政策工具。

16. 我国的货币政策工具逐步从价格型向数量型转变。(　　)

【解析】近年来，随着宏观经济的变化，我国的货币政策工具逐步从数量型向价格型转变。

17. 我国宏观经济发展的目标是经济增长、充分就业、稳定物价、保持国际收支平衡，货币政策最终目标也是这四个。(　　)［2024年10月真题］

【解析】货币政策的最终目标是中央银行通过调节货币和信用所要达到的最终目的。如前所述，国民经济发展的总体目标包括经济增长、充分就业、物价稳定和国际收支平衡四大目标。作为国家宏观经济政策重要组成部分的货币政策，其最终目标也是这四大目标。

12B　13B　14B　15B　16B　17A

第三章　金融市场

一、单选题（下列选项中只有一项最符合题目要求，请将正确选项的代码填入括号内）

1. 下列属于间接融资工具的是（　　）。［2018 年 10 月真题］

A. 企业债券　　B. 国债　　C. 公司股票　　D. 银行债券

【解析】间接融资工具包括银行债券、银行承兑汇票、可转让大额存单、人寿保险单等。

2. 金融市场的主体是（　　）。［2017 年 6 月真题］

A. 货币资金　　B. 融资活动的参与者

C. 金融交易对象　　D. 金融工具

【解析】金融市场的主体是各类融资活动的参与者，它们既是资金的供应者，也是资金的需求者。

3. 下列关于中国银行业协会的表述，错误的是（　　）。［2018 年 6 月真题］

A. 中国银行业协会的主管单位是国务院银行业监督管理机构

B. 银行业金融机构必须加入中国银行业协会

C. 中国银行业协会是非营利性的社会团体

D. 中国银行业协会是我国的银行业自律组织

【解析】中国银行业协会是我国银行业自律组织，是全国性非营利社会团体。凡经国务院银行业监督管理机构批准设立的、具有独立法人资格的银行业金融机构以及经相关监管机构批准、具有独立法人资格、在民政部门登记注册的各省银行业协会均可申请加入中国银行业协会成为会员单位。

4. 金融市场的客体是（　　）。［2016 年 10 月真题］

A. 金融交易对象　　B. 融资活动的参与者

C. 媒体　　D. 价格

【解析】金融市场的客体是金融交易对象。金融市场的交易对象是货币资金，通常以金融工具为载体。

5. 下列市场中不属于货币市场的是（　　）。［2018 年 6 月真题］

A. 票据市场　　B. 银行间债券回购市场

C. 银行间同业拆借市场　　D. 国库券市场

【解析】货币市场是短期资金融通市场，其融通的资金主要用于周转和短期投资，因为其偿还期短、流动性强、风险小，与货币相差不多，此类金融工具往往被当做货币的替代品，因此被称为“货币市场”。我国货币市场主要包括银行间同业拆借市场、银行间债券回购市场和票据市场等。

6. 按照《中华人民共和国银行业监督管理法》的规定，银行业金融机构不包括（　　）。

1D　2B　3B　4A　5D　6D

［2017 年 10 月真题］

A．政策性银行　　B．农村信用合作社

C．商业银行　　D．证券公司

【解析】银行业金融机构，是指在中华人民共和国境内设立的商业银行、城市信用合作社、农村信用合作社等吸收公众存款的金融机构以及政策性银行。

7．以长期金融工具为媒介进行的、期限在一年以上的长期资金融通市场是（　　）。［2016 年 5 月真题］

A．资本市场　　B．票据市场

C．货币市场　　D．银行间同业拆借市场

【解析】资本市场是指以长期金融工具为媒介进行的、期限在一年以上的长期资金融通市场，主要包括债券市场和股票市场。资本市场的主要特点是：风险大、收益较高、期限长、流动性差。

8．以人民币标明面值、以外币认购和进行交易、专供外国和我国香港、澳门、台湾地区的投资者买卖的股票是（　　）。［2016 年 5 月真题］

A．A 股　　B．H 股　　C．N 股　　D．B 股

【解析】我国的股票根据上市地点及股票投资者的不同，分为 A 股、B 股、H 股、N 股等几种。A 股是以人民币标明面值、以人民币认购和进行交易、供国内投资者买卖的股票。B 股又称为人民币特种股票，是指以人民币标明面值、以外币认购和进行交易、专供外国和我国香港、澳门、台湾地区的投资者买卖的股票。H 股是指由中国境内注册的公司发行、直接在中国香港上市的股票。N 股是指由中国境内注册的公司发行、直接在美国纽约上市的股票。

9．金融市场最主要、最基本的功能是（　　）。［2018 年 10 月真题］

A．融通货币资金　　B．调节经济

C．优化资源配置　　D．风险分散与风险管理

【解析】金融市场具有以下功能：①货币资金融通功能；②优化资源配置功能；③风险分散与风险管理功能；④经济调节功能；⑤交易及定价功能；⑥反映经济运行的功能。其中，融通货币资金是金融市场最主要、最基本的功能。

10．下列关于普通股的表述，错误的是（　　）。［2018 年 10 月真题］

A．享有经营决策权　　B．享有优先于债权人的清偿权

C．收益分配随利润变动而变动　　D．享有优先认股权

【解析】普通股股票是股票中最普遍的一种形式。普通股股票的股利分配不固定，在对公司盈利和剩余财产的分配顺序上列在债权人和优先股股东之后，所以普通股股票是风险最大的股票。普通股股票享有的主要权利有：①经营决策的参与权。②公司盈余的分配权。普通股股东有权从公司的利润分配中得到股息，但收益分配随利润变动而变动。③剩余财产索取权。当公司破产和清算时，公司资产在满足了债权人的清偿权和优先股股东的索取权后还有剩余的，普通股股东有按持有股份的比率索取剩余财产

7A　8D　9A　10B

的权利。④优先认股权。

11. 现有一张为期3个月，面值100万元的票据，贴现利率为3%，当持票人持有票据1个月，要求银行贴现时，贴现价格是(　　)万元。[2015年10月真题]

A. 97.5　　B. 95.5　　C. 93.5　　D. 99.5

【解析】贴现是指商业票据的持票人将其持有的未到期商业票据转让给银行，银行扣除贴息后将余款支付给持票人。贴现利息 $=100\times3\%\times60/360=0.5$(万元)；贴现价格 $=100-0.5=99.5$(万元)。

12. 通常货币资金总是流向最有发展潜力、能为投资者带来最大利益的地区、部门和企业，这属于金融市场的(　　)。[2015年10月真题]

A. 经济调节功能　　B. 货币资金融通功能

C. 资源配置功能　　D. 风险分散与风险管理功能

【解析】金融市场具有优化资源配置功能。金融市场通过充当资金融通媒介，促进资金合理流动，可以实现经济资源跨时间、跨地区、跨行业的再配置，使社会经济资源有效地配置到效率高的部门，实现资源优化配置和有效利用。

13. 货币市场交易与资本市场交易相比较，其特点表现在(　　)。[2015年10月真题]

A. 期限短、流动性强、风险大　　B. 期限长、流动性强、风险小

C. 期限短、流动性强、风险小　　D. 期限短、流动性弱、风险小

【解析】货币市场是指以短期金融工具为媒介进行的、期限在一年以内(含一年)的短期资金融通市场，主要包括同业拆借市场、回购市场、票据市场、大额可转让定期存单市场等。货币市场的主要特点是：低风险、低收益；期限短、流动性高；交易量大、交易频繁。资本市场是指以长期金融工具为媒介进行的、期限在一年以上的长期资金融通市场，主要包括债券市场和股票市场。资本市场的主要特点是：风险大、收益较高、期限长、流动性差。

14. 下列属于同业拆借市场特点的是(　　)。[2015年10月真题]

A. 是在有担保条件下进行的资金与信用的直接交换，要求拆借主体具有较低的信用等级

B. 是在无担保条件下进行的资金与信用的直接交换，要求拆借主体具有较高的信用等级

C. 是在有担保条件下进行的资金与信用的直接交换，要求拆借主体具有较高的信用等级

D. 是在无担保条件下进行的资金与信用的直接交换，要求拆借主体具有较低的信用等级

【解析】同业拆借市场是银行等金融机构间的短期资金借贷市场，它具有以下特点：①资金融通的期限较短，主要用于金融机构临时性资金需要；②同业拆借是在无担保条件下进行的资金与信用的直接交换，潜在信用风险较高，因此要求拆借主体具有较高的信用等级；③同业拆借形成的资金价格信号，反映了整个金融体系的资金供求状

11D　12C　13C　14B

况和流动性状况，在货币政策传导和整个金融市场中起到基础性作用。

15. 根据金融工具发行和流通的阶段，可将金融市场分为(　　)。

A. 即期市场和远期市场　　B. 一级市场和二级市场

C. 场内交易市场和场外交易市场　　D. 货币市场和资本市场

【解析】按金融工具发行和流通的阶段划分，金融市场可分为发行市场和流通市场。发行市场也称为一级市场，流通市场也称为二级市场。

16. 根据金融商品的交割时间划分，可将金融市场分为(　　)。

A. 现货市场和期货市场　　B. 一级市场和二级市场

C. 场内交易市场和场外交易市场　　D. 货币市场和资本市场

【解析】按交割时间划分，金融市场可分为现货市场和期货市场。现货市场是当日成交，当日、次日或隔日等几日内进行交割(一方支付款项、另一方交付证券等金融工具)的市场；期货市场是进行期货交易的场所，是将款项和证券等金融工具的交割放在成交后的某一约定时间(如一个月、两个月、三个月或半年等，一般在一个月以上、一年之内)进行的市场。

17. 以证券交易为中心，有组织机构和人员，有专门设施的交易市场是(　　)。

A. 场内交易市场　　B. 场外交易市场

C. 柜台交易市场　　D. OTC 市场

【解析】有形市场是指有固定场所、有专门的组织机构和人员、有专门设备的金融交易市场，如股票交易所。一般也称为场内交易市场。

18. 一般来说，流动性与偿还期限(　　)。

A. 负相关　　B. 正相关　　C. 无关　　D. 不确定

【解析】一般来说，流动性与偿还期限成反比，而与债务人的信用能力成正比。偿还期越短、债务人信誉越高，流动性越大。

19. 同业拆借活动都是在金融机构之间进行，对参与者要求严格，因此，其拆借活动基本上都是(　　)拆借。

A. 质押　　B. 抵押　　C. 担保　　D. 信用

【解析】同业拆借市场是银行等金融机构间的短期资金借贷市场，同业拆借是在无担保条件下进行的资金与信用的直接交换。

20. 如果某一金融机构希望通过持有的债券来获得一笔短期资金融通，则它可以参加(　　)市场。

A. 同业拆借　　B. 商业票据

C. 回购协议　　D. 大额可转让定期存单

【解析】回购协议是指交易的一方将持有的债券卖出，并在未来约定的日期以约定的价格将债券买回的协议。

21. 我国债券回购市场上交易的证券主要是(　　)。

15B　16A　17A　18A　19D　20C　21B

A．股票　　B．政府债券　　C．中央银行票据　　D．可转换债券

【解析】债券回购是金融机构之间以债券为抵押的短期资金的融通，风险较低，其标的物一般是信用等级高的政府债券。

22．票据市场是以票据作为工具，通过(　　)进行融资活动的货币市场。

A．托收承付和汇兑　　B．信用卡和银行本票

C．汇兑和贴现　　D．票据的发行、担保、承兑和贴现

【解析】传统的票据市场指的是在商品交易和资金往来过程中产生的以汇票、本票和支票的发行、担保、承兑、贴现来实现短期资金融通的市场。

23．公司以贴现方式出售给投资者的短期无担保的信用凭证是(　　)。

A．公司债券　　B．银行承兑汇票

C．大额可转让定期存单　　D．商业票据

【解析】商业票据由于期限较短，以 30 天以下的票据交易为主，所以一般只有发行市场，少有二级市场。这时的商业票据市场指由具有高信用等级的大企业和财务公司发行短期无担保债券筹措资金的短期融资场所。

24．关于 CDs 与 CDs 市场，下列说法正确的是(　　)。

A．CDs 市场是可转让大额定期存单转让而非发行的市场

B．到期时，CDs 持有人只能向银行提取利息，不能提取本金

C．CDs 面额一般较小

D．CDs 一般不能提前支取

【解析】CDs 的利率一般都高于同档次定期存款利率，不办理提前支取，不分段计息，不计逾期利息。A 项，CDs 市场(大额可转让定期存单市场)，是可转让定期存单的发行和转让市场；B 项，到期时，CDs 持有人可向银行提取本息；C 项，CDs 的特点是期限固定、面额较大、到期前可流通转让。

25．在(　　)上优先于普通股的股票称为优先股。

A．收益分配权　　B．剩余资产分配权

C．公司盈余和剩余资产分配　　D．表决权

【解析】优先股是相对于普通股股票而言的，是股东权利受到一定限制，但在公司盈余和剩余资产分配上享有优先权的股票。

26．在我国股票市场上发行交易的 A 股股票的计价货币是(　　)。

A．人民币　　B．港币　　C．美元　　D．欧元

【解析】A 股是以人民币标明面值、以人民币认购和进行交易、供国内投资者买卖的股票。

27．我国境内注册的公司在香港发行并在香港上市的普通股票称为(　　)。

A．F 股　　B．H 股　　C．B 股　　D．A 股

【解析】H 股是指由中国境内注册的公司发行、直接在中国香港上市的股票。

22D　23D　24D　25C　26A　27B

28. N 股是我国股份公司在(　　)上市的股票。

A. 新加坡　　B. 纽约　　C. 香港　　D. 伦敦

【解析】N 股是指由中国境内注册的公司发行、直接在美国纽约上市的股票。

29. 关于债券发行方式的说法，错误的是(　　)。

A. 债券的发行方式分为直接发行和间接发行两种

B. 选择直接发行方式一般都是一些信誉较高、知名度较高的大公司

C. 直接发行使债券发行迅速而稳定，有利于保证按期有效完成发行任务

D. 现代债券发行，特别是国债发行大部分是采取间接发行的方式

【解析】C 项，间接发行的优点是可以通过掌握金融业务的专业机构及人员，使债券发行迅速而稳定，有利于保证按期有效完成发行任务。

30. (　　)是决定债券价格是按面值发行还是溢价或折价发行的决定因素。

A. 票面利率　　B. 市场利率　　C. 流通性　　D. 债券面额

【解析】市场利率是衡量债券票面利率高低的参照系，也是决定债券价格是按面值发行还是溢价或折价发行的决定因素。

31. 国家赋予拟定外汇市场的管理办法，监督管理外汇市场的运作秩序，培育和发展外汇市场职责的金融监管机构是(　　)。

A. 中国人民银行　　B. 国家金融监督管理总局

C. 中国证监会　　D. 国家外汇管理局

【解析】国家外汇管理局是依法进行外汇管理的行政机构，是国务院部委管理的国家局，由中国人民银行管理。

32. 在我国，负责对期货市场进行监管的机构是(　　)。

A. 中国人民银行　　B. 中国银行业协会

C. 中国证券监督管理委员会　　D. 国家金融监督管理总局

【解析】中国证券监督管理委员会负责统一监管全国证券期货市场。A 项，中国人民银行是制定和执行货币政策，防范和化解金融风险，维护金融稳定的机构；B 项，中国银行业协会不是监管机构；D 项，国家金融监督管理总局统一负责除证券业之外的金融业监管。

33. 我国监管信托业务的金融机构是(　　)。

A. 中国人民银行　　B. 中国银行业协会

C. 中国证券监督管理委员会　　D. 国务院银行业监督管理机构

【解析】由国务院银行业监督管理机构负责监管的非银行金融机构包括金融资产管理公司、信托公司、企业集团财务公司、金融租赁公司、汽车金融公司、货币经纪公司、贷款公司和消费金融公司等。

34. 金融市场的参与者通过买卖金融资产转移或者接受风险，利用组合投资可以分散投资于单一金融资产所面临的非系统性风险，这属于金融市场的(　　)。[2023 年 10 月真题]

28B　29C　30B　31D　32C　33D　34B

A. 定价功能　　B. 风险分散与风险管理功能
C. 资源配置功能　　D. 货币资金融通功能

【解析】金融市场上的金融工具能够为投资者提供保值和增值的途径，多元化的金融工具也为投资者提供了分散风险的可能。金融市场的参与者通过买卖金融资产转移或者接受风险，利用组合投资可以分散那些投资于单一金融资产所面临的非系统性风险。金融市场的投融资过程就是风险管理过程，股票市场、债券市场、衍生金融工具市场的发展为股份有限公司的发展、分散化的投资、风险转移策略等提供了基础支持和多种实现工具，如利用套期保值、组合投资、期货期权、金融互换以及保险机构的保险单等，可以达到风险转移、风险分散的目的。

35. 我国的小额贷款公司是由自然人、企业法人与其他社会组织投资设立的机构，可以经营小额贷款业务，但不得(　　)。
A. 发放企业贷款　　B. 发放涉外贷款
C. 吸收公众存款　　D. 从商业银行融入资金

【解析】小额贷款公司是由自然人、企业法人与其他社会组织投资设立，不吸收公众存款，经营小额贷款业务的有限责任公司或股份有限公司。

36. 下列金融市场中，属于货币市场的是(　　)。[2021 年 6 月真题]
A. 区域股权交易市场　　B. 长期债券市场
C. 股票市场　　D. 银行间债券回购市场

【解析】货币市场是指以短期金融工具为媒介进行的、期限在一年以内(含一年)的短期资金融通市场，主要包括同业拆借市场、回购市场、票据市场、大额可转让定期存单市场等。ABC 三项属于资本市场。

37. 债券、股票等金融工具初次发行，供投资者认购投资的市场是(　　)。[2021 年 6 月真题]
A. 一级市场　　B. 二级市场　　C. 流通市场　　D. 直接融资市场

【解析】发行市场也称为一级市场，是债券、股票等金融工具初次发行、供投资者认购投资的市场。

38. 股份有限公司发行的具有收益分配和剩余财产分配优先权的股票称为(　　)。[2021 年 6 月真题]
A. 优先股　　B. 法人股　　C. 流通股　　D. 普通股

【解析】优先股是相对于普通股股票而言的，是股东权利受到一定限制，但在公司盈余和剩余资产分配上享有优先权的股票。

39. 下列机构中，不属于国务院银行业监督管理机构负责监管的非银行金融机构是(　　)。[2021 年 6 月真题]
A. 信托公司　　B. 期货公司　　C. 金融租赁公司　　D. 企业集团财务公司

【解析】国务院银行业监督管理机构监管的非银行金融机构包括金融资产管理公司、企业集团财务公司、信托公司、金融租赁公司、汽车金融公司、货币经纪公司、消费金

35C　36D　37A　38A　39B

融公司、贷款公司。中国证券监督管理委员会统一监督管理全国证券期货市场，故排除B项。

40. 下列属于直接融资工具的是(　　)。［2024年10月真题］

A. 大额定期存单　B. 商业票据　C. 银行承兑汇票　D. 银行债券

【解析】按融资方式划分，金融工具可分为直接融资工具和间接融资工具：①直接融资工具包括政府、企业发行的国库券、企业债券、商业票据、公司股票等；②间接融资工具包括银行债券、银行承兑汇票、可转让大额存单、人寿保险单等。

41. 金融市场具有决定利率、汇率的功能，这属于金融市场的(　　)。［2025年6月真题］

A. 货币资金融通功能　B. 定价功能

C. 风险分散与风险管理功能　D. 资源配置功能

【解析】金融市场具有交易及定价功能。金融交易中买卖双方相互作用过程所形成的价格，使金融市场具有决定和发现利率、汇率、证券价格等金融资产价格的功能，为金融资产交易提供价格依据，并通过调节价格引导资源配置。

二、多选题(下列选项中有两项或两项以上符合题目要求，请将符合题目要求选项的代码填入括号内)

1. 商业银行传统票据主要有(　　)。［2018年10月真题］

A. 支票　B. 微信支付　C. 汇票　D. 汇款

E. 本票

【解析】传统的票据市场指的是在商品交易和资金往来过程中产生的以汇票、本票和支票的发行、担保、承兑、贴现来实现短期资金融通的市场。票据是约定由债务人按期无条件支付一定金额，并可以转让流通的债务凭证。票据主要有三类，即汇票、本票、支票。票据市场主要包括票据承兑市场和票据贴现市场。

2. 按金融工具的期限划分，金融市场可以分为(　　)。［2017年6月真题］

A. 货币市场　B. 期货市场　C. 流通市场　D. 现货市场

E. 资本市场

【解析】按金融工具的期限划分，金融市场可分为货币市场和资本市场。货币市场是短期资金融通市场，其融通的资金主要用于周转和短期投资，偿还期短、流动性强、风险小。资本市场是长期资金融通市场，在资本市场上，发行主体所筹集的资金大多用于固定资产的投资，偿还期长，流动性相对较小，风险相对较高，被当做固定资产投资的资本来运用。

3. 影响债券定价的内部因素包括(　　)。［2017年6月真题］

A. 债券的面值　B. 基准利率　C. 通货膨胀水平　D. 债券的票面利息

E. 债券的有效期

【解析】影响债券定价的内部因素包括债券的面值、债券的票面利息、债券的有效期、是否可提前赎回、是否可以转换、税收待遇、流通性、违约的可能性等。BC两项属于外部因素。

40B　41B　▍　1ACE　2AE　3ADE

4. 下列关于金融市场的表述，正确的有(　　)。[2015 年 10 月真题]

A. 金融市场的参与者既可以是资金的供给者，也可以是资金的需求者

B. 融资行为包括间接融资行为

C. 参与者一般包括工商企业、金融机构、中央银行、居民个人与家庭、政府、海外投资者等

D. 融资行为包括直接融资行为

E. 金融市场的交易对象是货币资金，通常以金融工具为载体

【解析】金融市场是指货币资金融通和金融工具交易的场所。金融市场的融资行为既包括以银行等金融机构为信用媒介的间接融资行为，也包括各类交易主体之间的直接融资行为。金融市场的主体是各类融资活动的参与者，它们既是资金的供应者，也是资金的需求者，一般包括工商企业、金融机构、中央银行、居民个人与家庭、政府、海外投资者等。金融市场的客体是金融交易对象。金融市场的交易对象是货币资金，通常以金融工具为载体。

5. 金融市场在优化资源配置、提高金融资产流动性方面的功能包括(　　)。[2015 年 10 月真题]

A. 可以帮助实现资金在各部门之间的资金转移

B. 可以帮助金融资产的持有者出售资产以提高资金流动性

C. 可以帮助金融资产的持有者变现资产以提高资金流动性

D. 可以帮助实现资金在各部门之间的余缺调剂

E. 可以帮助资金从相对较低收益的地方转向收益较高的地方

【解析】D 项属于金融市场的货币资金融通功能。

6. 下列关于小额贷款公司的表述，正确的有(　　)。[2017 年 10 月真题]

A. 不吸收公众存款

B. 可以吸收公众存款

C. 有独立的法人财产

D. 是由自然人、企业法人与其他社会组织投资设立的

E. 其设立主要是为了改善农村地区和中小企业金融服务

【解析】小额贷款公司是由自然人、企业法人与其他社会组织投资设立，不吸收公众存款，经营小额贷款业务的有限责任公司或股份有限公司。小额贷款公司从性质上来说是企业法人，有独立的法人财产，享有法人财产权，以全部财产对其负债承担民事责任。小额贷款公司的设立主要是为了引导民间资金流向农村和欠发达地区，改善农村地区和中小企业金融服务。

7. 对于金融市场，下列说法正确的有(　　)。

A. 外汇市场由外汇需求者、外汇供给者、买卖中介机构等构成

B. 同业拆借市场可以解决借款者短期资金周转不足的需要

C. 票据市场是专门办理大额定期存单转让的市场

D. 黄金市场只进行黄金现货交易

4ABCDE　5ABCE　6ACDE　7ABE

E. 保险市场是投保人与承保人进行保险业务交易的场所

【解析】C项，票据市场指由具有高信用等级的大企业和财务公司发行的短期无担保债券筹措资金的短期融资场所，而大额可转让定期存单市场是专门办理大额定期存单发行和转让的市场；D项，黄金市场是进行黄金交易的场所，不仅包括现货交易，还包括期货等其他形式的交易。

8. 关于场外交易市场，下列说法正确的有(　　)。

A. 通常是通过集中而有形的市场进行运作的

B. 通过经纪人或交易商的电话、网络等洽谈成交

C. 在交易所之外进行交易

D. 是金融交易的主体

E. 没有固定的交易场所

【解析】无形市场是指没有固定交易场所和交易设施、交易者通过经纪人或交易商的电话、网络等洽谈成交的市场。一般也称场外交易市场。

9. 按照投资者所拥有的权利，金融工具可以划分为(　　)。

A. 直接融资工具　　B. 债权工具　　C. 间接融资工具　　D. 股权工具

E. 混合工具

【解析】按投资者所拥有的权利划分，金融工具可分为债权工具、股权工具和混合工具。债权工具的代表是债券，股权工具的代表是股票，混合工具的代表是可转换公司债券和证券投资基金。

10. 对于金融市场的构成要素，下列说法正确的有(　　)。

A. 资金供给者可以是金融机构、企业、个人及政府部门

B. 资金需求者就是金融商品的发行者或出卖者

C. 金融市场上所有融资都是通过中介者来实现的

D. 短期金融商品包括商业票据、银行汇票、银行本票等

E. 长期金融商品包括长期债券和大额可转让存单等

【解析】C项，金融市场上的融资可以分为直接融资和间接融资，只有间接融资是通过中介来实现的；E项，大额可转让存单属于短期金融商品。

11. 银行承兑汇票是(　　)工具。

A. 短期金融工具　　B. 长期金融工具

C. 直接融资工具　　D. 间接融资工具

E. 混合融资工具

【解析】A项，短期金融工具的期限一般在一年以下(含一年)，如商业票据、短期国库券、银行承兑汇票、可转让大额定期存单、回购协议等。D项，间接融资工具包括银行债券、银行承兑汇票、可转让大额存单、人寿保险单等。

12. 同业拆借市场的特点有(　　)。

A. 期限较短　　B. 参与者广泛，个人也可参与

8BCE　9BDE　10ABD　11AD　12AD

C. 交易的主要是法定准备金　　D. 属于信用拆借活动

E. 属于担保拆借活动

【解析】同业拆借市场具有以下特点：①资金融通的期限较短，主要用于金融机构临时性资金需要；②同业拆借是在无担保条件下进行的资金与信用的直接交换，潜在信用风险较高，因此要求拆借主体具有较高的信用等级；③同业拆借形成的资金价格信号，反映了整个金融体系的资金供求状况和流动性状况，在货币政策传导和整个金融市场中起到基础性作用。

13. 同业拆借资金主要用于商业银行的(　　)。

A. 日常资金的支付清算　　B. 短期融通需要

C. 贷款　　D. 中央银行货币政策调控

E. 购置固定资产

【解析】同业拆借市场是金融机构进行流动性管理的重要场所，主要满足金融机构日常资金的支付清算和短期融通需要。

14. 关于证券回购市场的说法，正确的有(　　)。

A. 能避免通过买卖证券获取流动性而可能蒙受的价格风险

B. 利率一般比较高

C. 参与者包括普通工商企业

D. 交易的证券主要是国债

E. 融资期限通常在 1 年以内

【解析】B 项，由于回购利率较低，对少量资金而言，交易成本高，因此，债券回购以大宗交易为主。

15. 大额可转让定期存单不同于传统定期存款的特点有(　　)。

A. 记名　　B. 面额固定

C. 不可提前支取　　D. 可在二级市场流通转让

E. 利率固定

【解析】与传统的定期存款相比，大额可转让定期存单具有以下不同的特点：①定期存款记名而且不可以转让，没有特定的流通市场；大额可转让定期存单则是不记名而且可以转让，有专门的大额可转让定期存单二级市场可以进行流通转让。②定期存款金额往往根据存款人意愿决定，数额大小并不固定；大额可转让定期存单则一般面额固定，而且都比较大。③定期存款可以提前支取，只是所得利息要低于原来的固定利率计算的利息；大额可转让定期存单不可提前支取，但可以在二级市场上转让。

16. 我国资本市场包括(　　)。

A. 债券市场　　B. 股票市场　　C. 黄金市场　　D. 外汇市场

E. 回购市场

【解析】资本市场是指以长期金融工具为媒介进行的、期限在一年以上的长期资金融通市场，主要包括债券市场和股票市场。

13AB　14ACDE　15BCD　16AB

17. 资本市场的交易对象主要有(　　)。

A. 股票　　B. 公司债券

C. 政府中长期债券　　D. 大额可转让定期存单

E. 优先股

【解析】资本市场是指以长期金融工具为媒介进行的、期限在一年以上的长期资金融通市场，主要包括债券市场和股票市场。D 项，大额可转让定期存单是货币市场的交易对象之一。

18. 我国的股票类型中，属于境外上市外资股的有(　　)。

A. H 股　　B. N 股　　C. A 股　　D. B 股

E. C 股

【解析】H 股是指由中国境内注册的公司发行、直接在中国香港上市的股票。N 股是指由中国境内注册的公司发行、直接在美国纽约上市的股票。

19. 下列金融市场中具有偿还期短、流动性强、风险小特点的有(　　)。[2022 年 11 月真题]

A. 股票市场　　B. 债券市场　　C. 票据市场　　D. 货币市场

E. 同业拆借市场

【解析】货币市场是短期资金融通市场，其融通的资金主要用于周转和短期投资，因为其偿还期短、流动性强、风险小，与货币相差不多，此类金融工具往往被当做货币的替代品，因此被称为“货币市场”。我国货币市场主要包括银行间同业拆借市场、银行间债券回购市场和票据市场等。

20. 债券发行过程中支付给承销商的费用包括(　　)。

A. 债券印刷费　　B. 发行手续费　　C. 宣传广告费　　D. 律师费

E. 资产重估费用

【解析】支付给承销商的费用就是发行成本，主要包括：债券印刷费、发行手续费、宣传广告费、律师费、担保抵押费、信用评级和资产重估费用、其他发行费用等。

21. 影响债券发行价格的最主要因素有(　　)。

A. 债券面额　　B. 票面利率　　C. 市场利率　　D. 发行人

E. 流动性

【解析】影响债券发行价格的因素中，最主要的影响因素有债券面额、票面利率、市场利率和债券期限。

22. 金融市场包括(　　)。[2023 年 10 月真题]

A. 黄金市场　　B. 艺术品市场　　C. 货币市场　　D. 股票市场

E. 期货市场

【解析】按照不同的标准，金融市场可以划分为许多不同的种类。按金融工具的期限划分，可分为货币市场和资本市场。按具体的交易工具类型划分，可分为债券市场、票据市场、外汇市场、股票市场、黄金市场等。按金融工具发行和流通的阶段划分，可分为发行市场和流通市场。按交割时间划分，可分为现货市场和期货市场。按交易场

17ABCE　18AB　19CDE　20ABCDE　21ABC　22ACDE

所和空间划分，可分为有形市场和无形市场。按照资金融资方式划分，可分为直接融资市场和间接融资市场。

23. 金融市场的功能包括(　　)。[2023 年 10 月真题]

A. 货币资金融通功能　　B. 优化资源配置功能
C. 风险分散与风险管理功能　　D. 经济调节功能
E. 反映经济运行功能

【解析】金融市场的功能包括：①货币资金融通功能；②优化资源配置功能；③风险分散与风险管理功能；④经济调节功能；⑤交易及定价功能；⑥反映经济运行的功能。

24. 按利息支付方式划分，债券可分为(　　)。

A. 固定利率债券　　B. 普通债券
C. 附息债券　　D. 浮动利率债券
E. 零息债券

【解析】按不同角度可以对债券进行不同分类。按利息支付方式，债券可分为普通债券、附息债券、贴现债券、零息债券。AD 两项，按利率是否固定，债券可分为固定利率债券、浮动利率债券。

25. 我国的政策性银行包括(　　)。

A. 交通银行　　B. 中国邮政储蓄银行
C. 中国进出口银行　　D. 中国发展银行
E. 中国农业发展银行

【解析】我国政策性银行包括中国进出口银行、中国农业发展银行，均直属国务院领导。

26. 与货币市场相比，资本市场的特点包括(　　)。[2021 年 6 月真题]

A. 期限较长　　B. 流动性较差　　C. 风险相对较小　　D. 期限较短
E. 风险相对较大

【解析】资本市场是指以长期金融工具为媒介进行的、期限在一年以上的长期资金融通市场，主要包括债券市场和股票市场。资本市场的主要特点是风险大、收益较高、期限长、流动性差。

27. 在影响债券定价的因素中，属于外部因素的有(　　)。[2021 年 6 月真题]

A. 债券的面值　　B. 市场利率　　C. 通货膨胀水平　　D. 债券期限
E. 市场汇率

【解析】影响债券定价的因素包括：①内部因素，包括债券的面值、债券的票面利息、债券的有效期、是否可提前赎回、是否可以转换、税收待遇、流通性、违约的可能性等；②外部因素，包括贴现率、基准利率、市场利率、通货膨胀水平、市场汇率等；③发行人发行成本，支付给承销商的费用就是发行成本，主要包括债券印刷费、发行手续费、宣传广告费、律师费、担保抵押费、信用评级和资产重估费用、其他发行费用等。

23ABCDE　24BCE　25CE　26ABE　27BCE

三、判断题(请对下列各题的描述做出判断，正确的用 A 表示，错误的用 B 表示)

1. 发行市场或一级市场，是债券、股票等金融工具初次发行，供投资者认购投资的市场。( )[2016 年 5 月真题]

【解析】按金融工具发行和流通的阶段划分，金融市场可分为发行市场和流通市场。发行市场也称为一级市场，是债券、股票等金融工具初次发行，供投资者认购投资的市场；流通市场也称为二级市场，是对已上市的金融工具(如债券、股票等)进行买卖转让的市场。

2. 不具有独立法人资格的银行不能加入中国银行业协会。( )[2016 年 5 月真题]

【解析】中国银行业协会是我国银行业自律组织，是全国性非营利社会团体。凡经国务院银行业监督管理机构批准设立的、具有独立法人资格的银行业金融机构以及经相关监管机构批准、具有独立法人资格、在民政部门登记注册的各省银行业协会均可申请加入中国银行业协会成为会员单位。

3. 金融市场的参与者通过买卖金融资产转移或者接受风险，利用组合投资可以分散那些投资于单一金融资产所面临的非系统性风险，这属于金融市场优化资源配置的功能。( )[2015 年 10 月真题]

【解析】金融市场的参与者通过买卖金融资产转移或者接受风险，利用组合投资可以分散那些投资于单一金融资产所面临的非系统性风险，这属于金融市场分散风险的功能。

4. 回购市场形成的资金价格信号，反映了整个金融体系的资金供求状况和流动性状况，在货币政策传导和整个金融市场中起到基础性作用。( )

【解析】同业拆借形成的资金价格信号，反映了整个金融体系的资金供求状况和流动性状况，在货币政策传导和整个金融市场中起到基础性作用。

5. 回购交易实际上是一种抵押贷款。( )

【解析】以回购方式进行的债券交易其实是一种有抵押的贷款：债券的购买，实际是买方将资金借给卖方；约定卖方在规定的时间购回，实际是通过购回债券归还借款；抵押品就是相关的债券。

6. 由于回购利率较低，故债券回购以小额交易为主。( )

【解析】由于回购利率较低，对少量资金而言，交易成本高，因此，债券回购以大宗交易为主。

7. 商业汇票由银行签发并承兑，银行承诺商业汇票到期日支付汇票金额。( )

【解析】商业汇票由企业签发，向银行申请办理承兑，银行承诺商业汇票到期日支付汇票金额。

8. 我国金融监督管理机构主要包括国家金融监督管理总局、中国证券监督管理委员会。( )

【解析】国家金融监督管理总局统一负责除证券业之外的金融业监管，强化机构监管、行为监管、功能监管、穿透式监管、持续监管，统筹负责金融消费者权益保护，加强风险

1A 2A 3B 4B 5A 6B 7B 8A

管理和防范处置，依法查处违法违规行为。中国人民银行履行对金融控股公司等金融集团的日常监管职责、有关金融消费者保护职责，中国证券监督管理委员会的投资者保护职责划入国家金融监督管理总局。中国证券监督管理委员会是国务院直属正部级事业单位，依照法律、法规和国务院授权，统一监督管理全国证券期货市场，维护证券期货市场秩序，保障其合法运行。

9. 全国中小企业股份转让系统是经证监会批准设立的全国性证券交易场所，属于场外市场。（　　）

【解析】全国中小企业股份转让系统成立于2012年，是经国务院批准设立的全国性证券交易场所，全国中小企业股份转让系统有限责任公司为其运营管理机构，属于场外市场。

10. 当债券的收益率不变，债券的到期时间与债券价格的波动幅度之间成反比关系。（　　）

【解析】当债券的收益率不变，债券的到期时间与债券价格的波动幅度之间成正比关系。

11. 中国人民银行是依法进行外汇管理的行政机构，由国家外汇管理局管理。（　　）

【解析】国家外汇管理局是依法进行外汇管理的行政机构，是国务院部委管理的国家局，由中国人民银行管理。

12. 证券投资基金和股票一样，都属于股权融资工具。（　　）［2017年10月真题］

【解析】按投资者所拥有的权利划分，金融工具可分为债权工具、股权工具和混合工具。债权工具的代表是债券，股权工具的代表是股票，混合工具的代表是可转换公司债券和证券投资基金。

13. 按有无担保，债券可分为公募债券和私募债券。（　　）

【解析】债券按有无担保可分为信用债券、担保债券；按募集方式可分为公募债券和私募债券。

14. 国务院监督管理机构负责除证券业外的所有金融业监管。（　　）［2024年10月真题］

【解析】2023年3月，根据中共中央、国务院印发的《党和国家机构改革方案》，明确在中国银行保险监督管理委员会基础上组建国家金融监督管理总局，统一负责除证券业之外的金融业监管，强化机构监管、行为监管、功能监管、穿透式监管、持续监管，统筹负责金融消费者权益保护，加强风险管理和防范处置，依法查处违法违规行为。

9B　10B　11B　12B　13B　14A

第四章　银行体系

一、单选题(下列选项中只有一项最符合题目要求，请将正确选项的代码填入括号内)

1. 在信用活动中发挥主导作用的金融机构是(　　)。[2018 年 6 月真题]

A. 中央银行　　B. 政策性银行　　C. 投资银行　　D. 商业银行

【解析】商业银行是指能够吸收公众存款、发放贷款、办理结算等多种业务，以盈利为主要经营目标，经营货币的金融企业。商业银行在银行体系中占有重要的地位，在信用活动中起着主导作用。

2. 商业银行是以(　　)为经营对象的信用中介机构。[2016 年 5 月真题]

A. 股票　　B. 实物商品　　C. 货币　　D. 利率

【解析】我国商业银行是以办理存贷款和转账结算为主要业务，以营利为主要经营目标，经营货币的金融企业。

3. 货币经纪公司的服务对象是(　　)。[2015 年 10 月真题]

A. 地方政府　　B. 上市公司　　C. 事业单位　　D. 金融机构

【解析】货币经纪公司是指经批准在中国境内设立的，通过电子技术或其他手段，专门从事促进金融机构间资金融通和外汇交易等经纪服务，并从中收取佣金的非银行金融机构。根据《货币经纪公司试点管理办法》第三十二条规定，货币经纪公司及其分公司仅限于向境内外金融机构提供经纪服务，不得从事任何金融产品的自营业务。

4. 我国负责监督和管理金融业，规范和维护金融秩序的机构是(　　)。[2015 年 5 月真题]

A. 国家金融监督管理总局　　B. 中国人民银行

C. 中国证券监督管理委员会　　D. 国家发展和改革委员会

【解析】中央银行是国家中居主导地位的金融中心机构，是国家干预和调控国民经济发展的重要工具。它既是为商业银行等普通金融机构和政府提供金融服务的特殊金融机构，又是制定和实施货币政策、监督和管理金融业、规范和维护金融秩序、调控金融和经济运行的宏观管理部门。我国的中央银行是中国人民银行。

5. 下列关于企业集团财务公司的表述，正确的是(　　)。[2012 年 6 月真题]

A. 以加强企业集团资金集中管理和提高企业集团资金使用效率为目的

B. 不属于企业集团内部的金融机构

C. 可以从集团外吸收存款，为非成员单位提供服务

D. 服务对象可以是非企业集团成员

【解析】企业集团财务公司，简称财务公司，是指以加强企业集团资金集中管理和提高企业集团资金使用效率为目的，为企业集团成员单位提供财务管理服务的非银行金融机

1D　2C　3D　4B　5A

构。财务公司主要是为集团内部成员单位提供财务管理服务。

6. 在我国，负责制定和实施货币政策的机构是(　　)。[2012 年 6 月真题]

A. 财政部　　B. 国家发展和改革委员会

C. 中国人民银行　　D. 国家金融监督管理总局

7. 下列属于中国农业发展银行主要任务的是(　　)。[2012 年 6 月真题]

A. 承担国家规定的农业政策性金融业务

B. 向国家大中型基本建设和技术改造发放贷款

C. 执行国家外贸政策，为资本性货物出口提供政策性金融支持

D. 吸收公众存款

【解析】中国农业发展银行于 1994 年挂牌成立，主要职责是按照国家的法律法规和方针政策，以国家信用为基础筹集资金，承担农业政策性金融业务，代理财政支农资金的拨付，为农业和农村经济发展服务。

8. 专门为金融机构之间资金融通和外汇交易提供服务，并收取佣金的非银行金融机构是(　　)。[2011 年 10 月真题]

A. 货币经纪公司　　B. 证券公司　　C. 信托公司　　D. 投资银行

【解析】货币经纪公司是指经批准在中国境内设立的，通过电子技术或其他手段，专门从事促进金融机构间资金融通和外汇交易等经纪服务，并从中收取佣金的非银行金融机构。在我国，按照国务院银行业监督管理机构批准经营的业务范围，货币经纪公司可以经营下列经纪业务：境内外外汇市场交易、境内外货币市场交易、境内外债券市场交易、境内外衍生产品交易等。

9. (　　)是我国汽车金融公司的监管机构。

A. 国务院银行业监督管理机构　　B. 中国银行业协会

C. 中国人民银行　　D. 中国证监会

【解析】从监督管理角度讲，除银行机构外，属于国务院银行业监督管理机构监管的机构还包括金融资产管理公司、企业集团财务公司、信托公司、金融租赁公司、汽车金融公司、货币经纪公司、消费金融公司、贷款公司等非银行金融机构。

10. 商业银行最基本的职能是(　　)。

A. 信用中介　　B. 支付中介　　C. 清算中介　　D. 金融服务

【解析】我国商业银行是以办理存贷款和转账结算为主要业务，以营利为主要经营目标，经营货币的金融企业。商业银行的职能有：①充当信用中介；②充当支付中介；③信用创造功能；④金融服务。其中，充当信用中介是商业银行最基本的职能。

11. 能够吸收活期存款、发放贷款、办理转账结算的只有(　　)。

A. 投资银行　　B. 商业银行　　C. 政策性银行　　D. 中央银行

【解析】我国商业银行是以办理存贷款和转账结算为主要业务，以营利为主要经营目标，经营货币的金融企业。与其他金融机构相比，商业银行最明显的特征是能够吸收活期

6C　7A　8A　9A　10A　11B

存款，创造货币。

12. 下列不属于农村银行业中小金融机构的是(　　)。

A. 农村商业银行　　B. 邮政储蓄银行

C. 村镇银行　　D. 农村信用社

【解析】我国农村银行业中小金融机构主要包括农村信用社、农村商业银行、农村合作银行和村镇银行。

13. 下列(　　)属于国务院银行业监督管理机构监管的非银行金融机构。

①股份制商业银行；②基金管理公司；③农村信用社；④企业集团财务公司；⑤汽车金融公司；⑥城市信用合作社；⑦金融租赁公司；⑧期货经纪公司。

A. ④⑤⑦　　B. ①③⑥　　C. ②⑧　　D. ④⑤⑥⑦

【解析】从监督管理角度讲，除银行机构外，属于国务院银行业监督管理机构监管的机构还包括金融资产管理公司、企业集团财务公司、信托公司、金融租赁公司、汽车金融公司、货币经纪公司、消费金融公司、贷款公司等非银行金融机构。①③⑥属于由国务院银行业监督管理机构监管的银行业金融机构；②⑧属于由证监会监管的非银行金融机构。

14. 中国的汽车金融公司是指经国务院银行业监督管理机构批准设立的，为中国境内的汽车(　　)提供贷款的非银行金融机构。

A. 批发商　　B. 生产者

C. 购买者及销售者　　D. 担保公司

【解析】汽车金融公司是指经国务院银行业监督管理机构批准设立的为中国境内的汽车购买者及销售者提供金融服务的非银行金融机构。与其他金融机构相比，汽车金融公司的优势在于对车辆和品牌经销商足够了解，回收车辆处置更便利。

15. 1999 年，我国为了管理和处置国有银行的不良贷款，成立了四家资产管理公司，分别收购、管理和处置四家国有商业银行和(　　)的部分不良资产。

A. 国家开发银行　　B. 中国进出口银行

C. 中国农业发展银行　　D. 中国人民银行

【解析】亚洲金融危机后，为处置国有银行业不良资产、防范和化解金融风险，我国于 1999 年成立了中国华融资产管理公司、中国长城资产管理公司、中国东方资产管理公司和中国信达资产管理公司，分别收购、管理和处置工行、农行、中行、建行四大国有商业银行和国家开发银行的部分不良资产。

16. 下列属于我国财务公司业务的是(　　)。

A. 投资不动产　　B. 代理期货期权业务

C. 对成员单位贷款　　D. 吸收公众存款

【解析】财务公司主要是为集团内部成员单位提供财务管理服务，其业务有两类：①基础类业务，涵盖了商业银行可以办理的全部资产、负债、中间业务；②满足一定条件的财务公司可以办理的业务，包括发行财务公司债券、承销成员单位企业债、对金融机构

12B　13A　14C　15A　16C

的股权投资、有价证券投资、成员单位产品的消费信贷、买方信贷及融资租赁等业务。

17. 李先生想要办理住房贷款，目前他可以到哪家办理该业务？(　　)
A. 中国银行　　B. 中国进出口银行
C. 中国农业发展银行　　D. 中国国际信托投资公司
【解析】居民个人住房贷款属于商业银行业务范畴。BC两项属于政策性银行，它们的主要业务是根据国家的产业政策，提供对口资金支持相关产业，不办理居民个人业务；D项业务范畴为信托业，不涉及贷款业务。

18. 关于中央银行的职能，下列说法不正确的是(　　)。
A. 是发行的银行
B. 主要同商业银行发生业务关系，集中商业银行的准备金并对它们提供信用
C. 代表国家贯彻执行金融政策，代为管理财政收支，为国家提供各种金融服务
D. 在特定的业务领域内，协助政府发展经济
【解析】中央银行的职能主要有：①中央银行是发行的银行；②中央银行是银行的银行；③中央银行是政府的银行。D项属于政策性银行的职能。

19. 贷款公司对同一借款人的贷款余额不得超过资本净额的______；对单一集团企业客户的授信余额不得超过资本净额的______。(　　)
A. 5%；10%　　B. 10%；15%　　C. 15%；20%　　D. 20%；25%
【解析】贷款公司发放贷款应当坚持小额、分散的原则，提高贷款覆盖面，防止贷款过度集中。贷款公司对同一借款人的贷款余额不得超过资本净额的10%；对单一集团企业客户的授信余额不得超过资本净额的15%。

20. 根据《货币经纪公司试点管理办法》规定，下列属于货币经纪公司可以从事的业务是(　　)。[2021年6月真题]
A. 投资国债　　B. 投资金融债券
C. 向境内外金融机构提供经纪服务　　D. 向境内外金融机构提供资金拆借
【解析】货币经纪公司是指经批准在中国境内设立的，通过电子技术或其他手段，专门从事促进金融机构间资金融通和外汇交易等经纪服务，并从中收取佣金的非银行金融机构。在我国，按照国务院银行业监督管理机构批准经营的业务范围，货币经纪公司可以经营下列经纪业务：境内外外汇市场交易、境内外货币市场交易、境内外债券市场交易、境内外衍生产品交易等。

21. 中央银行代理国库，对国家提供信贷发挥的是中央银行(　　)的职能。[2024年10月真题]
A. 政府的银行　　B. 服务的银行　　C. 银行的银行　　D. 发行的银行
【解析】政府的银行是指中央银行代表国家贯彻执行金融政策，代为管理财政收支，为国家提供各种金融服务。具体包括：代理国库，中央银行经办政府的财政收支，执行国库的出纳职能；对国家提供信贷；在国际关系中，代表国家与外国金融机构、国际金融机构建立业务联系，处理各种国际金融事务。

17A　18D　19B　20C　21A

22. 以下哪个不是中央银行产生的原因？(　　)[2025 年 6 月真题]

A. 推动货币兑换的需要　　B. 集中统一银行券发行的需要

C. 最后贷款人的需要　　D. 统一票据交换及清算的需要

【解析】中央银行是从现代商业银行中分离出来逐渐演变而成的。首先，中央银行的产生是集中统一银行券发行的需要。其次，中央银行的产生是统一票据交换及清算的需要。再次，中央银行的产生是最后贷款人的需要。最后，中央银行的产生是对金融业统一管理的需要。

23. 以下不属于商业银行机构的是(　　)。[2025 年 6 月真题]

A. 城市商业银行　　B. 农村中小金融机构

C. 外资银行　　D. 政策性银行

【解析】政策性银行主要是指那些多由政府创立、参股或担保的不以营利为目的，专门为贯彻并配合政府社会经济政策或意图，在特定的业务领域内从事政策性融资活动，协助政府发展经济、进行宏观经济管理的金融机构。一般来说，政策性银行具有特殊的融资原则、坚持经济效益而不以营利为目的。

24. 商业银行主要经营(　　)业务。[2025 年 6 月真题]

A. 货币　　B. 利率　　C. 外汇　　D. 现实货物

【解析】商业银行是指能够吸收公众存款、发放贷款、办理结算等多种业务，以营利为主要经营目标，经营货币的金融企业。商业银行在银行体系中占有重要的地位，在信用活动中起着主导作用。

二、多选题(下列选项中有两项或两项以上符合题目要求，请将符合题目要求选项的代码填入括号内)

1. 中央银行业务活动的特征包括(　　)。[2018 年 10 月真题]

A. 不以营利为目的

B. 在制定和执行国家货币方针政策时具有完全独立性

C. 不经营普通银行业务

D. 在制定和执行国家货币方针政策时具有相对独立性

E. 易受到地方政府的干涉

【解析】中央银行是国家中居主导地位的金融中心机构，是国家干预和调控国民经济发展的重要工具。中央银行的业务活动具有不以营利为目的、不经营普通银行业务、在制定和执行国家货币方针政策时具有相对独立性等特征。

2. 下列关于商业银行信用中介职能的表述，正确的是(　　)。[2017 年 6 月真题]

A. 能为客户办理货币结算　　B. 能克服企业之间直接借贷的局限性

C. 能对资本进行再分配　　D. 是银行最基本的职能

E. 通过吸收存款、发放贷款充当中介人

【解析】充当信用中介是银行最基本的职能。银行通过吸收存款，动员和集中社会上一切闲置的货币资本，然后又通过放款把这些货币资本贷放给需要资本的企业使用。这样，银行

22A　23D　24A　▎　1ACD　2BCDE

就成了货币资本的贷出者和借入者之间的中介人。银行作为信用中介，克服了企业之间直接借贷的种种局限性，如在资本数量、借贷时间、空间上不一致性及不了解信用能力等局限性。通过信用中介职能对资本进行再分配，使货币资本得到充分有效的运用，加速了资本的周转，促进了生产的发展。A 项体现了商业银行充当支付中介的职能。

3. 下列属于非银行金融机构的有(　　)。[2016 年 10 月真题]

A. 金融租赁公司　B. 信托公司　C. 货币经纪公司　D. 汽车金融公司

E. 村镇银行

【解析】非银行金融机构包括金融资产管理公司、信托公司、企业集团财务公司、金融租赁公司、汽车金融公司、货币经纪公司、贷款公司和消费金融公司等。E 项属于商业银行。

4. 就中央银行的职能而言，中央银行作为银行的银行，其含义主要包括(　　)。[2016 年 5 月真题]

A. 对商业银行发放贷款　B. 集中商业银行的存款准备

C. 调控货币流通，稳定币值　D. 统一全国货币发行

E. 办理商业银行间的清算

【解析】银行的银行是指中央银行是商业银行的银行，即主要同商业银行发生业务关系，集中商业银行的准备金并对它们提供信用。具体包括：①集中商业银行的存款准备；②办理商业银行间的清算；③对商业银行发放贷款。

5. 贷款公司可经营的业务包括(　　)。[2016 年 5 月真题]

A. 办理同业拆借　B. 办理各项贷款

C. 办理票据贴现　D. 办理贷款项下的结算

E. 办理资产转让

【解析】经批准，贷款公司可经营下列业务：①办理各项贷款；②办理票据贴现；③办理资产转让；④办理贷款项下的结算；⑤经国务院银行业监督管理机构批准的其他资产业务。

6. 商业银行发挥支付中介职能，对社会经济产生的作用包括(　　)。[2015 年 10 月真题]

A. 加快货币资本的周转

B. 节约现钞使用和降低流通成本

C. 为社会化大生产的顺利进行提供有利条件

D. 集中社会上闲置的货币资本进行再分配

E. 加快结算过程

【解析】商业银行在办理负债业务的基础上，通过为客户办理货币结算、货币收付、货币兑换、存款转移等业务时就发挥支付中介职能。商业银行为客户办理支付、结算等业务时，主要方式是账户间划拨和转移，从而最大限度地节约现钞使用和降低流通成本，加快结算过程和货币资本的周转，为社会化大生产的顺利进行提供有利条件。D 项是商业银行发挥信用中介职能时，对社会经济产生的作用。

3ABCD　4ABE　5BCDE　6ABCE

7. 金融租赁公司的主要业务范围包括(　　)。[2015年10月真题]

A. 同业拆借　　B. 吸收股东1年期以上(含)定期存款

C. 融资租赁业务　　D. 经批准发行金融债券

E. 接受承租人的租赁保证金

【解析】金融租赁公司是以资金融通为目的，以租赁业务为载体的非银行金融机构。其主要业务范围包括：①融资租赁业务；②吸收股东1年期以上(含)定期存款；③接受承租人的租赁保证金；④向商业银行转让应收租赁款；⑤经批准发行金融债券；⑥同业拆借；⑦向金融机构借款；⑧境外外汇借款；⑨租赁物品残值变卖及处理业务；⑩经济咨询等。

8. 经国务院银行业监督管理机构批准，消费金融公司可经营的人民币业务包括(　　)。

A. 办理个人耐用消费品贷款　　B. 办理信贷资产转让

C. 与消费金融相关的咨询业务　　D. 与消费金融相关的代理业务

E. 境内同业拆借

【解析】经国务院银行业监督管理机构批准，消费金融公司可经营下列部分或者全部人民币业务：①办理个人耐用消费品贷款；②办理一般用途个人消费贷款；③办理信贷资产转让；④境内同业拆借；⑤向境内金融机构借款；⑥经批准发行金融债券；⑦与消费金融相关的咨询、代理业务；⑧国务院银行业监督管理机构批准的其他业务。

9. 企业集团财务公司是一种完全属于集团内部的金融机构，该性质体现在(　　)。

A. 服务对象限于企业集团成员

B. 不允许为非成员单位提供服务

C. 不允许从集团外吸收存款

D. 财务公司出现支付困难，母公司有义务提供资金支持

E. 仅可以吸收集团内部成员以及与集团内部成员有业务关系单位的存款

【解析】企业集团财务公司，是为企业集团成员单位提供财务管理的非银行金融机构。题中ABCD四项由该机构的性质和创设目的所决定。

10. 下列关于我国金融机构的说法正确的有(　　)。

A. 货币经纪公司不能开展人民币存贷业务

B. 信托公司是“受人之托，代人理财”的非营利性金融机构

C. 汽车金融公司对车辆和品牌经销商足够了解，回收车辆处置更便利

D. 企业集团财务公司可以为非集体成员单位提供财务管理服务

E. 1999年成立的四家资产管理公司到目前为止尚未完成政策性不良资产的处置任务

【解析】B项，信托公司是以营利为目的的商业性机构；D项，企业集团财务公司是一种完全属于集团内部的金融机构，仅可以为集体成员单位提供财务管理服务；E项，经过多年运作，我国四大金融资产管理公司处置政策性不良贷款的任务基本完成，逐渐开始股份制改革和商业化转型，向市场化金融机构转变。

11. 政策性银行的职能有(　　)。

7ABCDE　8ABCDE　9ABCD　10AC　11ACDE

A．经济调控职能　　　　　　　　B．信用创造职能
C．政策导向职能　　　　　　　　D．补充性职能
E．金融服务职能

【解析】政策性银行的职能主要包括经济调控职能、政策导向职能、补充性职能、金融服务职能。政策性银行以其服务对象的特殊性，为企业和社会提供各方面的金融和非金融服务，可以充当政府经济政策和产业政策的顾问，为经济发展在这些领域提供专业化的有效服务，从而发挥其服务性职能。B项属于商业银行的职能。

12．商业银行发挥支付中介职能时，办理的业务包括（　　）。［2017年10月真题］
A．融资代理　　B．货币结算　　C．货币收付　　D．货币兑换
E．信息咨询

【解析】商业银行在办理负债业务的基础上，通过为客户办理货币结算、货币收付、货币兑换、存款转移等业务时就发挥支付中介职能。融资代理和信息咨询属于商业银行的金融服务职能。

13．商业银行可以通过为客户办理（　　）来发挥其支付中介的职能。
A．融资代理　　B．代收代付　　C．存款转移　　D．货币兑换
E．信托租赁

【解析】商业银行在办理负债业务的基础上，为客户办理货币结算、货币收付、货币兑换、存款转移等业务时就发挥支付中介职能。ABE三项均是对商业银行金融服务职能的体现。

三、判断题（请对下列各题的描述做出判断，正确的用A表示，错误的用B表示）

1．汽车金融公司是提供相关汽车金融服务的专业机构。（　　）［2014年11月真题］

【解析】汽车金融公司是指经国务院银行业监督管理机构批准设立的为中国境内的汽车购买者及销售者提供金融服务的非银行金融机构。

2．货币经纪公司可以向境内外金融机构提供经纪服务，也可以从事金融产品的自营业务。（　　）［2013年11月真题］

【解析】货币经纪公司是指经批准在中国境内设立的，通过电子技术或其他手段，专门从事促进金融机构间资金融通和外汇交易等经纪服务，并从中收取佣金的非银行金融机构。根据《货币经纪公司试点管理办法》规定，在我国进行试点的货币经纪公司的业务范围仅限于向境内外金融机构提供经纪服务，不得从事任何金融产品的自营业务。

3．中国人民银行作为特殊的国家机关，可以依赖《中国人民银行法》的有关规定从事以取得盈利为目的的金融业务活动。（　　）［2009年10月真题］

【解析】中央银行是国家中居主导地位的金融中心机构，是国家干预和调控国民经济发展的重要工具。我国的中央银行是中国人民银行。中央银行的业务活动具有不以营利为目的、不经营普通银行业务、在制定和执行国家货币方针政策时具有相对独立性等特征。

4．我国城市商业银行都不是股份制的商业银行。（　　）

12BCD　13CD　▍　1A　2B　3B　4B

【解析】20 世纪 90 年代中期，以城市信用社为基础，我国开始陆续组建城市合作银行，后改称城市商业银行。经过多年的发展，城市商业银行已经逐渐发展成熟，已经基本完成了股份制改革，转变经营模式，在当地占有相当大的市场份额。

5. 中国的金融资产管理公司带有典型的商业性金融机构特征，是专门为接受和处理国有金融机构不良资产而建立的。(　　)

【解析】金融资产管理公司主要开展不良资产收购、管理、处置和风险金融机构托管等业务，承担盘活国有银行不良资产、支持国企改革、化解金融风险等重要政策性任务，不具有商业性金融机构特征。

6. 商业银行通过信用中介职能对资本进行再分配，使货币资本得到充分有效的运用，加速了资本的周转，促进了生产的发展。(　　)

【解析】银行作为信用中介，克服了企业之间直接借贷的种种局限性，如在资本数量、借贷时间、空间上的不一致性及不了解信用能力等局限性。通过信用中介职能对资本进行再分配，使货币资本得到充分有效的运用，加速了资本的周转，促进了生产的发展。

7. 信托业务是指信托公司以资金融通为目的，以受托人身份承诺信托和处理信托事务的经营行为。(　　)

【解析】信托公司是依法设立的、主要经营信托业务的金融机构。信托业务是指信托公司以营业和收取报酬为目的，以受托人身份承诺信托和处理信托事务的经营行为。金融租赁公司以资金融通为目的。

8. 贷款公司是专门为县域农民、农业和农村经济发展提供贷款服务的非银行金融机构。(　　)

【解析】贷款公司是经国务院银行业监督管理机构依据有关法律、法规批准，由境内商业银行或农村合作银行在农村地区设立的专门为县域农民、农业和农村经济发展提供贷款服务的非银行金融机构。

5B　6A　7B　8A

第二部分　银行业务

第一章　存款业务

一、单选题(下列选项中只有一项最符合题目要求，请将正确选项的代码填入括号内)

1. 下列不属于定期存款类型的是(　　)。[2018 年 10 月真题]

A. 存本取息　　B. 定活两便　　C. 零存整取　　D. 整存整取

【解析】定期存款类型包括：①整存整取；②零存整取；③整存零取；④存本取息。除常见的活期存款和定期存款外，还有下列四种存款种类：定活两便存款、个人通知存款、教育储蓄存款、保证金存款。

2. 中国人民银行公布的当日外汇牌价是(　　)。[2018 年 6 月真题]

A. 现钞卖出价　　B. 现钞买入价　　C. 中间价　　D. 现汇买入价

【解析】中间价，又称基准价，是中国人民银行授权外汇交易中心对外公布的当日外汇牌价。现汇买入价(汇买价)是银行买入外汇的价格；现钞买入价(钞买价)是银行买入外币现钞的价格；现汇卖出价(汇卖价)是银行卖出外汇的价格；现钞卖出价(钞卖价)是银行卖出外币现钞的价格。

3. 商业银行办理活期存款业务通常是(　　)。[2017 年 6 月真题]

A. 1 元起存，只以银行卡为存取凭证　　B. 10 元起存，以存折或银行卡为存取凭证

C. 1 元起存，只以存折为存取凭证　　D. 1 元起存，以存折或银行卡为存取凭证

【解析】活期存款通常 1 元起存，以存折或银行卡作为存取凭证，部分银行的客户可凭存折或银行卡在全国各网点通存通兑。

4. 单位因办理日常转账结算和现金收付需要开立的银行结算账户是(　　)。[2023 年 10 月真题]

A. 专用存款账户　　B. 一般存款账户　　C. 基本存款账户　　D. 临时存款账户

【解析】基本存款账户简称基本户，是指存款人因办理日常转账结算和现金收付需要开立的银行结算账户。基本存款账户是存款人的主办账户，同一存款客户只能在商业银行开立一个基本存款账户。

5. 下列关于计算活期存款利息的表述，正确的是(　　)。[2017 年 10 月真题]

A. 本金计息起点是分

B. 按季度结息

C. 一年一定按 365 天计算

D. 须执行人民银行规定的同期限档次存款利率

1B　2C　3D　4C　5B

【解析】A 项，存款的计息起点为元，元以下角分不计利息；B 项，《中国人民银行关于人民币存贷款计结息问题的通知》中规定，从 2005 年 9 月 21 日起，我国对活期存款实行按季度结息，每季度末月的 20 日为结息日，次日付息；C 项，银行除仍可沿用普遍使用的每年 360 天(每月 30 天)计息期外，也可选择将计息期全部化为实际天数计算利息，即每年为 365 天(闰年为 366 天)，每月为当月公历的实际天数；D 项，只要不超过中国人民银行同期限档次存款利率上限，计结息规则由各银行自行把握。

6. 下列不可以开立临时存款账户的情形是(　　)。[2020 年 10 月真题]

A. 注册验资　　B. 设立临时机构

C. 异地临时经营活动　　D. 日常转账结算

【解析】临时存款账户是指存款人因临时需要并在规定期限内使用而开立的银行结算账户。可以开立临时存款账户的情形包括：设立临时机构、异地临时经营活动、注册验资。该种账户的有效期最长不得超过两年。

7. 事先约定偿还期的存款是(　　)。[2017 年 10 月真题]

A. 定期存款　　B. 定活两便存款　　C. 活期存款　　D. 通知存款

【解析】定期存款是个人事先约定偿还期的存款，其利率视期限长短而定。根据不同的存取方式，定期存款分为四种：整存整取、零存整取、整存零取、存本取息。

8. 某企业客户已开立基本存款账户，因借款需要在某商业银行新开立账户，该账户不必支取现金，该商业银行正确的做法是(　　)。[2016 年 5 月真题]

A. 为该客户开立企业定期存款账户　　B. 为该客户开立基本存款账户

C. 为该客户开立专用存款账户　　D. 为该客户开立一般存款账户

【解析】一般存款账户简称一般户，是指存款人因借款或其他结算需要，在基本存款账户开户银行以外的银行营业机构开立的银行结算账户。一般存款账户可以办理现金缴存，但不得办理现金支取。

9. 客户在办理存款时不约定存款期限、支取时提前一定时间通知银行约定支取日期和支取金额的存款是(　　)。[2016 年 5 月真题]

A. 协定存款　　B. 定期存款　　C. 通知存款　　D. 活期存款

【解析】通知存款是指客户在存入款项时不约定存期，支取时需提前通知商业银行，并约定支取存款日期和金额方能支取的存款类型。不论实际存期多长，按存款人提前通知的期限长短，可再分为一天通知存款和七天通知存款两个品种。

10. 《中国人民银行关于人民币存贷款计结息问题的通知》中规定，从 2005 年 9 月 21 日起，我国对活期存款实行按季结息，每季度末月的(　　)日为结息日，次日付息。[2017 年 10 月真题]

A. 15　　B. 30　　C. 20　　D. 25

【解析】《中国人民银行关于人民币存贷款计结息问题的通知》中规定，从 2005 年 9 月 21 日起，我国对活期存款实行按季度结息，每季度末月的 20 日为结息日，次日付息。存款的计息起点为元，元以下角分不计利息。利息金额算至分位，分以下尾数

6D　7A　8D　9C　10C

四舍五入。

11. 小李在2015年3月3日存入一笔30000元的一年期整存整取定期存款，假设一年期定期存款利率为0.99%，活期存款利率为0.36%，存款满1个月后，小李取出了10000元，按照积数计息法，小李支取10000元的利息是(　　)元。[2015年10月真题]

A. 3.10　　B. 5.30　　C. 16.5　　D. 12.4

【解析】提前支取的定期存款计息方式如下：支取部分按活期存款利率计付利息，提前支取部分的利息同本金一并支取。因此，小李支取的10000元应按活期存款利率0.36%计息。积数计息法是按实际天数每日累计账户余额，以累计积数乘以日利率计算利息，其计息公式为：利息 = 累计计息积数 × 日利率，其中，累计计息积数 = 每日余额合计数。银行使用年利率除以360天折算出日利率。3月份共有31天，按照积数计息法，小李支取10000元的利息是10000 × 31 × 0.36%/360 = 3.10(元)。

12. 银行买入外国纸币时所使用的外汇牌价是(　　)。[2015年10月真题]

A. 现钞卖出价　　B. 现汇卖出价　　C. 现汇买入价　　D. 现钞买入价

【解析】银行外汇牌价表中的现汇买入价/现钞买入价/现汇卖出价/现钞卖出价都是以银行为主体的表示方法。现汇是指可自由兑换的汇票、支票等外币票据。现钞是具体的、实在的外国纸币、硬币。其中：①现汇买入价(汇买价)是银行买入外汇的价格；②现钞买入价(钞买价)是银行买入外币现钞的价格；③现汇卖出价(汇卖价)是银行卖出外汇的价格；④现钞卖出价(钞卖价)是银行卖出外币现钞的价格。

13. 定期存款在存期内，若遇到利率调整，则该存款利息(　　)。[2016年10月真题]

A. 按照到期日挂牌公告的利率计算

B. 按照存单开户日挂牌公告的利率计算

C. 按照调整日挂牌公告的利率计算

D. 采取分段计息的办法按照实际天数分别以存单开户日挂牌公告的利率和调整日挂牌公告的利率计算

【解析】定期存款是个人事先约定偿还期的存款，其利率视期限长短而定。定期存款存期内遇有利率调整，仍按存单开户日挂牌公告的相应定期存款利率计息。

14. 下列关于商业银行整存整取定期存款的表述，正确的是(　　)。[2015年10月真题]

A. 期限越长，利率越低　　B. 期限越长，利率越高

C. 利率高低与期限长短无关　　D. 相同期限，本金越多，利率越低

【解析】定期存款利率视期限长短而定，通常期限越长利率越高。如果储户在存款到期前要求提前支取，必须持存单和存款人的身份证明办理，并按支取日挂牌公告的活期存款利率计付利息。

15. 我国单位银行结算账户用途分为基本存款账户、一般存款账户、(　　)和临时存款账户。[2017年10月真题]

A. 支票存款账户　　B. 现金存款账户

C. 外汇存款账户　　D. 专用存款账户

11A　12D　13B　14B　15D

【解析】单位活期存款账户又称为单位结算账户，包括基本存款账户、一般存款账户、临时存款账户和专用存款账户。

16. 提前支取的定期储蓄存款，支取部分按(　　)计可付利息。[2023 年 10 月真题]
A. 存入日挂牌公告的活期存款利率　　B. 支取日挂牌公告的定期存款利率
C. 支取日挂牌公告的活期存款利率　　D. 存入日挂牌公告的定期存款利率
【解析】定期存款利率视期限长短而定，通常，期限越长，利率越高。如果储户在存款到期前要求提前支取，必须持存单和存款人的身份证明办理，并按支取日挂牌公告的活期存款利率计付利息。

17. 下列关于教育储蓄存款表述正确的是(　　)。[2010 年 5 月真题]
A. 利率优惠，按同期限档次的零存整取定期储蓄存款利率计息
B. 存期灵活，最长存期为六年
C. 总额控制，本金合计最高限额为 5 万元
D. 分次存入，分次支取
【解析】A 项，一年期、三年期教育储蓄按开户日同期同档次整存整取定期储蓄存款利率计息；六年期按开户日五年期整存整取定期储蓄存款利率计息。C 项，本金合计最高限额为 2 万元。D 项，分次存入，到期一次支取本金和利息。

18. 目前，我国银行存款中，采用复利计算利息的是(　　)。[2009 年 10 月真题]
A. 一年期的定期存款　　B. 五年期的定期存款
C. 个人活期存款　　D. 三年期教育储蓄存款
【解析】除活期存款在每季度结息日时将利息计入本金作为下季的本金计算复利外，其他存款不论存期多长，一律不计复利。

19. 存款是商业银行最主要的(　　)。[2009 年 10 月真题]
A. 风险资产　　B. 投资业务　　C. 资金来源　　D. 资金运用
【解析】存款是商业银行最主要的资金来源，存款业务也是银行的传统业务，是商业银行业务经营的重要基础。存款包括人民币存款和外币存款两大类。

20. 关于个人存款业务，下列说法中正确的是(　　)。[2009 年 10 月真题]
A. 存款的计息起点为角　　B. 所有存款种类，均按复利计算利息
C. 存款人必须使用实名　　D. 定期存款不能提前支取
【解析】A 项，存款的计息起点为元，元以下角分不计利息；B 项，除活期存款在每季结息日时将利息计入本金作为下季的本金计算复利外，其他存款不论存期多长，一律不计复利；C 项，国务院颁布的《个人存款账户实名制规定》规定，个人在金融机构开立个人存款账户时，应当出示本人身份证件，使用实名；D 项，提前支取的定期存款计息，支取部分按活期存款利率计付利息，提前支取部分的利息同本金一并支取。

21. 关于人民币零存整取存款计息方式选择，下列说法不正确的是(　　)。
A. 计息方式可分为积数计息和逐笔计息两种

16C　17B　18C　19C　20C　21B

B. 具体采用何种计息方式由储户决定

C. 储户在存款时可以通过利率差异来选择银行

D. 对于同一存款种类，各家银行之间会出现计息方式的差异

【解析】B 项，计息方式分为积数计息法和逐笔计息法两种。具体采用何种计息方式由各银行决定，储户只能选择银行，不能选择计息方式。

22. 钱先生在 2015 年 1 月 8 日分别存入两笔 10000 元的存款，一笔是 1 年期整存整取定期存款，假设年利率为 2.52%，1 年到期后钱先生将全部本利以同样利率又存入期限为 1 年期整存整取定期存款；另一笔是 2 年期整存整取定期存款，假设年利率为 3.06%；2 年后，钱先生把两笔存款同时取出，这两笔存款分别能取回（　　）元。（暂免征收利息税）

A. 10484.50；10581.40　　B. 10510.35；10612.00

C. 10484.50；10612.00　　D. 10510.35；10581.40

【解析】分别计算这两笔存款，如下所示：①第一笔存款：存满一年后，第一年利息 $=10000\times2.52\%=252$（元）。第一年的利息扣除元以下的部分计入本金在第二年计付利息，利息算至分位，分以下四舍五入。第二年利息 $=(10000+252)\times2.52\%=258.35$（元）。因此，第一笔存款共可取回 $10000+252+258.35=10510.35$（元）。②第二笔存款：利息 $=10000\times3.06\%\times2=612$（元）。所以第二笔存款共可取回 $10000+612=10612.00$（元）。

23. 钱先生 2015 年 11 月 8 日存入 10000 元，定期整存整取半年，假定年利率为 2.70%，到期日为 2016 年 5 月 8 日，支取日为 2016 年 5 月 28 日。假定 2016 年 5 月 28 日，活期储蓄存款年利率为 0.72%，暂免征收利息税，则他拿到的利息是（　　）元。

A. 135　　B. 108　　C. 139　　D. 132.05

【解析】逾期支取的定期存款，超过原定存期的部分，除约定自动转存外，按支取日挂牌公告的活期存款利率计付利息，并全部计入本金。计息期有整年（月）又有零头天数的，计息公式为：利息 = 本金 × 年（月）数 × 年（月）利率 + 本金 × 零头天数 × 日利率。可得：利息 $=10000\times2.70\%\times0.5+10000\times0.72\%\times20/360=139$（元）。

24. 教育储蓄的对象为在校小学（　　）以上学生。

A. 三年级（含三年级）　　B. 四年级（含四年级）

C. 五年级（含五年级）　　D. 六年级（含六年级）

【解析】教育储蓄存款是指父母为了子女接受非义务教育而存钱，分次存入，到期一次支取本金和利息的一种个人存款，教育储蓄的对象为在校小学四年级（含四年级）以上学生。

25. 单位存款人开立专用存款账户的资金不得用于缴纳（　　）。

A. 期货交易保证金　　B. 信托基金

C. 政策性房地产开发资金　　D. 注册验资

【解析】单位存款人用于以下特定用途的资金可以开立专用存款账户：①基本建设资金；②期货交易保证金；③信托基金；④金融机构存放同业资金；⑤政策性房地产开发资

22B　23C　24B　25D

金；⑥单位银行卡备用金；⑦住房基金；⑧社会保障基金；⑨收入汇缴资金和业务支出资金；⑩党、团、工会设在单位的组织机构经费等。D 项，单位存款人因注册验资需要可以开立临时存款账户，而不是开立专用存款账户。

26. 下列关于存款的说法正确的是(　　)。

A. 定活两便储蓄存款的利率要比活期存款低

B. 个人通知存款可以按照储户需要随时支取

C. 教育储蓄属于整存整取定期储蓄存款

D. 教育储蓄存款本金最高限额为 2 万元

【解析】A 项，定活两便存款的利率要比活期存款高；B 项，个人通知存款是一种不约定存期、支取时需提前通知银行、约定支取日期和金额方能支取的存款，而不可以按照储户需要随时支取；C 项，教育储蓄属于零存整取定期储蓄存款。

27. 小张硕士毕业后，准备前往美国自费攻读博士学位。在他取得前往美国的入境签证之前，他需要在我国商业银行持有(　　)。

A. 个人通知存款　　B. 定活两便存款

C. 外汇储蓄存款　　D. 保证金存款

【解析】保证金存款主要指个人购汇保证金存款，即商业银行向居民个人收存一定比例人民币作为居民取得外汇的保证金，以解决境内居民个人自费出国(境)留学需预交一定比例外汇保证金才能取得前往国家入境签证的特殊需要。

28. (　　)指的是商业银行为保证客户在银行为客户对外出具具有结算功能的信用工具，或提供资金融通后按约履行相关义务，而与其约定将一定数量的资金存入特定账户所形成的存款类别。在客户违约后，商业银行有权直接扣划该账户中的存款，以最大限度地减少银行损失。

A. 定期存款　　B. 活期存款　　C. 单位协定存款　　D. 单位保证金存款

【解析】A 项，定期存款是指个人事先约定偿还期的存款，其利率视期限长短而定；B 项，活期存款是指不规定存款期限，客户可以随时存取的存款；C 项，单位协定存款是指单位类客户通过与商业银行签订合同的形式约定合同期限等具体事项的存款类型。

29. 钞买价与汇买价的大小关系是(　　)。

A. 相等　　B. 钞买价 < 汇买价

C. 钞买价 > 汇买价　　D. 没有固定的大小关系

【解析】银行买入现钞后需要对其按面额和版式进行分类、保管、运输到发钞国，或在不同网点之间调剂、运送，成本比买入现汇后只需进行会计处理要高得多，而且还有收进假钞的风险。因此，钞买价比汇买价要低。

30. 大额存单期限不包括下列哪个品种？(　　)

A. 1 年　　B. 2 年　　C. 3 年　　D. 4 年

【解析】大额存单采用标准期限的产品形式。大额存单期限包括 1 个月、3 个月、6 个月、9 个月、1 年、18 个月、2 年、3 年和 5 年共 9 个品种。

26D　27D　28D　29B　30D

31. 存款类金融机构单期同业存单发行金额不得低于(　　)元人民币。

A. 5000 万　　B. 1 亿　　C. 2 亿　　D. 3 亿

【解析】存款类金融机构可以在当年发行备案额度内，自行确定每期同业存单的发行金额、期限，但单期发行金额不得低于 5000 万元人民币。

32. 银行储蓄业务储户较多，面临的最主要风险是(　　)。[2024 年 10 月真题]

A. 信用风险　　B. 市场风险　　C. 流动性风险　　D. 操作风险

【解析】储蓄业务客户群体大，其主要风险操作风险较为明显，需要切实防范。

33. 刘某在 2013 年 7 月 8 日存入一笔 12000 元一年期整存整取定期存款，假设一年期利率 3%，活期存款利率为 0.8%，半年后客户支取存款从银行取回的全部金额是(　　)。[2024 年 10 月真题]

A. 12180　　B. 12096　　C. 12360　　D. 12048

【解析】由于刘某在半年后支取，他将无法享受一年期定期存款的全额利息，而只能按活期存款利率计算利息。因此，刘某在半年后从银行取回的全部金额是 $12000 + 12000 \times 0.8\% \times 6/12 = 12048$(元)。

34. 单位存款的主要风险点是操作风险和(　　)。[2024 年 10 月真题]

A. 假钞风险　　B. 政策风险　　C. 流动性风险　　D. 合规风险

【解析】开办单位存款业务，要符合结算账户管理办法及单位存款管理办法的相关监管要求，建立健全覆盖对公存款业务的内部控制制度，包括业务管理办法、业务操作规程、财务核算办法、对公存款业务授权制度和岗位责任制度。其主要风险点是所承受的操作风险和流动性风险较为集中。

35. 定期存款是个人事先约定偿还期的存款，其利率视期限长短而定，最典型的代表是(　　)。[2024 年 10 月真题]

A. 整存零取　　B. 存本取息　　C. 零存整取　　D. 整存整取

【解析】定期存款是个人事先约定偿还期的存款，其利率视期限长短而定。根据不同的存取方式，定期存款分为四种：整存整取、零存整取、整存零取、存本取息。其中，整存整取最为常见，是定期存款的典型代表。

二、多选题(下列选项中有两项或两项以上符合题目要求，请将符合题目要求选项的代码填入括号内)

1. 存款人可以开立专用存款账户的特定用途资金包括(　　)。[2017 年 6 月真题]

A. 住房基金　　B. 社会保障基金

C. 单位银行卡备用金　　D. 基本建设资金

E. 期货交易保证金

【解析】存款人以下特定用途的资金可以开立专用存款账户：基本建设资金，期货交易保证金，信托基金，金融机构存放同业资金，政策性房地产开发资金，单位银行卡备用金，住房基金，社会保障基金，收入汇缴资金和业务支出资金，党、团、工会设在单位的组织机构经费等。

31A　32D　33D　34C　35D　┃　1ABCDE

2. 商业银行个人存款业务包括(　　)。[2016年10月真题]

A. 个人通知存款　B. 定活两便存款　C. 活期存款　D. 保证金存款

E. 教育储蓄存款

【解析】商业银行个人存款业务包括：活期存款、定期存款、定活两便存款、个人通知存款、教育储蓄存款、保证金存款。

3. 单位保证金存款按照保证金担保的对象不同，可分为(　　)。[2016年10月真题]

A. 远期结售汇保证金　B. 银行承兑汇票保证金

C. 期权交易保证金　D. 基金交易保证金

E. 黄金交易保证金

【解析】保证金存款，是商业银行为保证客户在银行为客户对外出具具有结算功能的信用工具，或提供资金融通后按约履行相关义务，而与其约定将一定数量的资金存入特定账户所形成的存款类别。单位保证金存款按照保证金担保的对象不同，可分为银行承兑汇票保证金、信用证保证金、黄金交易保证金、远期结售汇保证金四类。

4. 在利率市场化条件下，商业银行存款定价应综合分析考虑的因素有(　　)。[2018年10月真题]

A. 银行承受能力　B. 资金价格走势

C. 对存款人的吸引力　D. 盈利能力

E. 资金用途

【解析】在利率市场化条件下，存款定价是商业银行经营过程中必不可少的经营环节。商业银行自主定价，应综合分析对存款人的吸引力、银行承受能力、资金用途、盈利能力、资金价格走势等因素后制定最有利于自己的价格标准。

5. 下列关于我国商业银行外币存款和人民币存款业务的表述中，正确的有(　　)。[2017年6月真题]

A. 外汇存款币种可以自由选择任何外币

B. 个人外币存款账户的管理已经不再区分现钞账户和现汇账户

C. 两种存款都可以分为个人存款和单位存款

D. 外汇储蓄账户一般不得转账

E. 两种存款的具体管理方式相同

【解析】A项，我国银行开办的外币存款业务币种主要有9种，其他可自由兑换的外币，不能直接存入账户；E项，外币存款业务与人民币存款业务的存款币种和具体管理方式不同。

6. 商业银行办理企业基本存款账户时对存款客户的规定包括(　　)。[2013年11月真题]

A. 可以在此账户办理日常结算　B. 企业可以在多家银行开立多个基本账户

C. 可以由存款客户自主选择开户银行　D. 可以在此账户办理现金收付

E. 同一存款客户只能在商业银行开立一个基本存款账户

【解析】基本存款账户简称基本户，是指存款人因办理日常转账结算和现金收付需要开立

2ABCDE　3ABE　4ABCDE　5BCD　6ACDE

的银行结算账户。基本存款账户是存款人的主办账户，企业、事业单位等可以自主选择一家商业银行的营业场所开立一个办理日常转账结算和现金收付的基本账户，同一存款客户只能在商业银行开立一个基本存款账户。

7. 商业银行的下列存款种类中，只要不超过中国人民银行同期限档次存款利率上限，计结息规则可由银行自己把握的有(　　)。[2009 年 10 月真题]

A. 定期整存整取　B. 协定存款　C. 通知存款　D. 零存整取

E. 活期存款

【解析】《中国人民银行关于人民币存贷款计结息问题的通知》规定，除活期和定期整存整取两种存款外，国内银行的通知存款、协定存款、定活两便、存本取息、零存整取、整存零取 6 个存款种类，只要不超过中国人民银行同期限档次存款利率上限，计结息规则由各银行自己把握。

8. 下列关于银行外汇牌价表中现钞的表述，正确的有(　　)。[2017 年 10 月真题]

A. 可自由兑换的外国硬币　B. 可自由兑换的外币支票

C. 可自由兑换的外币票据　D. 可自由兑换的外币汇票

E. 可自由兑换的外国纸币

【解析】现汇是指可自由兑换的汇票、支票等外币票据。现钞是具体的、实在的外国纸币、硬币。

9. 办理储蓄业务，应当遵循的原则有(　　)。

A. 存款自愿　B. 存款有息　C. 取款自由　D. 为存款人保密

E. 整存整取

【解析】个人存款又称储蓄存款，是指居民个人将闲置不用的货币资金存入银行，并可以随时或按约定时间支取款项的一种信用行为，是银行对存款人的负债。《中华人民共和国商业银行法》规定，办理储蓄业务，应当遵循“存款自愿、取款自由、存款有息、为存款人保密”的原则。

10. 李先生于 2016 年 4 月 8 日存入一笔 10000 元的定活两便存款，2016 年 5 月 8 日又存入一笔 10000 元的定活两便存款，并于 2016 年 6 月 8 日取出全部存款，则关于李先生的税前利息说法正确的是(　　)。

A. 银行可以选用积数计息法计算利息

B. 选用积数计息法计算的利息比逐笔计息法计算的利息高一些

C. 选用积数计息法计算的利息比逐笔计息法计算的利息低一些

D. 选用积数计息法计算的利息和逐笔计息法计算的利息一样多

E. 银行可以选用逐笔计息法计算利息

【解析】《中国人民银行关于人民币存贷款计结息问题的通知》中提供了积数计息和逐笔计息两种计息方式的选择，具体采用何种方式计息由各银行决定。若采用积数计息法，按实际天数每日累计账户余额，以累计积数乘以日利率计算利息，该题中存期共 61 天(4 月 30 天，5 月 31 天)；若采用逐笔计息法，计息期有整年(月)又有零头天数的，计

7BCD　8AE　9ABCD　10ABE

息公式为：利息 = 本金 × 年(月)数 × 年(月)利率 + 本金 × 零头天数 × 日利率，该题中刚好是两个月，故假设 1 年中每个月是 30 天，存期合计 60 天。可见，采用积数计息法会比采用逐笔计息法多计算 1 天的利息。

11．下列关于个人存款业务的表述，错误的有(　　)。[2017 年 10 月真题]

A．整存整取的取款方式为到期一次支取本息

B．个人通知存款一般 3 万元起存

C．个人通知存款不约定存期

D．教育储蓄存款如提前支取，可以部分支取

E．教育储蓄存款是父母为子女接受非义务教育而储蓄的存款

【解析】B 项，个人通知存款开户时不约定存期，预先确定品种，支取时只要提前一定时间通知银行，约定支取日期及金额，一般 5 万元起存；D 项，教育储蓄存款是父母为了子女接受非义务教育而存钱，分次存入，到期一次支取本金和利息，属于零存整取定期储蓄存款，提前支取时必须全额支取。

12．对于单位活期存款账户中的一般存款账户，可以办理的业务有(　　)。

A．现金缴存　　B．现金支取　　C．现金取息　　D．借款相关的业务

E．转账结算

【解析】一般存款账户是指存款人因借款或其他结算需要，在基本存款账户开户银行以外的银行营业机构开立的银行结算账户。一般存款账户可以办理现金缴存，但不得办理现金支取(包括现金取息)。

13．下列属于我国商业银行目前可开办的外币存款业务币种有(　　)。

A．港元　　B．新西兰元　　C．澳门元　　D．卢布

E．澳大利亚元

【解析】目前，我国银行开办的外币存款业务币种主要有 9 种：美元、欧元、日元、港元、英镑、澳大利亚元、加拿大元、瑞士法郎、新加坡元，其他可自由兑换的外币，不能直接存入账户。

14．下列有关人民币存款的计息、利率换算的公式，错误的有(　　)。

A．通用公式：利息 = 本金 × 年(月)数 × 年(月)利率

B．换算公式：日利率(‰) = 年利率(%) ÷ 365

C．换算公式：月利率(‰) = 年利率(%) ÷ 12

D．积数计息公式：利息 = 累计计息积数 × 日利率

E．逐笔计息公式：利息 = 本金 × 年(月)数 × 年(月)利率 + 本金 × 零头天数 × 日利率

【解析】A 项，人民币存款计息的通用公式为：利息 = 本金 × 实际天数 × 日利率；B 项，日利率(‰) = 年利率(%) ÷ 360。

15．下列关于定期存款不同种类的说法，正确的有(　　)。

A．对于整存零取，本金可全部支取，但不能部分提前支取

B．零存整取的存取期为一年、二年、三年、五年

11BD　12ADE　13AE　14AB　15AE

C. 整存整取的支取期为分一个月、三个月或六个月一次

D. 零存整取的起存金额为50元

E. 对于存本取息，可以一个月或几个月取息一次

【解析】B项，零存整取的存取期为一年、三年、五年；C项，整存零取的支取期为分一个月、三个月或半年一次，整存整取没有支取期的说法；D项，零存整取的起存金额为5元。

16. 下列关于个人外汇储蓄存款，说法不正确的有(　　)。

A. 我国不区分现钞和现汇账户，对个人非经营性外汇收付统一通过外汇储蓄账户进行管理

B. 个人外汇账户按主体类别区分为外汇结算账户、资本项目账户及外汇储蓄账户

C. 现钞和现汇独立核算

D. 外汇储蓄账户一般只能用于外汇存取，不能进行转账

E. 按账户性质区分为境内个人外汇账户和境外个人外汇账户

【解析】BE两项，个人外汇账户按主体类别区分为境内个人外汇账户和境外个人外汇账户；按账户性质区分为外汇结算账户、资本项目账户及外汇储蓄账户。

17. 下列关于大额存单的说法错误的是(　　)。

A. 大额存单是由银行业存款类金融机构面向金融机构投资人发行的存款凭证

B. 发行利率以市场化方式确定

C. 付息方式分为到期一次还本付息和定期付息、到期还本

D. 投资人不包括保险公司

E. 只能在发行人的营业网点、电子银行发行

【解析】A项，大额存单是由银行业存款类金融机构面向非金融机构投资人发行的、以人民币计价的记账式大额存款凭证，是银行存款类金融产品，属一般性存款。D项，大额存单的投资人包括个人、非金融企业、机关团体等非金融机构投资人；鉴于保险公司、社保基金在商业银行的存款具有一般存款属性，且需缴纳准备金，这两类机构也可以投资大额存单。E项，大额存单发行采用电子化的方式，既可以在发行人的营业网点、电子银行发行，也可以在第三方平台以及经中国人民银行认可的其他渠道发行。

三、判断题(请对下列各题的描述做出判断，正确的用A表示，错误的用B表示)

1. 境内单位经常项目外汇账户的限额统一用欧元核定。(　　)[2015年10月真题]

【解析】境内机构原则上只能开立一个经常项目外汇账户。境内机构经常项目外汇账户的限额统一采用美元核定。

2. 活期存款通常10元起存，以存折或银行卡作为存取凭证。(　　)[2013年11月真题]

【解析】在现实中，活期存款通常1元起存，以存折或银行卡作为存取凭证，部分银行的客户可凭存折或银行卡在全国各网点通存通兑。

3. 个人通知存款的起存金额一般为5万元。(　　)[2010年5月真题]

16BE　17ADE　┃　1B　2B　3A

【解析】个人通知存款的业务特点有：开户时不约定存期，预先确定品种，支取时只要提前一定时间通知银行，约定支取日期及金额。目前，银行提供一天、七天通知储蓄存款两个品种。一般5万元起存。

4. 某银行为达到一个月吸收存款过亿元的指标，可以采取“一万送床单”的吸收存款方式。(　　)［2009年10月真题］

【解析】目前，存款业务也是商业银行之间业务竞争的重点。为规范市场行为，监管部门多次强调要严禁商业银行利用不正当手段吸收存款，通过以手续费、代办费、有奖储蓄、介绍费等名义吸存。

5. 同一存款客户只能在银行开立一个一般存款账户。(　　)

【解析】基本存款账户是存款人的主办账户，企业、事业单位等可以自主选择一家商业银行的营业场所开立一个办理日常转账结算和现金收付的基本账户，同一存款客户只能在商业银行开立一个基本存款账户。

6. 专用存款账户是指存款人对其临时用途的资金进行专项管理和使用而开立的银行结算账户。(　　)

【解析】专用存款账户是指存款人对其特定用途的资金进行专项管理和使用而开立的银行结算账户；临时存款账户是指存款人因临时需要并在规定期限内使用而开立的银行结算账户。

7. 个体工商户将货币资金存入商业银行的存款不是对公存款。(　　)

【解析】对公存款又称为单位存款，是机关、团体、部队、企业、事业单位和其他组织以及个体工商户将货币资金存入银行，并可以随时或按约定时间支取款项的一种信用行为。

8. 定期存款的储户在未到期时就将存款取出，会承担利息损失。(　　)

【解析】如果储户在存款到期前要求提前支取，则支取部分按活期存款利率计付利息。通常活期储蓄存款利率要低于定期储蓄存款利率，因此用户提前支取定期存款会遭受利息损失。

9. 信托基金、社会保障基金以及期货交易保证金等特定用途的资金都可以开立专用存款账户。(　　)

【解析】可以开立专用存款账户的特定用途资金有：基本建设资金，期货交易保证金，信托基金，金融机构存放同业资金，政策性房地产开发资金，单位银行卡备用金，住房基金，社会保障基金，收入汇缴资金和业务支出资金，党、团、工会设在单位的组织机构经费等。

10. 《个人存款账户实名制规定》规定，个人在金融机构开立个人存款账户时，应当出示本人身份证件。(　　)

【解析】国务院颁布的《个人存款账户实名制规定》(自2000年4月1日起施行)规定，个人在金融机构开立个人存款账户时，应当出示本人身份证件，使用实名。

4B　5B　6B　7B　8A　9A　10A

11. 保证金存款属于同业存款。(   )

【解析】保证金存款不属于同业存款，个人存款和单位存款的种类中都有保证金存款。

12. 对于提前支取的定期存款，提前支取部分的利息可暂时存放银行。(   )

【解析】对于提前支取的定期存款，提前支取部分的利息同本金一并支取。

13. 教育储蓄属于零存整取定期储蓄存款。(   )

【解析】教育储蓄存款是父母为了子女接受非义务教育而存钱，分次存入，到期一次支取本金和利息的零存整取定期储蓄存款。

14. 现汇是指可以自由兑换的汇票、支票等外币票据和外国纸币、硬币。(   )［2021 年 6 月真题］

【解析】现汇是指可自由兑换的汇票、支票等外币票据；现钞是具体的、实在的外国纸币、硬币。

15. 我国银行可以发行以人民币计价的大额存单，也可以发行以外币计价的大额存单。(   )

【解析】大额存单是指由银行业存款类金融机构面向非金融机构投资人发行的、以人民币计价的记账式大额存款凭证，是银行存款类金融产品，属一般性存款。

16. 在我国，大额存单有固定利率存单，也有浮动利率存单。(   )

【解析】大额存单的发行利率以市场化方式确定。固定利率存单采用票面年化收益率的形式计息，浮动利率存单以上海银行间同业拆借利率(Shibor)为浮动利率基准计息。

17. 同业存单是一种资本市场工具。(   )

【解析】同业存单是指由银行业存款类金融机构法人(即存款类金融机构)在全国银行间市场上发行的记账式定期存款凭证，是一种货币市场工具。

18. 定向发行的同业存单可以进行交易流通，并可以作为回购交易的标的物。(   )

【解析】公开发行的同业存单可以进行交易流通，并可以作为回购交易的标的物。定向发行的同业存单只能在该只同业存单初始投资人范围内流通转让。

19. 个人结构性存款是一种外汇存款。(   )

【解析】个人结构性存款是银行向个人发售的在普通外汇存款的基础上嵌入某种金融衍生工具(主要是各类期权)，通过与利率、汇率、指数等的波动挂钩或与某实体的信用情况挂钩，使存款人在承受一定风险的基础上获得更高收益的外汇存款。

20. 商业银行向中央银行借款的唯一途径是再贷款。(   )［2024 年 10 月真题］

【解析】商业银行一般只把向中央银行借款作为融资的最后选择，只有在通过其他方式难以借到足够的资金时，才会求助于中央银行，这也是中央银行被称为最后贷款人的原因。商业银行向中央银行借款有再贴现和再贷款两种途径。

11B 12B 13A 14B 15B 16A 17B 18B 19A 20B

第二章 贷款业务

一、单选题（下列选项中只有一项最符合题目要求，请将正确选项的代码填入括号内）

1. 流动资金贷款不得用于（　　）等投资，不得用于国家禁止生产、经营的领域和用途。［2018 年 10 月真题］

A. 固定资产、股权　　B. 原材料

C. 股权、扩大再生产　　D. 固定资产、扩大再生产

【解析】流动资金贷款是指贷款人向法人或非法人组织（按照国家有关规定不得办理银行贷款的主体除外）发放的，用于借款人日常生产经营周转的本外币贷款。不得将流动资金贷款用于股东分红、金融资产、固定资产、股权等投资，不得用于国家禁止生产、经营的领域和用途。

2. 商业银行贷款审批应遵循（　　）原则。［2018 年 10 月真题］

A. 审贷集中、逐级审批　　B. 审贷合一、分组审批

C. 审贷分离、集中审批　　D. 审贷分离、分级审批

【解析】银行要按照“审贷分离、分级审批”的原则对信贷资金的投向、金额、期限、利率等贷款内容和条件进行最终决策，逐级签署审批意见。

3. 下列关于银行福费廷业务特点的表述，错误的是（　　）。［2020 年 10 月真题］

A. 福费廷业务是一种即期票据贴现

B. 包买商从出口商那里无追索地购买已经承兑的，并通常由进口商所在地银行担保的远期汇票或本票的业务

C. 银行承担了票据拒付的所有风险，带有长期固定利率的融资性质

D. 出口商卖断票据，放弃了对所出售票据的一切权益

【解析】福费廷是指包买商从出口商那里无追索地购买已经承兑的，并通常由进口商所在地银行担保的远期汇票或本票的业务。A 项，从业务运作的实质来看，福费廷就是远期票据贴现。

4. 商业银行贷款业务流程一般为（　　）。［2017 年 6 月真题］

A. 贷款申请、贷款审批、贷款调查、贷款发放、贷后管理

B. 贷款申请、贷前调查、贷款审批、贷款发放、贷后管理

C. 贷款申请、贷款审批、贷款发放、贷款检查、贷后管理

D. 贷款申请、贷前调查、贷款审批、贷款发放、贷后调查

【解析】一般来说，一笔贷款的管理流程分为以下九个环节：①贷款申请；②受理与调查；③风险评价；④贷款审批；⑤合同签订；⑥贷款发放；⑦贷款支付；⑧贷后管理；⑨贷款回收与处置。

1A　2D　3A　4B

5. 某银行于2016年4月份购买了A公司五百万元人民币应收账款，这属于(　　)业务。[2017年6月真题]

A. 负债　　B. 中间　　C. 担保　　D. 保理

【解析】保理融资，是指卖方申请由保理银行购买其与买方因商品赊销产生的应收账款，卖方对买方到期付款承担连带保证责任，在保理银行要求下还应承担回购该应收账款的责任，简单地说就是指销售商通过将其合法拥有的应收账款转让给银行，从而获得融资的行为。

6. 当企业经营周转资金出现缺口，可以申请的贷款是(　　)。[2016年10月真题]

A. 项目贷款　　B. 固定资产贷款　　C. 流动资金贷款　　D. 房地产贷款

【解析】根据《流动资金贷款管理办法》规定，流动资金贷款是指贷款人向法人或非法人组织(按照国家有关规定不得办理银行贷款的主体除外)发放的，用于借款人日常生产经营周转的本外币贷款。流动资金贷款用途限于借款人日常生产经营周转，即用来弥补营运资金的不足。

7. 持有商业汇票的企业在汇票到期日前，为了取得资金，在给付一定利息后，将票据权利转让给商业银行的票据行为是(　　)。[2016年5月真题]

A. 再贴现　　B. 贴现　　C. 转贴现　　D. 背书

【解析】票据贴现是指商业汇票的合法持票人，在商业汇票到期以前为获取票款，由持票人或第三人向金融机构贴付一定的利息后，以背书方式所作的票据转让。

8. 我国商业银行的最主要资产是(　　)。[2015年10月真题]

A. 库存现金　　B. 在中央银行存款

C. 现金资产　　D. 贷款

【解析】贷款是指经批准可以经营贷款业务的金融机构对借款人提供的并按约定的利率和期限还本付息的货币资金。贷款是银行最主要的资产，也是银行最主要的资金运用。

9. 银行凭出口商提供的信用证项下完备的货运单据作抵押，在收到开证行支付的货款之前，向出口商融通资金的业务是(　　)。[2015年10月真题]

A. 福费廷　　B. 进口押汇　　C. 保理　　D. 出口押汇

【解析】出口押汇是指银行凭出口商提供的信用证项下完备的货运单据作抵押，在收到开证行支付的货款之前，向出口商融通资金的业务。对客户来说如为即期收汇，可申请出口押汇。

10. 下列关于信用证的表述，正确的是(　　)。[2015年10月真题]

A. 一种有条件的承诺付款的书面文件　　B. 处理的实际是与单据有关的货物

C. 一种无条件的银行支付承诺　　D. 一项附属于贸易合同之外的契约

【解析】信用证是指由银行(开证行)依照申请人的要求和指示或自己主动，在符合信用证条款的条件下，凭规定单据向第三者(受益人)或其指定方进行付款的书面文件。即信用证是一种银行开立的有条件的承诺付款的书面文件。

5D　6C　7B　8D　9D　10A

11. 商业银行的票据贴现业务属于(　　)。[2015 年 10 月真题]

A. 负债业务　　B. 资产业务　　C. 中间业务　　D. 表外业务

【解析】票据贴现是指商业汇票的合法持票人，在商业汇票到期以前为获取票款，由持票人或第三人向金融机构贴付一定的利息后，以背书方式所作的票据转让。票据贴现属于票据业务，是商业银行一项传统的资产业务。

12. 对于持票人来说，票据贴现是(　　)。[2010 年 5 月真题]

A. 买进票据，在票据到期时可以取得票据所记载的金额

B. 买进票据，成为票据的权利人

C. 转让票据，成为票据的权利人

D. 以出让票据的形式，提前收回垫支的商业成本

【解析】对于持票人来说，贴现是以出让票据的形式，提前收回垫支的商业成本。对于贴现银行来说是买进票据，成为票据的权利人，票据到期，银行可以取得票据所记载金额。

13. 与一般信用证相比，备用信用证的特点在于(　　)。[2015 年 5 月真题]

A. 开证行不同　　B. 开证行所承担的付款责任不同

C. 开证申请人不同　　D. 受益人不同

【解析】备用信用证与其他信用证相比，其特征是在备用信用证业务关系中，开证行通常是第二付款人，即只有借款人发生意外才会发生资金的垫付。而在一般信用证业务中，只要受益人所提供的单据和信用证条款一致，不论申请人是否履行其义务，银行都要承担对受益人的第一付款责任。

14. (　　)是包买商从出口商那里无追索地购买已经承兑的，并通常由进口商所在地银行担保的远期汇票或本票的业务。[2009 年 10 月真题]

A. 信用证　　B. 押汇　　C. 保理　　D. 福费廷

【解析】福费廷是指包买商从出口商那里无追索地购买已经承兑的，并通常由进口商所在地银行担保的远期汇票或本票的业务。在福费廷业务中，这种放弃包括两方面：①出口商卖断票据，放弃了对所出售票据的一切权益；②银行(包买人)买断票据，也必须放弃对出口商所贴现款项的追索权，可能承担票据拒付的风险。

15. 下列关于商业银行固定资产贷款说法中，错误的是(　　)。[2009 年 10 月真题]

A. 对于固定资产贷款项下借款人单笔支付金额超过项目总投资 5% 或超过 300 万元人民币的贷款资金支付，应采用商业银行受托支付方式

B. 固定资产贷款是当前国内银行业金融机构最重要的信贷品种之一

C. 基本建设贷款和技术改造贷款都属于固定资产贷款

D. 固定资产贷款是用于借款人固定资产投资的本外币贷款

【解析】固定资产贷款是指贷款人向法人或非法人组织(按照国家有关规定不得办理银行贷款的主体除外)发放的，用于借款人固定资产投资的本外币贷款。商业银行在发放贷款前应确认借款人满足合同约定的提款条件，并按照合同约定的方式对贷款资金的支

11B　12D　13B　14D　15A

付实施管理与控制，监督贷款资金按约定用途使用。对于固定资产贷款，向借款人某一交易对象单笔支付金额超过1000万元人民币的，应采用商业银行受托支付方式。

16. 个体工商户、个人独资企业投资人、合伙企业合伙人等在合法生产和经营过程中出现资金短缺时，可以向商业银行申请(　　)。

A. 个人权利质押贷款　　B. 个人经营贷款

C. 个人信用卡透支　　D. 个人商用房贷款

【解析】个人经营贷款，是指银行对自然人发放的、用于合法生产、经营的贷款。个人申请经营贷款，一般需要有一个经营实体作为借款基础，经营实体一般包括个体工商户、个人独资企业投资人、合伙企业合伙人等。

17. 以下不属于个人消费贷款的是(　　)。

A. 个人权利质押贷款　　B. 助学贷款

C. 个人汽车贷款　　D. 个人住房贷款

【解析】个人贷款主要分为四大类，即个人住房贷款、个人消费贷款、个人经营贷款和个人信用卡透支。其中，个人消费贷款一般包括个人汽车贷款、助学贷款、个人消费额度贷款、个人住房装修贷款、个人耐用消费品贷款、个人权利质押贷款等。

18. 在贷款受理与调查环节，通过(　　)制度，可以有效鉴别个人客户身份，防范个人贷款风险。

A. 严格审核　　B. 深入调查

C. 相关人员关系调查　　D. 面谈

【解析】在贷款受理与调查环节，通过面谈制度，可以有效鉴别个人客户身份，了解借款的真实用途，调查借款人的信用状况和还款能力，从而有效防范个人贷款风险。

19. 下列关于项目融资的说法正确的是(　　)。[2023年10月真题]

A. 对于投资大、回收期长的大型能源开发、资源开发类项目可采取项目融资的方式筹措资金

B. 项目融资属于特殊的固定资产投资

C. 融资比例较高、金额较大、参与者较少

D. 还款资金来源除了该项目产生的销售收入、补贴收入或其他收入之外，通常还具备其他还款来源

【解析】B项，项目融资属于特殊的固定资产贷款；C项，项目融资具有不同于一般固定资产投资项目的风险特征，通常融资比例较高、金额较大、期限较长、成本较高和参与者较多，从而风险较大，往往需要多家银行业金融机构参与，并通过复杂的融资和担保结构以分散和降低风险；D项，项目融资的还款资金来源主要依赖该项目产生的销售收入、补贴收入或其他收入，一般不具备其他还款来源。

20.《中国银监会关于进一步深化整治银行业市场乱象的通知》对商业银行贷款管理工作做了相关禁止性规定，其中不包括(　　)。

A. 不得超授权额度审批并发放贷款

16B　17D　18D　19A　20B

B. 坚持分散化管理，防止出现过度授信等情形

C. 不得接受壳公司贷款、重复抵质押、虚假抵质押、违规担保

D. 不得违规发放流动资金贷款用于固定资产投资或股权投资

【解析】《中国银监会关于进一步深化整治银行业市场乱象的通知》对商业银行贷款管理工作做的相关禁止性规定除了 ACD 三项之外还包括：①严禁违反宏观调控政策，向产能过剩领域等限制领域或禁止性领域违规发放贷款；②坚持集中度管理，防止出现多头授信、过度授信、不当分配授信额度等情形；③不得直接或变相为房地产企业支付土地购置费用提供各类表内外融资，向“四证”不全、资本金未足额到位的房地产开发项目提供融资。

21. 下列关于信用证支付方式的主要特点，描述不正确的是(　　)。

A. 信用证是一项独立文件　　B. 信用证业务处理的是单据

C. 开证行是信用证第一付款人　　D. 开证申请人是信用证第一付款人

【解析】信用证是指由银行(开证行)依照申请人的要求和指示或自己主动，在符合信用证条款的条件下，凭规定单据向第三者(受益人)或其指定方进行付款的书面文件。即信用证是一种银行开立的有条件的承诺付款的书面文件。D 项，在一般信用证业务中，只要受益人所提供的单据和信用证条款一致，不论申请人是否履行其义务，银行都要承担对受益人的第一付款责任。

22. 下列关于票据转贴现的描述，正确的是(　　)。

A. 是金融机构将已到期的未贴现的商业汇票转让给另一金融机构

B. 是金融机构将未到期的已贴现的商业汇票转让给另一金融机构

C. 是金融机构将未到期的已贴现的商业汇票转让给中央银行

D. 是金融机构将未到期的已贴现的商业汇票转让给企事业法人

【解析】票据转贴现是指金融机构为了取得资金，将未到期的已贴现商业汇票再以卖断方式向另一金融机构转让的票据行为，是金融机构间接融通资金的一种方式。

23. 银行以年贴现率 10% 为顾客的一张面额为 10000 元、72 天后才到期的票据办理贴现，贴现付款额应为(　　)元。

A. 8900　　B. 9800　　C. 8800　　D. 9900

【解析】贴现付款额 = 10000 × (1 − 10% × 72 ÷ 360) = 9800(元)。

24. 投标人和招标人或项目业主为了增加中标的几率，可以在项目投标人资格预审阶段向商业银行申请开出用以证明投标人在中标后可在承诺行获得针对该项目的一定额度信贷支持的授信文件。这句话说的是商业银行承诺业务中的(　　)。

A. 项目贷款承诺　　B. 客户授信额度　　C. 信贷证明业务　　D. 票据发行便利

【解析】开立信贷证明是应投标人和招标人或项目业主的要求，在项目投标人资格预审阶段开出的用以证明投标人在中标后可在承诺行获得针对该项目的一定额度信贷支持的授信文件。信贷证明根据银行承诺性质的不同，分为有条件的信贷证明和无条件的信贷证明两类。

21D　22B　23B　24C

25. 票据发行便利是一种具有法律约束力的(　　)票据发行融资的承诺。

A. 短期　　B. 中央银行　　C. 中期周转性　　D. 中长期扩张性

【解析】票据发行便利是一种具有法律约束力的中期周转性票据发行融资的承诺，属于商业银行贷款承诺业务的一种。

26. 商业银行承诺在未来某一日期按照事先约定的条件向客户提供约定的信用业务是(　　)。[2014 年 6 月真题]

A. 代理业务　　B. 承诺业务　　C. 担保业务　　D. 支付结算业务

【解析】承诺业务是指商业银行承诺在未来某一日期按照事先约定的条件向客户提供约定的信用业务，包括贷款承诺等。

27. 关于商业银行备用信用证的表述，以下说法正确的是(　　)。[2025 年 6 月真题]

A. 商业银行无需垫付资金　　B. 商业银行在一定条件下需要垫付资金

C. 备用信用证是商业银行的代理业务　　D. 商业银行必须垫付资金

【解析】备用信用证与其他信用证相比，其特征是在备用信用证业务关系中，开证行通常是第二付款人，即只有借款人发生意外才会发生资金的垫付。而在一般信用证业务中，只要受益人所提供的单据和信用证条款一致，无论申请人是否履行其义务，银行都要承担对受益人的第一付款责任。

28. 下列选项中，按照提前通知的时间长短可以将单位通知存款分为(　　)。[2025 年 6 月真题]

A. 1 天通知存款、20 天通知存款　　B. 1 天通知存款、7 天通知存款

C. 7 天通知存款、15 天通知存款　　D. 7 天通知存款、20 天通知存款

【解析】单位通知存款是指单位类客户在存入款项时不约定存期，支取时须提前通知商业银行，并约定支取存款日期和金额方能支取的存款类型。无论实际存期多长，按存款人提前通知的期限长短，可再分为一天通知存款和七天通知存款两个品种。

二、多选题(下列选项中有两项或两项以上符合题目要求，请将符合题目要求选项的代码填入括号内)

1. 需要使用银行授信额度的业务有(　　)。[2017 年 10 月真题]

A. 贷款　　B. 支票　　C. 信用证　　D. 银行承兑汇票

E. 银行保函

【解析】授信额度的有效期限按照双方协议规定(通常为一年)，适用于规定期限内的各类授信业务，主要用于解决客户短期的流动资金需要。按照授信形式不同，可以分为贷款额度、开证额度、开立保函额度、开立银行承兑汇票额度、承兑汇票贴现额度、进口保理额度、出口保理额度、进口押汇额度、出口押汇额度等业务品种分项额度。

2. 下列属于非融资类保函的有(　　)。[2017 年 6 月真题]

A. 借款保函　　B. 预付款保函　　C. 延期付款保函　　D. 即期付款保函

E. 融资租赁保函

【解析】非融资类保函主要包括投标保函、预付款保函、履约保函、关税保函、即期付款

25C　26B　27B　28B　▎　1ACDE　2BD

保函、经营租赁保函。

3. 商业汇票贴现对于贴现银行来说(　　)。[2016 年 10 月真题]

A. 银行提前收回垫支的商业成本

B. 银行提前收回垫支的现金

C. 银行成为票据的权利人

D. 票据到期，银行可以取得票据所记载的金额

E. 是买进票据

【解析】票据贴现是指商业汇票的合法持票人，在商业汇票到期以前为获取票款，由持票人或第三人向金融机构贴付一定的利息后，以背书方式所作的票据转让。对于持票人来说，贴现是以出让票据的形式，提前收回垫支的商业成本。对于贴现银行来说，是买进票据，成为票据的权利人，票据到期，银行可以取得票据所记载金额。

4. 下列业务中，可使用银行保函的有(　　)。[2021 年 6 月真题]

A. 经营租赁　　B. 投标　　C. 预付款　　D. 融资租赁

E. 延期付款

【解析】银行保函根据担保银行承担风险的不同及管理的需要，可分为融资类保函和非融资类保函两大类。融资类保函包括借款保函、授信额度保函、有价证券保付保函、融资租赁保函、延期付款保函；非融资类保函主要包括投标保函、预付款保函、履约保函、关税保函、即期付款保函、经营租赁保函。

5. 下列关于备用信用证的表述，正确的有(　　)。[2016 年 10 月真题]

A. 备用信用证是银行保函业务的替代品

B. 在受益人提供的单据和信用证条款一致的情况下，银行需要承担对借款人的第一付款责任

C. 备用信用证实质是银行对借款人的一种担保行为

D. 备用信用证可分为可撤销的备用信用证和不可撤销的备用信用证

E. 开证行应借款人的要求，以放款人作为信用证的受益人开具的一种特殊信用证

【解析】B 项，备用信用证与其他信用证相比，其特征是在备用信用证业务关系中，开证行通常是第二付款人，即只有借款人发生意外才会发生资金的垫付。而在一般信用证业务中，只要受益人所提供的单据和信用证条款一致，不论申请人是否履行其义务，银行都要承担对受益人的第一付款责任。

6. 按照贷款品种划分，个人贷款主要分为(　　)。[2015 年 10 月真题]

A. 个人投资贷款　　B. 个人住房贷款

C. 个人信用卡透支　　D. 个人经营贷款

E. 个人消费贷款

【解析】个人贷款是指贷款人向符合条件的自然人发放的用于个人消费、生产经营等用途的本外币贷款。虽然部分个人贷款也用于生产经营，但绝大多数个人贷款主要用于消费。个人贷款主要分为四大类：①个人住房贷款；②个人消费贷款；③个人经营贷款；

3CDE　4ABCDE　5ACDE　6BCDE

④个人信用卡透支。

7. 下列关于票据贴现的表述，正确的有(　　)。[2014 年 6 月真题]

A. 商业汇票的合法持票人为了获取资金所进行的票据转让行为

B. 以承兑方式所进行的转让

C. 在商业汇票到期以前而进行的转让

D. 以背书方式所进行的转让

E. 贴付一定利息而进行的转让

【解析】票据贴现是指商业汇票的合法持票人，在商业汇票到期以前为获取票款，由持票人或第三人向金融机构贴付一定的利息后，以背书方式所做的票据转让。对于持票人来说，贴现是以出让票据的形式，提前收回垫支的商业成本。对于贴现银行来说，是买进票据，成为票据的权利人，票据到期，银行可以取得票据所记载金额。

8. 按照出票人的不同，票据贴现可以分为(　　)。[2012 年 6 月真题]

A. 协议付息票据贴现　　B. 银行承兑汇票贴现

C. 转贴现　　D. 再贴现

E. 商业承兑汇票贴现

【解析】按出票人不同，票据贴现业务又可分为银行承兑汇票贴现和商业承兑汇票贴现。银行承兑汇票是指由承兑申请人签发并向开户银行申请，经银行审查同意承兑的商业汇票。商业承兑汇票是指由付款人或收款人签发，付款人作为承兑人承诺在汇票到期日，对收款人或持票人无条件支付汇票金额的票据。

9. 我国个人贷款业务包括(　　)。[2009 年 10 月真题]

A. 助学贷款　　B. 银团贷款

C. 个人信用卡透支　　D. 个人汽车贷款

E. 个人住房贷款

【解析】个人贷款是指贷款人向符合条件的自然人发放的用于个人消费、生产经营等用途的本外币贷款，主要分为四大类：个人住房贷款、个人消费贷款、个人经营贷款和个人信用卡透支，其中，个人消费贷款一般包括个人汽车贷款、助学贷款、个人消费额度贷款、个人住房装修贷款、个人耐用消费品贷款、个人权利质押贷款等。B 项，银团贷款属于公司贷款业务。

10. 个人贷款业务的基本还款方式通常包括(　　)。

A. 等额本息还款法　　B. 递增还款法

C. 递减还款法　　D. 等额本金还款法

E. 先息后本法

【解析】个人贷款业务的还款方式通常包括等额本息及等额本金两种。目前，各银行还根据个人需求提供个性化的还款方式及还款服务，较为常见的特色还款方式包括：按周还本付息、递增还款法、递减还款法、先息后本法、组合还款法、到期一次还本付息法等。

7ACDE　8BE　9ACDE　10AD

11. 个人住房装修贷款可以用于(　　)。

A. 支付家庭装潢的施工款　　B. 购买健身器材

C. 支付维修工程的施工款　　D. 支付相关的装修材料款

E. 购买厨卫设备

【解析】个人住房装修贷款，是指银行向个人客户发放的用于装修自用住房的人民币担保贷款。住房装修贷款可以用于支付家庭装潢和维修工程的施工款、相关的装修材料款和厨卫设备款等。

12. 按照管理渠道，全社会固定资产投资总额分为(　　)。

A. 技术改造投资　B. 更新改造投资　C. 基本建设投资　D. 房地产开发投资

E. 其他固定资产投资

【解析】根据国家统计局的定义和口径，“固定资产投资”是指建造和购置固定资产的活动，是社会固定资产再生产的主要手段。按照管理渠道，全社会固定资产投资总额可分为基本建设、更新改造、房地产开发投资和其他固定资产投资四个部分。

13. 下列属于对票据业务的管理要求的是(　　)。

A. 加强客户授信调查和统一授信管理

B. 规范票据交易行为

C. 坚持贸易背景真实性要求，严禁资金空转

D. 不得掩盖信用风险

E. 加强承兑保证金管理

【解析】《中国人民银行 中国银行业监督管理委员会关于加强票据业务监管 促进票据市场健康发展的通知》及《中国银监会关于进一步深化整治银行业市场乱象的通知》对票据业务均做了相关管理要求：①坚持贸易背景真实性要求，严禁资金空转；②加强客户授信调查和统一授信管理；③规范票据交易行为；④加强承兑保证金管理；⑤不得掩盖信用风险。

14. 下列关于贷款承诺的说法，不正确的有(　　)。

A. 用于指定项目建设或企业经营周转

B. 可分为项目贷款承诺、客户授信额度和票据发行便利

C. 授信额度项下发生具体授信业务时，商业银行还要按照实际发生业务的不同品种进行具体审查，办理相关手续

D. 授信额度主要用于解决客户短期的流动资金需要

E. 授信额度的有效期限通常为两年

【解析】B 项，贷款承诺业务可以分为项目贷款承诺、客户授信额度、票据发行便利及信贷证明；E 项，授信额度的有效期限按照双方协议规定(通常为一年)。

三、判断题(请对下列各题的描述做出判断，正确的用 A 表示，错误的用 B 表示)

1. 贷款是商业银行最主要的资产，是商业银行最主要的资金运用。(　　)［2019 年 6 月真题］

11ACDE　12BCDE　13ABCDE　14BE　┃　1A

【解析】贷款是指经批准可以经营贷款业务的金融机构对借款人提供的并按约定的利率和期限还本付息的货币资金。贷款是银行最主要的资产，是银行最主要的资金运用。

2. 备用信用证与其他信用证相比，其特征是在备用信用证业务关系中，开证行通常是第二付款人。(　　)[2009年10月真题]

【解析】备用信用证与其他信用证相比，其特征是在备用信用证业务关系中，开证行通常是第二付款人，即只有借款人发生意外才会发生资金的垫付。

3. 二手车贷款最高发放比例为80%。(　　)

【解析】自用传统动力汽车、自用新能源汽车贷款最高发放比例由金融机构自主确定；商用传统动力汽车贷款最高发放比例为70%，商用新能源汽车贷款最高发放比例为75%；二手车贷款最高发放比例为70%。

4. 基本建设投资和更新改造投资的综合范围为总投资50万元以上(含50万元)的项目。(　　)

【解析】基本建设投资指企业、事业、行政单位以扩大生产能力或工程效益为主要目的的新建、扩建工程及有关工作。其综合范围为总投资50万元以上(含50万元)的基本建设项目。更新改造投资指企业、事业单位对原有设施进行固定资产更新和技术改造，以及相应配套的工程和有关工作(不包括大修理和维护工程)。其综合范围为总投资50万元以上(含50万元)的更新改造项目。

5. 对于固定资产贷款项下借款人单笔支付金额超过项目总投资3%或超过300万元人民币的贷款资金支付，应采用商业银行受托支付方式。(　　)

【解析】商业银行在发放贷款前应确认借款人满足合同约定的提款条件，并按照合同约定的方式对贷款资金的支付实施管理与控制，监督贷款资金按约定用途使用。对于固定资产贷款项下借款人单笔支付金额超过项目总投资5%或超过500万元人民币的贷款资金支付，应采用商业银行受托支付方式。

6. 出口押汇是指销售商通过将其合法拥有的应收账款转让给银行，从而获得融资的行为。(　　)

【解析】出口押汇是指银行凭出口商提供的信用证项下完备的货运单据作抵押，在收到开证行支付的货款之前，向出口商融通资金的业务。题中描述的是保理的概念。

7. 信用证是由银行根据申请人的要求，向受益人(收款人)开立的一种无条件的银行支付承诺。(　　)

【解析】信用证是由银行(开证行)依照申请人的要求和指示或自己主动，在符合信用证条款的条件下，凭规定单据向第三者(受益人)或其指定方进行付款的书面文件。即信用证是一种银行开立的有条件的承诺付款的书面文件。

8. 银行承兑汇票属于银行汇票的一种。(　　)

【解析】银行承兑汇票是指由承兑申请人签发并向开户银行申请，经银行审查同意承兑的商业汇票。银行承兑汇票不属于银行汇票，而是属于商业汇票范畴。

2A　3B　4A　5B　6B　7B　8B

9．持票人为了资金融通的需要可以将任何商业汇票向银行出售。（　　）

【解析】票据贴现是指商业汇票的合法持票人，在商业汇票到期以前为获取票款，由持票人或第三人向金融机构贴付一定的利息后，以背书方式所作的票据转让。

10．三方或以上交易对手之间的类似交易可以纳入买入返售或卖出回购业务管理和核算。（　　）

【解析】买入返售（卖出回购）是指两家金融机构之间按照协议约定先买入（卖出）金融资产，再按约定价格于到期日将该项金融资产返售（回购）的资金融通行为。买入返售（卖出回购）相关款项在买入返售（卖出回购）金融资产会计科目核算。三方或以上交易对手之间的类似交易不得纳入买入返售或卖出回购业务管理和核算。

11．授信额度保函一般是母公司为海外的子公司申请。（　　）

【解析】授信额度保函是担保申请授信额度和在授信额度项下的偿还义务的履行，一般是母公司为海外的子公司申请。

9B　10B　11A

第三章 结算、代理及托管业务

一、单选题(下列选项中只有一项最符合题目要求，请将正确选项的代码填入括号内)

1. 国内A商业银行为中国进出口银行代理了资金结算业务，对A银行来说，该项业务称为(　　)。[2019年6月真题]

   A. 代理中央银行业务　　B. 代理商业银行业务
   C. 代理政策性银行业务　　D. 代理证券业务

   【解析】代理政策性银行业务是指商业银行受政策性银行的委托，对其自主发放的贷款代理结算，并对其账户资金进行监管的一种中间业务。目前主要代理中国进出口银行和国家开发银行业务。代理政策性银行业务主要包括：代理资金结算、代理现金支付、代理专项资金管理、代理贷款项目管理等业务。

2. 下列关于支票的表述，正确的是(　　)。[2023年10月真题]

   A. 转账支票可以提取现金　　B. 现金支票可以用于转账
   C. 支票等同于现金　　D. 普通支票可以提取现金

   【解析】支票是出票人签发的、委托办理支票存款业务的银行在见票时无条件支付确定的金额给收款人或者持票人的票据，分为现金支票、转账支票和普通支票。普通支票既可以用于支取现金，也可以用于转账。A项，转账支票只能用于转账。B项，现金支票只能用于支付现金。C项，支票是一种票据，不等同于现金。

3. 由出票人签发，委托付款人在见票时或在指定日期无条件支付确定金额给收款人或持票人的票据称为(　　)。[2017年10月真题]

   A. 本票　　B. 汇票　　C. 支票　　D. 信用证

   【解析】汇票是出票人签发的，委托付款人在见票时或者在指定日期无条件支付确定的金额给收款人或者持票人的票据，分为银行汇票和商业汇票。银行汇票是由出票银行签发的；商业汇票是由出票人签发的。

4. 根据我国《支付结算办法》，以下不符合票据金额填写要求的是(　　)。[2017年10月真题]

   A. 叁千元整　　B. 捌拾圆正　　C. 壹万元整　　D. 伍佰圆正

   【解析】A项应为叁仟元整。

5. 信用证项下的汇票需要附商业票据才可以结算的属于(　　)。[2021年6月真题]

   A. 光票信用证　　B. 进口信用证　　C. 出口信用证　　D. 跟单商业信用证

   【解析】按信用证项下的汇票是否附商业单据，可分为跟单商业信用证和光票信用证。现在银行开立的基本上是跟单商业信用证。

6. 急需用款一般选择的汇款方式是(　　)。[2017年6月真题]

1C　2D　3B　4A　5D　6B

A. 票汇　　B. 电汇　　C. 信汇　　D. 邮寄

【解析】按汇款支付授权书的投递方式划分，汇款业务分为电汇、信汇、票汇三种。其中，电汇汇款是汇款人委托银行以电报、电传、环球同业银行金融电讯协会(SWIFT)方式，指示出口地某一银行作为汇入行，解付一定金额给收款人的汇款方式。信汇的费用比电汇低廉，但因支付凭证邮寄时间较长而收款较慢，故采用者较少；票汇和信汇一样需要邮寄，时间较长。因此急需用款一般选择收款最快的电汇。

7. 银行本票提示付款期限为(　　)。[2020 年 10 月真题]

A. 3 个月　　B. 1 个月　　C. 10 天　　D. 2 个月

【解析】银行本票是银行签发的，承诺自己在见票时无条件支付确定的金额给收款人或者持票人的票据。单位和个人在同一票据交换区域可以使用银行本票支付各种款项。银行本票提示付款期限为 2 个月。

8. 银行签发的，承诺在见票时无条件支付确定金额给收款人或者持票人的票据是(　　)。[2018 年 10 月真题]

A. 支票　　B. 商业汇票　　C. 银行汇票　　D. 银行本票

【解析】A 项，支票是出票人签发的，委托出票人支票账户所在的银行在见票时无条件支付确定的金额给收款人或持票人的票据；BC 两项，汇票是出票人签发的，委托付款人在见票时或者在指定日期无条件支付确定的金额给收款人或者持票人的票据，分为银行汇票和商业汇票。

9. 汇出行应汇款人的要求，采用电报、电传或 SWIFT 形式，指示汇入行付款给指定收款人的汇款方式是(　　)。[2016 年 10 月真题]

A. 支票　　B. 票汇　　C. 信汇　　D. 电汇

【解析】电汇汇款是汇款人(付款人或债务人)委托银行以电报、电传、环球同业银行金融电讯协会(SWIFT)方式，指示出口地某一银行(其分行或代理行)作为汇入行，解付一定金额给收款人的汇款方式。

10. 下列选项中不属于代理银行业务的是(　　)。[2016 年 10 月真题]

A. 代理政策性银行业务　　B. 代理保险业务

C. 代理商业银行业务　　D. 代理中央银行业务

【解析】代理银行业务包括：①代理政策性银行业务，是指商业银行受政策性银行的委托，对其自主发放的贷款代理结算，并对其账户资金进行监管的一种中间业务；②代理中央银行业务，是指根据政策、法规应由中央银行承担，但由于机构设置、专业优势等方面的原因，由中央银行指定或委托商业银行承担的业务；③代理商业银行业务，是商业银行之间相互代理的业务。

11. 下列关于商业银行出租保管箱业务的表述，错误的是(　　)。[2018 年 10 月真题]

A. 对客户存放的物品数量不予查验　　B. 客户在租期内可随时开箱取物

C. 对客户存放的物品种类不予查验　　D. 对客户存放的物品种类予以查验

【解析】出租保管箱业务是银行代保管业务的主要产品，银行提供各种规格的保管箱，

7D　8D　9D　10B　11D

对客户存放物品的种类、数量不予查验，客户在租期内可随时开箱取物。

12. 甲公司向乙银行交付35万元，申请签发银行汇票向丙公司付款。这份汇票的当事人为(　　)。[2015年10月真题]

A. 出票人乙银行、付款人甲公司、收款人丙公司

B. 出票人甲公司、付款人甲公司、收款人丙公司

C. 出票人乙银行、付款人乙银行、收款人丙公司

D. 出票人甲公司、付款人乙银行、收款人丙公司

【解析】银行汇票是由出票银行签发的，由其在见票时按照实际结算金额无条件支付给收款人或持票人的票据。银行汇票的出票银行即为银行汇票的付款人。

13. 票据的出票日期为2008年3月12日，下列选项中将出票日期填写正确的是(　　)。[2015年10月真题]

A. 贰零零捌年叁月壹拾贰日　　B. 2008年3月12日

C. 贰零零捌年叁月拾贰日　　D. 二〇〇八年三月十二日

【解析】自1997年12月1日起施行的《支付结算办法》规定：票据的出票日期必须使用中文大写。为防止变造票据的出票日期，在填写月、日时，月为壹、贰和壹拾的，日为壹至玖和壹拾、贰拾和叁拾的，应在其前加"零"；日为拾壹至拾玖的，应在其前加"壹"。

14. 由出票银行签发的，由其在见票时按照实际结算金额无条件支付给收款人或持票人的票据是(　　)。[2015年10月真题]

A. 银行汇票　　B. 银行承兑汇票　　C. 支票　　D. 商业汇票

【解析】银行汇票是由出票银行签发的，由其在见票时按照实际结算金额无条件支付给收款人或持票人的票据。BD两项，商业汇票是由出票人签发的，出票人一般是企业，分为商业承兑汇票和银行承兑汇票两种；C项，支票是出票人签发的，委托办理支票存款业务的银行在见票时无条件支付确定的金额给收款人或持票人的票据，分为现金支票、转账支票和普通支票。

15. 仅附金融票据，不附带发票、运输单据的托收方式为(　　)。[2019年6月真题]

A. 跟单托收　　B. 出口托收　　C. 光票托收　　D. 进口托收

【解析】托收结算方式分为光票托收、跟单托收和直接托收，光票托收是指不附带商业单据的金融票据的托收；跟单托收是指附有商业单据的托收。

16. 下列用大写金额表示"￥1600.45"，正确的是(　　)。[2015年10月真题]

A. 人民币壹仟陆佰圆零肆角伍分　　B. 人民币壹仟陆佰元肆角五分

C. 人民币壹仟陆百圆零肆角伍分　　D. 人民币：壹仟陆佰圆零肆角伍分

【解析】中文大写金额数字应用正楷或行书填写，如壹、贰、叁、肆、伍、陆、柒、捌、玖、拾、佰、仟、万、亿、元(圆)、角、分、零、整(正)等字样。中文大写金额数字到"元"为止的，在"元"之后，应写"整"(或"正")字，在"角"之后可以不写"整"(或"正")字。大写金额数字有"分"的，"分"后面不写"整"(或"正")字。中文大写金额数字前应标明"人民币"字样。大写金额数字应紧接"人民币"字样填写，不得留有空白。

12C　13A　14A　15C　16A

17. 商业银行办理结算和支付中用以清讫双边或多边债权的过程是(　　)。[2014 年 6 月真题]

A. 负债　　B. 结算　　C. 清算　　D. 交易

【解析】银行清算业务是指银行间通过账户或有关货币当地清算系统，在办理结算和支付中用以清讫双边或多边债权债务的过程和方法。

18. 下列关于汇票的表述，正确的是(　　)。[2012 年 6 月真题]

A. 商业汇票分为银行汇票和银行承兑汇票

B. 银行汇票是由出票银行签发的

C. 汇票是出票人签发，委托付款人在见票时或在指定日期有条件支付的票据

D. 商业承兑汇票的付款人是银行

【解析】AD 两项，商业汇票分为商业承兑汇票(由银行以外的付款人承兑)和银行承兑汇票(由银行承兑)两种；C 项，汇票是出票人签发的，委托付款人在见票时或者在指定日期无条件支付确定的金额给收款人或者持票人的票据。

19. A 银行代理销售 B 公司某开放式基金，下列关于该笔业务的说法中，正确的是(　　)。[2023 年 10 月真题]

A. 销售基金收入属于 B 公司

B. 销售基金收入属于 A 银行

C. 此代理属于法定代理

D. 投资者认购基金合同当事人是 A 银行与投资者

【解析】开放式基金代销业务是指银行利用其网点柜台或电话银行、网上银行等销售渠道代理销售开放式基金产品的经营活动。银行向基金公司收取基金代销费用。投资者可以通过银行及时对开放式基金进行认购、申购及赎回。银行代理销售基金的行为一般是委托代理。因而，基金代销的销售收入应归被代理人——基金发行者所有。对于投资者而言，基金认购合同的当事人仍是发行者(B 公司)与投资者。

20. 银行代保管业务包括露封保管业务和密封保管业务，两者的主要区别在于(　　)。[2009 年 10 月真题]

A. 客户是否在将保管物品交给银行时先加以密封

B. 保管物品的金额不同

C. 保管物品的种类不同

D. 保管期限不同

【解析】代保管业务包括露封保管业务和密封保管业务。两者在办理保管时都注明保管期限和保管物品的名称、种类、数量、金额等，区别在于密封保管的客户在将保管物品交给银行时先加以密封。

21. 下列各类支票中，可签发但不能用于支取现金的是(　　)。[2009 年 10 月真题]

A. 转账支票　　B. 普通支票　　C. 现金支票　　D. 空头支票

【解析】A 项，转账支票只能用于转账；B 项，普通支票既可以用于支取现金，也可以

17C　18B　19A　20A　21A

用于转账；C 项，现金支票只能用于支付现金；D 项，空头支票禁止签发。

22. 国内联行清算分为系统内联行清算和跨系统联行往来，(　　)彼此互称为联行。

A. 不同国别的两家银行间　　B. 两家不同的国内银行间

C. 同一家银行的不同部门间　　D. 同一家银行的总、分、支行间

【解析】按地域划分，清算业务可分为国内联行清算和国际清算。其中国内联行清算根据交易行是否属于同一银行分为系统内联行清算和跨系统联行往来。同一家银行的总行、分行、支行间彼此互称为联行。

23. (　　)是指结算业务发生在两家不同的银行间的清算业务。

A. 联行　　B. 联行往来

C. 系统内联行清算　　D. 跨系统联行往来

【解析】跨系统联行往来是指结算业务发生在两家不同的银行间的清算业务。跨系统往来的资金清算必须通过中国人民银行办理。A 项，同一家银行的总、分、支行间彼此互称为联行；B 项，当资金结算业务发生在同一个银行系统，即同属一个总行的各个分支机构间的资金账务往来，称为联行往来；C 项，系统内联行清算包括全国联行往来、分行辖内往来和支行辖内往来。

24. 下列不属于非票据结算业务的是(　　)。

A. 汇兑　　B. 托收承付　　C. 支票　　D. 委托收款

【解析】C 项，支票属于票据结算业务。

25. 银行承兑汇票(非电子式)的最长付款期限为(　　)。[2021 年 6 月真题]

A. 1 个月　　B. 3 个月　　C. 6 个月　　D. 1 年

【解析】银行承兑汇票是由在承兑银行开立存款账户的存款人出票，向开户银行申请并经银行审查同意承兑后，保证在指定日期无条件支付确定的金额给收款人或持票人的票据。银行承兑汇票期限自出票之日起最长不得超过 6 个月。

26. 在代理证券资金清算业务中，(　　)是指各证券公司总部以法人为单位与证券登记结算公司之间发生的资金往来业务。

A. 国内联行清算　　B. 一级清算业务　　C. 二级清算业务　　D. 代收代付业务

【解析】代理证券资金清算业务主要包括：①一级清算业务，即各证券公司总部以法人为单位与证券登记结算公司之间发生的资金往来业务；②二级清算业务，即法人证券公司与下属证券营业部之间的证券资金汇划业务。

27. (　　)是指具备托管资格的商业银行作为托管人，依据有关法律法规，与委托人签订委托资产托管合同，安全保管委托投资的资产，履行托管人相关职责的业务。

A. 资产托管业务　　B. 代保管业务

C. 出租保管箱业务　　D. 银行保函业务

【解析】BC 两项，代保管业务是指银行利用自身安全设施齐全等有利条件设置保险箱库，为客户代理保管各种贵重物品和单证并收取手续费的业务，出租保管箱成为代保

22D　23D　24C　25C　26B　27A

管业务的主要产品；D 项，银行保函业务是指银行应申请人的要求，向受益人作出的书面付款保证承诺，银行将凭受益人提交的与保函条款相符的书面索赔履行担保支付或赔偿责任。

28．一般来说，商业汇票的最长付款期限为（　　）。［2024 年 10 月真题］

A．6 个月　　B．9 个月　　C．3 个月　　D．1 年

【解析】商业汇票的付款期限，最长不得超过 6 个月，提示付款期限自汇票到期日起 10 日。

二、多选题（下列选项中有两项或两项以上符合题目要求，请将符合题目要求选项的代码填入括号内）

1．代收代付业务是商业银行利用自身结算便利，接受客户的委托代为办理指定款项的收付事宜的业务，目前主要包括______和______两类。（　　）［2020 年 10 月真题］

A．代理国库　　B．委托收款　　C．托收承付　　D．代理证券

E．代理银行

【解析】代收代付业务是商业银行利用自身的结算便利，接受客户委托代为办理指定款项收付事宜的业务。代收代付业务主要包括代理各项公用事业收费、代理行政事业性收费和财政性收费、代发工资、代扣住房按揭消费贷款等。目前主要是委托收款和托收承付两类。

2．下列属于我国商业银行开展的托管业务有（　　）。［2016 年 5 月真题］

A．证券投资基金托管　　B．社保基金托管

C．出租保管箱　　D．保险资产托管

E．企业年金基金托管

【解析】托管业务包括资产托管业务和代保管业务。目前，国内商业银行资产托管业务品种主要包括证券投资基金托管、保险资产托管、社保基金托管、企业年金基金托管、券商资产管理计划资产托管、信托资产托管、商业银行人民币理财产品托管、QFII（合格境外机构投资者）资产托管、QDII（合格境内机构投资者）资产托管等。代保管业务主要包括出租保管箱、露封保管业务和密封保管业务。

3．银行代理中央银行业务主要包括（　　）。［2015 年 10 月真题］

A．代理专项资金管理　　B．代理国库

C．代理财政性存款　　D．代理贷款项目管理

E．代理金银

【解析】代理中央银行业务是指根据政策、法规应由中央银行承担，但由于机构设置、专业优势等方面的原因，由中央银行指定或委托商业银行承担的业务。代理中央银行业务主要包括：代理财政性存款、代理国库、代理金银等业务。AD 两项属于代理政策性银行业务。

4．下列关于支票使用的表述，正确的有（　　）。［2014 年 11 月真题］

A．可用于单位结算　　B．支票不受金额起点限制

28A　▌　1BC　2ABCDE　3BCE　4ABE

C. 转账支票可以支取现金　　D. 支票付款可以附条件

E. 可用于个人结算

【解析】C 项，转账支票只能用于转账，不能支取现金；D 项，支票是出票人签发的，委托办理支票存款业务的银行在见票时无条件支付确定的金额给收款人或持票人的票据。支票结算适用于单位和个人在同一票据交换区的各种款项结算。

5. 商业汇票持票人可以(　　)。[2009 年 10 月真题]

A. 对外支付　　B. 到期委托银行收款

C. 办理转贴现　　D. 到期委托银行付款

E. 持有该票据到银行申请贴现

【解析】汇票分为银行汇票和商业汇票，前者是由出票银行签发的；后者是由出票人签发的。商业汇票又分为商业承兑汇票(由银行以外的付款人承兑)和银行承兑汇票(由银行承兑)两种。银行承兑汇票是由在承兑银行开立存款账户的存款人出票，向开户银行申请并经银行审查同意承兑后，保证在指定日期无条件支付确定的金额给收款人或持票人的票据。符合条件的商业汇票持票人可持未到期的商业汇票连同贴现凭证向银行申请贴现。

6. 国际清算的类型包括(　　)。

A. 系统内联行清算　　B. 跨系统联行往来

C. 内部转账型　　D. 交换型

E. 分配型

【解析】国际清算业务是国际银行间办理结算和支付中用以清讫双边或多边债权债务的过程和方法。国际清算的类型主要分为内部转账型和交换型两种。系统内联行清算和跨系统联行往来属于国内联行清算的两种类型。

7. 以下关于银行承兑汇票的说法，正确的有(　　)。

A. 期限自出票之日起最长不得超过 3 个月

B. 在指定日期无条件支付确定的金额给收款人或持票人

C. 以真实的商品交易为基础

D. 出票人为银行

E. 商业汇票的真实交易关系和债权债务关系只需承兑行审核

【解析】A 项，银行承兑汇票期限自出票之日起最长不得超过 6 个月；D 项，银行承兑汇票是由在承兑银行开立存款账户的存款人出票；E 项，承兑行和贴现机构都应按照支付结算制度的相关规定，对商业汇票的真实交易关系和债权债务关系进行审核。

8. 下列关于托收承付的说法正确的有(　　)。

A. 可以促使销货单位按照合同规定发货　　B. 结算方式分为邮划和电划两种

C. 也称异地托收承付　　D. 是一种先收款后发货的结算方式

E. 适用于异地单位之间订有合同的商品交易及由此产生的劳务供应的款项结算

【解析】D 项，托收承付是一种先发货后收款的结算方式，收付双方必须签有符合《经济

5ADE　6CD　7BC　8ABCE

合同法》的购销合同，一般需要双方具有较高的信用度且有较长期的合作关系。

9. 下列属于银行可以进行的代理业务的有(　　)。

A. 代理国债买卖　B. 代理保险　C. 委托贷款　D. 银行保函

E. 信用证

【解析】银行的代理业务包括：①代收代付业务；②代理银行业务；③代理证券业务；④代理保险业务；⑤其他代理业务。代理国债买卖和委托贷款均属于其他代理业务。

10. 下列属于银行代收代付业务的有(　　)。

A. 委托收款　B. 代销开放式基金

C. 资产托管　D. 托收承付

E. 代发工资

【解析】代收代付业务是商业银行利用自身的结算便利，接受客户委托代为办理指定款项收付事宜的业务。代收代付业务主要包括代理各项公用事业收费、代理行政事业性收费和财政性收费、代发工资、代扣住房按揭消费贷款等。目前主要是委托收款和托收承付两类。B 项，代销开放式基金属于其他代理业务；C 项，资产托管属于托管业务。

三、判断题(请对下列各题的描述做出判断，正确的用 A 表示，错误的用 B 表示)

1. 银行承兑汇票由出票银行签发。(　　)[2017 年 10 月真题]

【解析】商业汇票按照承兑人的不同，分为商业承兑汇票和银行承兑汇票两种。银行承兑汇票是由在承兑银行开立存款账户的存款人出票，向开户银行申请并经银行审查同意承兑后，保证在指定日期无条件支付确定的金额给收款人或持票人的票据。

2. 代收代付业务是商业银行利用自身的结算便利，接受客户委托代为办理指定款项收付事宜的业务。(　　)[2016 年 10 月真题]

【解析】代收代付业务是商业银行利用自身的结算便利，接受客户委托代为办理指定款项收付事宜的业务。代收代付业务主要包括代理各项公用事业收费、代理行政事业性收费和财政性收费、代发工资、代扣住房按揭消费贷款等。目前主要是委托收款和托收承付两类。

3. 委托贷款是指由政府部门、企事业单位及个人等委托人提供资金，由贷款人(受托人)根据委托人确定的贷款对象、用途、金额、期限、利率等代为发放、监督使用并负责偿还的贷款。(　　)[2016 年 10 月真题]

【解析】委托贷款是指由政府部门、企事业单位及个人等委托人提供资金，由贷款人(即受托人)根据委托人确定的贷款对象、用途、金额、期限、利率等代为发放、监督使用并协助收回的贷款。贷款人(受托人)只收取手续费，不承担贷款风险。

4. 银行汇票是由出票银行签发。(　　)[2016 年 5 月真题]

【解析】汇票是出票人签发的，委托付款人在见票时或者在指定日期无条件支付确定的金额给收款人或者持票人的票据，分为银行汇票和商业汇票。银行汇票是由出票银行签发

9ABC　10ADE　▍　1B　2A　3B　4A

的。商业汇票是由出票人签发的。

5. 银行代销开放式基金时，应向基金投资者收取基金代销费用。(　　)[2021年6月真题]

【解析】开放式基金代销业务是指银行利用其网点柜台或电话银行、网上银行等销售渠道代理销售开放式基金产品的经营活动。银行向基金公司收取基金代销费用。投资者可以通过银行及时对开放式基金进行认购、申购及赎回。

6. 商业银行的代理业务包括许多种类，如代收代付业务、代理银行业务、代理证券业务、代理保险业务、委托贷款业务和代保管业务。(　　)[2015年10月真题]

【解析】代保管业务是商业银行利用自身安全设施齐全等有利条件设置保险箱库，为客户代理保管各种贵重物品和单证并收取手续费的业务。代保管业务属于托管业务。

7. 票据的出票日期必须使用中文大写，如10月20日，应写成壹拾月贰拾日。(　　)[2014年11月真题]

【解析】为防止变造票据的出票日期，在填写月、日时，月为壹、贰和壹拾的，日为壹至玖和壹拾、贰拾和叁拾的，应在其前加“零”；日为拾壹至拾玖的，应在其前加“壹”。如1月15日，应写成零壹月壹拾伍日。再如10月20日，应写成零壹拾月零贰拾日。

8. 商业汇票分为商业承兑汇票和银行承兑汇票。(　　)[2013年11月真题]

【解析】商业汇票是出票人签发的，委托付款人在指定付款日期无条件支付确定金额给收款人或持票人的票据。商业汇票又分为商业承兑汇票(由银行以外的付款人承兑)和银行承兑汇票(由银行承兑)两种。

9. 商业银行汇款业务的方式主要有电汇、信汇和网上银行汇款三种。(　　)[2009年10月真题]

【解析】汇款是银行(汇出行)应汇款人(债务人)的要求，以一定的方式将一定的金额，以其国外联行或代理行作为付款银行(汇入行)，付给收款人(债权人)的一种结算方式。按汇款支付授权书的投递方式划分，汇款业务分为电汇、票汇、信汇三种。

10. 按开证行保证性质的不同，信用证可分为可撤销信用证和不可撤销信用证。(　　)[2009年10月真题]

【解析】信用证按不同的划分标准可以分为以下几类：按进出口来分可分为进口信用证和出口信用证；按开证行保证性质的不同，可分为可撤销信用证和不可撤销信用证，现在银行基本上只开不可撤销信用证。

11. 现在银行开立的信用证基本上是跟单商业信用证。(　　)

【解析】按信用证项下的汇票是否附商业单据，信用证可分为跟单商业信用证和光票信用证。现在银行开立的基本上是跟单商业信用证。

12. 银行开立的信用证大多是可转让信用证。(　　)

【解析】按信用证项下的权利是否可转让，可分为可转让信用证和不可转让信用证。现在银行开立的大多是不可转让信用证。

5B　6B　7B　8A　9B　10A　11A　12B

13. 国际清算业务是国际银行间办理结算和支付中用以清讫双边债权债务的过程和方法。(　　)

【解析】国际清算业务是国际银行间办理结算和支付中用以清讫双边或多边债权债务的过程和方法。

14. 我国于 1997 年在封闭式证券投资基金的制度设计中引入托管制度，中国银行获得中国人民银行和中国证监会的联合批复，首家开办托管业务。(　　)

【解析】我国于 1997 年在封闭式证券投资基金的制度设计中引入托管制度，中国工商银行获得中国人民银行和中国证监会的联合批复，首家开办托管业务。随着我国资本市场的发展，托管制度被越来越多的行业和领域广泛运用，并向跨境投资领域延伸。

13B　14B

第四章　银行卡业务

一、单选题(下列选项中只有一项最符合题目要求，请将正确选项的代码填入括号内)

1. 下列关于借记卡的表述，错误的是(　　)。[2015 年 5 月真题]

A. 不能透支　　B. 不可以预借现金

C. 有存款利息　　D. 与储户的定期存款账户相联结

【解析】借记卡是指发卡银行向持卡人签发的，没有信用额度，持卡人先存款后使用的银行卡。借记卡与储户的活期储蓄存款账户相联结，卡内消费、转账、ATM 取款等都直接从存款账户扣划，不具备透支功能，需要先存款后消费。

2. 按清偿方式划分，银行卡可以分为信用卡和(　　)。

A. 金卡　　B. 借记卡　　C. 贷记卡　　D. 普通卡

【解析】按银行卡清偿方式的不同，目前的银行卡主要有信用卡、借记卡。

3. 关于银行卡，下面叙述不正确的是(　　)。

A. 信用卡按是否向发卡银行交存备用金分为贷记卡、准贷记卡两类

B. 贷记卡透支额度根据持卡人缴存的备用金额度核定

C. 借记卡不具备透支功能

D. 转账卡和专用卡是借记卡的不同种类

【解析】B 项，信用卡按是否向发卡银行交存备用金分为贷记卡和准贷记卡两类，其中，贷记卡是发卡银行给予持卡人一定信用额度，持卡人可在信用额度内先消费、后还款的信用卡，不需要缴存备用金。

4. 信用卡免息还款期最短为(　　)天。

A. 10　　B. 15　　C. 20　　D. 25

【解析】信用卡的特点之一是信用属性强，我国发卡银行一般给予持卡人 20 ~ 56 天的免息期，持卡人的信用额度一般在 10 万元人民币以内，客户刷卡消费一般使用循环额度，在客户还款后额度可恢复，为客户用卡提供方便。

5. 信用卡业务中，(　　)是指商业银行为商户等提供的受理信用卡，并完成相关资金结算的服务。

A. 发卡业务　　B. 收单业务　　C. 分期付款业务　　D. 信贷业务

【解析】收单业务是指商业银行为商户等提供的受理信用卡，并完成相关资金结算的服务，包括商户资质审核、商户培训、受理终端安装维护管理、获取交易授权、处理交易信息、交易监测、资金垫付、资金结算、争议处理和增值服务等业务环节。

6. 对申领首张信用卡的客户，发卡银行必须执行三亲见规定。三亲见规定不包括(　　)。

A. 亲见客户关系人　　B. 亲见客户本人

1D　2B　3B　4C　5B　6A

C. 亲见身份证及证明材料的原件　　　　　　　D. 亲见客户本人签名

【解析】对申领首张信用卡的客户，发卡银行在信用卡营销过程中，要对客户亲访亲签，不得采取全程自助发卡方式，必须执行三亲见规定，即“亲见客户本人、亲见身份证及证明材料的原件、亲见客户本人签名”。

7. 下列选项中，信用卡透支不可以应用的范围是(　　)。[2025 年 6 月真题]

A. 购买机票　　　　　　　　　　　　　　　B. 支付购房首付款

C. 支付学费　　　　　　　　　　　　　　　D. 购买家具

【解析】信用卡透支不得用于购房。

8. 根据银行的相关规定，个人最多开立的借记卡数量不超过______；代理开卡不超过______。(　　)[2025 年 6 月真题]

A. 4；4　　　　B. 4；3　　　　C. 3；4　　　　D. 3；3

【解析】同一客户在同一商业银行开立借记卡原则上不得超过 4 张；同一代理人在同一商业银行代理开卡原则上不得超过 3 张。这一规定将在一定程度上遏制银行卡买卖等行为。

二、多选题(下列选项中有两项或两项以上符合题目要求，请将符合题目要求选项的代码填入括号内)

1. 目前国际上主要的信用卡组织有(　　)。[2018 年 6 月真题]

A. 美国运通股份有限公司(America Express)

B. 中国银联(China UnionPay)

C. 大莱信用卡有限公司(Diners Club)

D. 维萨卡组织(VISA International)

E. 万事达卡组织(Master Card International)

【解析】国际上主要信用卡组织有：中国银联(China UnionPay)、维萨卡组织(VISA International)、万事达卡组织(Master Card International)以及美国运通股份有限公司(America Express)、大莱信用卡有限公司(Diners Club)和 JCB 日本信用卡公司(JCB)。

2. 下列关于信用卡的表述，正确的有(　　)。[2017 年 10 月真题]

A. 无指定用途　　　B. 金额小　　　C. 可预借现金　　　D. 循环信用额度

E. 期限长

【解析】信用卡主要特点包括：①信用卡一般具有无抵押、无担保贷款性质，通常是短期、小额、无指定用途的信用类消费。发卡银行一般给予持卡人 20～56 天的免息期，持卡人的信用额度一般在 10 万元人民币以内，客户刷卡消费一般使用循环额度，在客户还款后额度可恢复，为客户用卡提供方便。②功能丰富多样。信用卡业务除了可刷卡消费、预借现金外，还具有存取现金、转账、支付结算、代收代付、通存通兑、网上购物等多样化功能。③具有支付和信贷双重属性。

3. 下列关于信用卡和借记卡的区别的说法，不正确的是(　　)。

A. 借记卡不进行资信审查，使用前需存款，信用卡视各发卡银行规定，需进行必要的

7B　8B　　▎　1ABCDE　2ABCD　3BE

资信审查，对符合申请条件的方予发卡

B. 借记卡存多少，用多少，不能透支，而信用卡无须存款，先消费，后还款

C. 借记卡无免息还款期，而信用卡有

D. 借记卡无预借现金，而信用卡有

E. 借记卡有利息，信用卡无利息

【解析】B 项，信用卡里准贷记卡需要先存款，后消费，并且可以透支；E 项，信用卡的贷记卡无利息，而准贷记卡有利息。

4. 下列属于借记卡的功能的是(　　)。

A. 存取现金　　B. 转账汇款　　C. 储蓄功能　　D. 小额信贷功能

E. 刷卡消费

【解析】借记卡具有如下功能：①存取现金(储蓄功能)；②转账汇款；③刷卡消费；④代收代付；⑤资产管理；⑥其他服务。

5. 借记卡按功能的不同分为(　　)。

A. 转账卡　　B. 专用卡　　C. 储值卡　　D. 个人卡

E. 单位卡

【解析】借记卡按功能的不同分为转账卡(含储蓄卡)、专用卡、储值卡。DE 两项为银行卡按发行对象进行的划分。

6. 分期付款业务的特点包括(　　)。

A. 授信金额小　　B. 时效要求高　　C. 目标客户集中　　D. 信用属性强

E. 增长速度快

【解析】分期付款业务是指持卡人使用信用卡进行大额消费时，由发卡银行向商户一次性支付持卡人所购商品(或服务)的消费资金，并根据持卡人申请，将消费资金分期通过持卡人信用卡账户扣收，持卡人按照与银行约定分期进行偿还的业务。分期付款业务具有目标客户分散、授信金额小、信用属性强、时效要求高和增长速度快等特点。

7. 下列关于信用卡业务的说法中，正确的有(　　)。

A. 客户可通过银行网点、网上银行、手机银行等线上线下渠道申请信用卡产品

B. 信用卡的有效期一般不超过 10 年

C. 商业银行个人信用卡可用于生产经营等非消费领域

D. 收单业务从受理卡片类型上可分为实体商户收单及虚拟商户收单

E. 营销人员开展电话营销时，必须留存清晰的录音资料，录音资料应当至少保存 3 年备查

【解析】C 项，根据《银行卡业务管理办法》有关规定和审慎经营的原则，商业银行个人信用卡(不含服务“三农”的惠农信用卡)透支应当用于消费领域，不得用于生产经营、投资等非消费领域。D 项，收单业务从受理卡片类型上可分为各种外汇结算的银行卡收单(外卡收单)和人民币银行卡收单；从商户类型上可分为实体商户收单及虚拟商户收单。E 项，营销人员开展电话营销时，必须留存清晰的录音资料，录音资料应当至少保存 2

4ABCE　5ABC　6ABDE　7AB

年备查。

8. 发卡银行常用的催收手段包括(　　)。

A. 外包公司催收　B. 法务催收　C. 短信催收　D. 信函催收

E. 电话催收

【解析】发卡银行常用的催收手段包括：短信催收、信函催收、电话催收、上门催收、法务催收、外包公司催收等方式。

9. 除了一般银行业务具有的信用风险、操作风险、欺诈风险外，信用卡产品的风险主要包括(　　)。

A. 来自发卡行的风险　B. 来自持卡人的风险

C. 来自商户的风险　D. 来自第三方的风险

E. 来自收单行的风险

【解析】信用卡风险，就是指在信用卡业务经营中发卡行、收单行以及持卡人和合作商户等发生经济损失的潜在可能性。信用卡业务的风险管理有其特殊性和复杂性。除了一般银行业务具有的信用风险、操作风险、欺诈风险外，信用卡产品的风险主要包括：①来自持卡人的风险；②来自商户的风险；③来自第三方的风险。

10. 对出现可疑交易的信用卡账户、可疑的信用卡交易，发卡银行可采取的措施包括(　　)。

A. 调整授信额度　B. 通过实地走访进行风险排查

C. 锁定账户　D. 紧急止付

E. 与持卡人联系确认

【解析】对出现可疑交易的信用卡账户、可疑的信用卡交易，发卡银行可采取与持卡人联系确认、调整授信额度、锁定账户、紧急止付等措施确保信用卡的安全使用。发卡银行对可疑交易可以采取电话核实、调单或实地走访等方式进行风险排查并及时处理，必要时应该及时向公安机关报案。

三、判断题(请对下列各题的描述做出判断，正确的用 A 表示，错误的用 B 表示)

1. 按是否向发卡银行交存备用金，银行卡分为白金卡、金卡、普通卡等不同等级。(　　)［2015 年 5 月真题］

【解析】按照是否交存备用金，信用卡分为贷记卡和准贷记卡。按照信用和资产等级的提高，发卡机构对信用卡和借记卡均逐步推出了普卡、金卡、白金卡、钻石卡等银行卡产品。

2. 信用卡一般分为贷记卡和借记卡两种。(　　)［2014 年 11 月真题］

【解析】按银行卡清偿方式的不同，目前的银行卡主要有信用卡、借记卡。按照是否交存备用金，信用卡分为贷记卡和准贷记卡。

3. CDM 是自动柜员机的简称，持卡人自助操作办理取款、账户余额查询等业务。(　　)

【解析】自动柜员机的简称为 ATM；而 CDM 是自动存取款机的简称。

4. 借记卡与准贷记卡透支享受免息还款期待遇。(　　)

8ABCDE　9BCD　10ABCDE　▌　1B　2B　3B　4B

【解析】贷记卡与准贷记卡均享受免息还款期待遇。借记卡存多少，用多少，不能透支，无免息还款期。

5. 磁条卡具有存储容量大、可脱机使用、自动计算、安全性较高等特点。(　　)

【解析】芯片卡又称 IC 卡，具有存储容量大、可脱机使用、自动计算、安全性较高等特点。

6. 航空联名信用卡属于联名卡。(　　)

【解析】合作发卡可以根据合作单位的性质，分为联名卡和认同卡。联名卡是商业银行与营利性机构合作发行的银行卡产品，联名卡的功能和信用卡一样，与认同卡不同的是，联名卡是发卡银行和一般企业联合发行的，以某一特定族群为对象，较具商业导向，且比一般信用卡多了企业所赋予的各项额外功能，以回馈持卡人，如航空联名信用卡、百货公司联名信用卡等。

7. 借记卡中的转账卡，顾名思义，是仅具有转账结算功能的银行卡。(　　)

【解析】转账卡是实时扣账的借记卡，具有转账结算、存取现金和消费功能。

8. 专用卡是具有专门用途、在特定区域使用的贷记卡，具有转账结算、存取现金功能。专门用途是指在百货、餐饮、饭店、娱乐行业以外的用途。(　　)

【解析】专用卡是具有专门用途(指在百货、餐饮、饭店、娱乐行业以外的用途)，在特定领域使用的借记卡，具有转账结算、存取现金功能。

9. 商务差旅卡属于信用卡中的个人卡。(　　)

【解析】按照发行对象不同，信用卡可分为个人卡和单位卡。其中，单位卡按照用途分为商务差旅卡和商务采购卡。

10. 发卡银行允许持卡人在信用卡授信限额范围之内进行刷卡透支消费，但不可取现。(　　)

【解析】持卡人在购物消费过程中，发卡银行允许持卡人在信用卡授信限额范围之内进行刷卡透支消费，这是信用卡业务的基本功能。持卡人刷卡消费可享受免息还款期服务。信用卡具有预借现金功能，客户可在信用卡额度的一定比例内进行取现，预借现金业务原则上不享受免息还款期或最低还款额待遇。

11. 个性化分期还款协议的最长期限不得超过 10 年。(　　)

【解析】在特殊情况下，确认信用卡欠款金额超出持卡人还款能力且持卡人仍有还款意愿的，发卡银行可以与持卡人平等协商，达成个性化分期还款协议。个性化分期还款协议的最长期限不得超过 5 年。

12. 持卡人通过不正当手段将信用卡中信用额度内资金以现金的方式套取，同时又不支付银行提现费用的行为属于“信用卡套现”。(　　)

【解析】“信用卡套现”指持卡人不是通过正常合法手续(ATM 或柜台)提取现金，而通过其他手段将信用卡中信用额度内资金以现金的方式套取，同时又不支付银行提现费用的行为。

5B　6A　7B　8B　9B　10B　11B　12A

第五章　理财与同业业务

一、单选题（下列选项中只有一项最符合题目要求，请将正确选项的代码填入括号内）

1. 商业银行发行的封闭式理财产品的期限不得低于(　　)天。

   A. 90　　B. 60　　C. 80　　D. 40

   【解析】商业银行发行的封闭式理财产品的期限不得低于 90 天；开放式理财产品所投资资产的流动性应当与投资者赎回需求相匹配，确保持有足够的现金、国债、中央银行票据、政策性金融债券等具有良好流动性的资产，以备支付理财产品投资者的赎回款项。

2. 固定收益类理财产品投资于存款、债券等债权类资产的比例不低于(　　)。

   A. 50%　　B. 60%　　C. 70%　　D. 80%

   【解析】固定收益类理财产品投资于存款、债券等债权类资产的比例不低于 80%；权益类理财产品投资于权益类资产的比例不低于 80%；商品及金融衍生品类理财产品投资于商品及金融衍生品的比例不低于 80%；混合类理财产品投资于债权类资产、权益类资产、商品及金融衍生品类资产且任一资产的投资比例未达到前三类理财产品标准。

3. 下列做法中错误的是(　　)。

   A. 商业银行销售理财产品，向投资者充分披露信息和揭示风险

   B. 商业银行发行理财产品，宣传理财产品预期收益率

   C. 商业银行发行公募理财产品的，单一投资者销售起点金额不低于 1 万元人民币

   D. 商业银行从事理财产品销售活动，未挪用投资者资金

   【解析】B 项，商业银行发行理财产品，不得宣传理财产品预期收益率，在理财产品宣传销售文本中只能登载该理财产品或者本行同类理财产品的过往平均业绩和最好、最差业绩，并以醒目文字提醒投资者“理财产品过往业绩不代表其未来表现，不等于理财产品实际收益，投资须谨慎”。

4. 商业银行全部理财产品持有单一上市公司发行的股票，不得超过该上市公司可流通股票的(　　)。

   A. 10%　　B. 20%　　C. 30%　　D. 40%

   【解析】商业银行理财产品直接或间接投资于银行间市场、证券交易所市场或者国务院银行业监督管理机构认可的其他证券的，应当符合的要求包括：商业银行全部理财产品持有单一上市公司发行的股票，不得超过该上市公司可流通股票的 30%。

5. 商业银行理财产品的投资范围不包括(　　)。

   A. 本行信贷资产　　B. 中央银行票据　　C. 大额存单　　D. 国债

   【解析】商业银行理财产品可以投资于国债、地方政府债券、中央银行票据、政府机构债券、金融债券、银行存款、大额存单、同业存单、公司信用类债券、在银行间市场和证

1A　2D　3B　4C　5A

券交易所市场发行的资产支持证券、公募证券投资基金、其他债权类资产、权益类资产以及银行业监督管理机构认可的其他资产。商业银行理财产品不得直接投资于信贷资产，不得直接或间接投资于本行信贷资产。

6. 在同业代付业务中，(　　)负责为委托行提供贷款资金来源并完成“受托支付”服务，承担同业授信风险，拆放资金本息到期由委托行无条件偿还。

A. 发起行　　B. 参与行　　C. 委托行　　D. 代付行

【解析】从同业代付业务实质看，委托行是客户的债权人，直接承担借款人的信用风险，到期向借款人收回贷款本息；代付行为委托行提供贷款资金来源并完成“受托支付”服务，承担同业授信风险，拆放资金本息到期由委托行无条件偿还。

7. 理财公司(　　)对内部控制有效性承担最终责任。

A. 高级管理层　　B. 董事会　　C. 监事会　　D. 股东

【解析】理财公司董事会对内部控制有效性承担最终责任，监事会履行监督责任，高级管理层负责具体执行。理财公司董事长、监事长和高级管理人员原则上不得由理财公司股东、实际控制人及其关联方的人员兼任。

8. 某银行从业人员为了销售理财产品，向客户隐瞒了该理财产品的风险。该行为违反了银行业从业人员职业操守基本准则关于(　　)的规定。[2021 年 6 月真题]

A. 勤勉尽职　　B. 专业胜任

C. 诚实信用　　D. 保护商业与客户隐私

【解析】诚实守信原则要求：销售人员应当忠实于投资者，以诚实、公正的态度，合法的方式执业，如实告知投资者可能影响其利益的重要情况和理财产品风险评级情况。

9. 下列关于同业拆借的表述，错误的是(　　)。[2021 年 6 月真题]

A. 同业拆借是金融机构之间进行短期的资金借贷行为

B. 借入资金的行为称为拆入，借出资金的行为称为拆出

C. 同业拆借的利率随资金供求的变化而变化

D. 同业拆借业务主要通过全国银行间债券市场进行

【解析】同业拆借是指经中国人民银行批准进入全国银行间同业拆借市场的金融机构之间，通过全国统一的同业拆借网络进行的无担保资金融通行为。

10. 商业银行开展同业业务，下列说法错误的是(　　)。[2021 年 6 月真题]

A. 将同业业务纳入全面风险管理

B. 应具备相关的同业业务治理体系

C. 实行专营部门制

D. 由法人总部对同业业务专营部门进行集中统一授权，同业业务专营部门进行转授权

【解析】商业银行应建立健全同业业务授权管理体系，由法人总部对同业业务专营部门进行集中统一授权，同业业务专营部门不得进行转授权，不得办理未经授权或超授权的同业业务。

6D　7B　8C　9D　10D

二、多选题（下列选项中有两项或两项以上符合题目要求，请将符合题目要求选项的代码填入括号内）

1. 商业银行应比照自营贷款管理要求，对非标准化债权类资产投资采取下列哪些措施？（　）

A. 投前尽职调查　B. 风险审查　C. 投后风险管理　D. 信息筛选

E. 资料分类管理

【解析】商业银行理财产品投资于非标准化债权类资产时，应当确保理财产品投资与审批流程相分离，比照自营贷款管理要求实施投前尽职调查、风险审查和投后风险管理，并纳入全行统一的信用风险管理体系。

2. 根据投资性质的不同，商业银行应将理财产品分为（　　）。

A. 权益类理财产品　B. 固定收益类理财产品

C. 公募理财产品　D. 私募理财产品

E. 混合类理财产品

【解析】商业银行应当根据投资性质的不同，将理财产品分为固定收益类理财产品、权益类理财产品、商品及金融衍生品类理财产品和混合类理财产品。CD 两项，商业银行应当根据募集方式的不同，将理财产品分为公募理财产品和私募理财产品。

3. 私募理财产品是指商业银行面向合格投资者非公开发行的理财产品。下列属于合格投资者的有（　　）。

A. 最近 1 年末净资产不低于 1000 万元人民币的法人或者依法成立的其他组织

B. 最近 1 年末净资产不低于 500 万元人民币的法人或者依法成立的其他组织

C. 具有 2 年以上投资经历，且家庭金融净资产不低于 300 万元人民币，家庭金融资产不低于 500 万元人民币的自然人

D. 具有 2 年以上投资经历，且近 3 年本人年均收入不低于 30 万元人民币的自然人

E. 具有 2 年以上投资经历，且近 3 年本人年均收入不低于 40 万元人民币的自然人

【解析】合格投资者是指具备相应风险识别能力和风险承受能力，投资于单只理财产品不低于一定金额且符合下列条件的自然人、法人或者依法成立的其他组织：①具有 2 年以上投资经历，且满足下列条件之一的自然人：家庭金融净资产不低于 300 万元人民币，家庭金融资产不低于 500 万元人民币，或者近 3 年本人年均收入不低于 40 万元人民币；②最近 1 年末净资产不低于 1000 万元人民币的法人或者依法成立的其他组织；③国务院银行业监督管理机构规定的其他情形。

4. 销售人员从事理财产品销售活动，应当遵循的原则包括（　　）。

A. 保证投资收益原则　B. 勤勉尽职原则

C. 公平对待投资者原则　D. 专业胜任原则

E. 诚实守信原则

【解析】销售人员是指商业银行面向投资者从事理财产品宣传推介、销售、办理认购和赎回等相关活动的人员。销售人员从事理财产品销售活动，应当遵循以下原则：①勤勉尽职原则；②诚实守信原则；③公平对待投资者原则；④专业胜任原则。

1ABC　2ABE　3ACE　4BCDE

5. 下列业务中属于同业融资业务的是(   )。

A. 同业拆借业务　B. 同业存款业务　C. 同业借款业务　D. 同业投资业务

E. 同业代付业务

【解析】同业业务是指中华人民共和国境内依法设立的金融机构之间开展的以投融资为核心的各项业务，主要业务类型可分为同业融资业务和同业投资业务。其中，同业融资业务包括：同业拆借、同业存款、同业借款、同业代付、买入返售(卖出回购)等。

6. 可开展非银借款业务的非银行金融机构包括(   )。

A. 资产管理公司　B. 消费金融公司

C. 金融租赁公司　D. 其他可开展此项业务的金融机构

E. 汽车金融公司

【解析】非银借款业务特指银行机构与非银行金融机构(以下简称借款人)按约定的期限、利率及金额，以协议等方式开展的，专项用于借款人(包括其全资或控股项目公司)经营需要或为借款人提供流动性支持的本外币资金融通业务。其中，非银行金融机构包括汽车金融公司、金融租赁公司、资产管理公司、消费金融公司及其他可开展此项业务的金融机构。

7. 特定目的载体同业投资业务应坚持的原则包括(   )。

A. 风险收益匹配原则　B. 依法合规原则

C. 集中管理原则　D. 总量控制原则

E. 实质重于形式原则

【解析】特定目的载体同业投资业务是指金融机构购买或委托其他金融机构购买特定目的载体的投资行为，其坚持的原则包括：①依法合规原则；②风险收益匹配原则；③集中管理及总量控制原则；④实质重于形式原则。

8. 理财业务的参与主体包括(   )。[2024 年 10 月真题]

A. 理财产品管理人　B. 理财产品托管人

C. 经营机构　D. 合格产品投资者

E. 销售机构

【解析】理财业务的参与主体包括：①合格产品投资者；②理财业务的经营机构；③理财产品管理人；④理财产品托管人；⑤销售机构；⑥其他资产管理机构。

三、判断题(请对下列各题的描述做出判断，正确的用 A 表示，错误的用 B 表示)

1. 商业银行理财业务中，商业银行应做到每个理财产品单独管理、合并建账、单独核算。(   )[2018 年 6 月真题]

【解析】商业银行开展理财业务，应当确保每只理财产品与所投资资产相对应，做到每只理财产品单独管理、单独建账和单独核算，不得开展或者参与具有滚动发行、集合运作、分离定价特征的资金池理财业务。

2. 本行理财产品产生风险时，可用本行信贷资金为其提供融资和担保。(   )[2016 年 6 月真题]

5ABCE　6ABCDE　7ABCDE　8ABCDE　▌　1B　2B

【解析】商业银行不得用自有资金购买本行发行的理财产品，不得为理财产品投资的非标准化债权类资产或权益类资产提供任何直接或间接、显性或隐性的担保或回购承诺，不得用本行信贷资金为本行理财产品提供融资和担保。

3. 商业银行可以为理财产品投资的非标准化债权类资产提供任何直接或间接、显性或隐性的担保或回购承诺。(　　)

【解析】商业银行不得为理财产品投资的非标准化债权类资产或权益类资产提供任何直接或间接、显性或隐性的担保或回购承诺。

4. 商业银行应使用信贷资金为本行理财产品特别是保证收益理财产品提供融资和担保。(　　)

【解析】商业银行不得用自有资金购买本行发行的理财产品，不得为理财产品投资的非标准化债权类资产或权益类资产提供任何直接或间接、显性或隐性的担保或回购承诺，不得用本行信贷资金为本行理财产品提供融资和担保。

5. 理财业务属于商业银行的表内业务。(　　)

【解析】商业银行理财业务是指商业银行接受投资者委托，按照与投资者事先约定的投资策略、风险承担和收益分配方式，对受托的投资者财产进行投资和管理的金融服务。理财业务是商业银行的表外业务。

6. 开放式理财产品是指自产品成立日至终止日期间，理财产品份额总额固定不变，投资者可以按照协议约定的开放日和场所，进行认购或者赎回的理财产品。(　　)

【解析】封闭式理财产品是指有确定到期日，且自产品成立日至终止日期间，理财产品份额总额固定不变，投资者不得进行认购或者赎回的理财产品。开放式理财产品是指自产品成立日至终止日期间，理财产品份额总额不固定，投资者可以按照协议约定的开放日和场所，进行认购或者赎回的理财产品。

7. 商业银行可发行分级理财产品。(　　)

【解析】分级理财产品是指商业银行按照本金和收益受偿顺序的不同，将理财产品划分为不同等级的份额，不同等级份额的收益分配不按份额比例计算，而是由合同另行约定、按照优先与劣后份额安排进行收益分配的理财产品。商业银行不得发行分级理财产品。

8. 同业借款业务期限自提款之日起最长不得超过三年。(　　)

【解析】同业借款业务期限按照监管部门对金融机构借款期限的有关规定执行，由双方共同协商确定，但最长期限自提款之日起不得超过三年。

9. 金融机构开展同业投资业务可接受第三方金融机构的信用担保。(　　)

【解析】金融机构开展买入返售(卖出回购)和同业投资业务，不得接受和提供任何直接或间接、显性或隐性的第三方金融机构信用担保，国家另有规定的除外。

3B　4B　5B　6B　7B　8A　9B

第三部分　银行管理

第一章　银行管理基础

一、单选题（下列选项中只有一项最符合题目要求，请将正确选项的代码填入括号内）

1. 在第三版巴塞尔资本协议中，用来反映压力状态下商业银行短期流动性水平的指标是（　　）。［2019 年 6 月真题］

A. 净稳定融资比率　　B. 核心负债比率

C. 流动性覆盖比率　　D. 流动性缺口比率

【解析】流动性覆盖率监管指标旨在确保商业银行具有充足的合格优质流动性资产，能够在规定的流动性压力情景下，通过变现这些资产满足未来 30 天的流动性需求。

2. 以下关于拨贷比的表述，错误的是（　　）。［2018 年 6 月真题］

A. 拨贷比 = 拨备覆盖率 × 不良贷款率

B. 拨贷比是商业银行贷款损失准备与总贷款的比值

C. 在拨备覆盖率不变的情况下，拨贷比与不良贷款率的相关性不大

D. 拨贷比维持在一定水平的情况下，银行多发放贷款，就需要多计提拨备

【解析】拨贷比是商业银行贷款损失准备与总贷款的比值。计算公式为：拨贷比 = 不良贷款损失准备贷款余额/贷款余额 ×100%。该公式也可以表述为：拨贷比 = 拨备覆盖率 × 不良贷款率，在拨备覆盖率不变的情况下，拨贷比与不良贷款率存在正相关关系。

3. 下列选项中，不属于商业银行建立垂直化风险管理体系内容的是（　　）。［2018 年 6 月真题］

A. 将风险管理职能进一步向总行本部集中，减少不必要的中间层级

B. 提高风险管理的专业化水平

C. 在分行设立风险管理部门

D. 风险管理部门与客户部门共同维护客户关系，提供高效率

【解析】商业银行建立垂直化风险管理体系包括：①建立垂直化的组织运作机制，即实行董事会风险执行委员会→总行风险管理委员会→总行风险管理部→分行风险管理部→基层行风险管理部的垂直管理线路；②将风险管理职能进一步向总行本部集中，减少不必要的中间层级，逐步形成横向延展、纵向深入的扁平化矩阵模式；③提高风险管理的专业化水平，在总行本部设立专业化评估中心和审批中心；④建立重大风险事项管理和应急处理机制，实现对全行风险的统筹和集约化管理。

4. 下列选项中，通常不用于反映银行经营安全性指标的是（　　）。［2024 年 10 月真题］

1C　2C　3D　4B

A. 不良贷款率　　　　　　　　　　B. 净稳定资金比例

C. 资本充足率　　　　　　　　　　D. 拨贷比

【解析】风险控制是银行经营过程中需要特别关注的一个问题，要增加利润、提高银行的价值就要控制风险，减少相应的拨备。银行经营的安全性指标有：不良贷款率、不良贷款拨备覆盖率、拨贷比和资本充足率。净稳定资金比例监管指标旨在确保商业银行具有充足的稳定资金来源，以满足各类资产和表外风险敞口对稳定资金的需求，属于流动性指标。

5. 下列选项中更能综合反映银行真实的盈利性水平，是银行价值管理的核心指标的是(　　)。[2016 年 5 月真题]

A. 净利息收益率　　　　　　　　B. 总资产回报率

C. 净资产回报率　　　　　　　　D. 风险调整后资本回报率

【解析】风险调整后资本回报率(RAROC)既考虑预期损失，也考虑非预期损失，更真实地反映了收益水平，在银行的实际收益与所承担的风险之间建立了直接联系，是银行进行价值管理的核心指标。

6. 商业银行流动性资产余额与流动性负债余额的比例不得低于(　　)。[2015 年 10 月真题]

A. 70%　　B. 25%　　C. 80%　　D. 75%

【解析】流动性比例的计算公式为：流动性比例 = 流动性资产余额 ÷ 流动性负债余额。流动性比例的最低监管标准为不低于 25%。

7. 商业银行保有一定量的高流动性资产，其主要目的是(　　)。[2015 年 10 月真题]

A. 为了取得较高盈利　　　　　　B. 满足调节国际收支需要

C. 应付存款人提取存款　　　　　D. 满足货币发行需要

【解析】商业银行提供现金满足客户提取存款的要求和支付到期债务本息，这部分现金称为基本流动性，基本流动性加上为贷款需求提供的现金称为充足流动性。保持适度的流动性是商业银行流动性管理所追求的目标。

8. 以区域管理为主的总分行型组织架构以(　　)为利润中心。

A. 分行　　B. 支行　　C. 总行　　D. 总行和分行

【解析】以区域管理为主的总分行型组织架构以分行为利润中心，总行向分行下达各项业务指标和利润指标，分行再分解到各辖属支行，并定期进行指标考核。

9. 发达国家商业银行的业务线大致上是按照(　　)来划分的。

A. 业务发展的宏观环境　　　　　B. 客户的属性和需求

C. 国家政策　　　　　　　　　　D. 财富规模的等级

【解析】发达国家商业银行的业务线大致上是按照客户的属性和需求来划分，“以客户为中心”是其共同的理念。

10. “以客户为中心”是发达国家商业银行各业务线的共同理念，具体要求个人客户的基础金融服务由(　　)负责。

5D　6B　7C　8A　9B　10C

A. 商业银行业务　　　　B. 财富管理业务
C. 零售业务　　　　D. 金融市场业务

【解析】发达国家商业银行的业务线大致上是按照客户的属性和需求来划分，“以客户为中心”是其共同的理念：个人客户的基础金融服务由零售业务负责，高端金融服务由财富管理业务负责，公司客户的基础金融服务由商业银行业务负责，高端金融服务由金融市场业务和投行业务负责，同时金融市场业务还承担着银行的流动性操作和自营投资业务。

11. 摩根大通银行将零售业务分为常规的零售业务、信用卡和汽车贷款两大条线，形成“零售金融服务”“信用卡和汽车贷款”等六大业务板块。这种组织架构(　　)。
A. 采用“大个金”和“大公金”两大业务板块
B. 根据客户需求层次来组合业务板块
C. 根据业务线职能设置组织架构模式
D. 根据业务线职能设置组织架构，提供综合性服务

【解析】摩根大通银行根据业务线职能设置组织架构模式。这种模式下的业务板块分得更为细致，根据业务线职能设置组织架构，提供专业化服务。

12. 从企业法人角度来看，我国商业银行组织架构的主流形式是(　　)。
A. 统一法人　　　　B. 多法人
C. 以区域管理为主的总分行型　　　　D. 以业务线管理为主的事业部制组织架构

【解析】从企业法人角度来看，我国商业银行组织架构的主流形式是统一法人组织架构；从内部管理角度来看，我国商业银行组织架构的主流形式是采用以区域管理为主的总分行型组织架构。

13. 银行资产结构主要指的是各(　　)占总资产的比重。
A. 生息资产　　B. 流动资产　　C. 固定资产　　D. 存款业务

【解析】生息资产是贷款及投资资产、存放央行款项、存放拆放同业款项等指标的总称。资产结构主要指的是银行各类生息资产(包括贷款、债券、资金业务等)占总资产的比重。

14. 在中国，非利息收入一般占银行的营业收入比例为(　　)。
A. 10% ~15%　　B. 15% ~20%　　C. 20% ~30%　　D. 40%以上

【解析】发达国家的银行业中，非利息收入一般都占其营业收入的40%以上，而在中国，这个比例只有15% ~20%。

15. “二八定律”是指(　　)。
A. 占比为80%左右的低端客户，对银行盈利的贡献度达到80%左右
B. 占比为20%左右的低端客户，对银行盈利的贡献度达到80%左右
C. 占比为80%左右的高端客户，对银行盈利的贡献度达到20%左右
D. 占比为20%左右的高端客户，对银行盈利的贡献度达到80%左右

【解析】客户结构是指不同类型的客户在银行总客户中的分布构成，在公司客户中，分

11C　12A　13A　14B　15D

为大客户与中小客户；在零售客户中，分为高净值客户与普通客户。根据“二八定律”，占比仅为20%左右的高端客户，其对银行盈利的贡献度达到80%左右。

16. 在资金投入环节，提高效率的重点是(　　)。

A. 增大产出　　B. 扩大资金来源　　C. 降低资金成本　　D. 规模产出

【解析】在资金投入环节，提高效率的重点是降低资金成本，即在负债结构中加大零售存款和活期存款的比重，将存贷比提高到合理水平。

17. 某公司2015年度中旬公布了其财务数据，已知公司股票价格为24元/股，上年度每股收益为1.2元，未来年度每股收益预计为1.6元，则该公司的静态市盈率为(　　)。

A. 20　　B. 15　　C. 14　　D. 12

【解析】市盈率(P/E) = 股票价格(P)/每股收益(E)，它是股票市场中常用的衡量股票投资价值的重要指标。在计算市盈率时，股价通常取最新的收盘价；若每股收益取的是已公布的上年度数据，则计算结果为静态市盈率，若是按照对今年及未来每股收益的预测值，则得到动态市盈率。本题中，静态市盈率 = 24/1.2 = 20。

18. 假设某银行的所有资本为200亿元人民币，风险加权资产为1500亿元人民币，则其资本充足率为(　　)。

A. 13.3%　　B. 10.0%　　C. 7.8%　　D. 8.7%

【解析】资本充足率(CAR)，是商业银行资本总额与风险加权资产的比值，该指标反映一家银行的整体资本稳健水平。计算公式为：资本充足率 $= \frac{资本}{风险加权资产} \times 100\%$。所以该银行资本充足率为：200/1500 × 100% = 13.3%。

19. 下列关于银行不良贷款拨备覆盖率计算公式的表述，正确的是(　　)。[2021年6月真题]

A. 当年不良贷款新发生额与贷款余额的比值

B. 不良贷款损失准备与不良贷款余额的比值

C. 不良贷款余额与贷款余额的比值

D. 不良贷款损失准备与当年不良贷款新发生额的比值

【解析】不良贷款拨备覆盖率是衡量银行对不良贷款进行账务处理时，所持审慎性高低的重要指标。该指标有利于观察银行的拨备政策。计算公式为：

$$拨备覆盖率 = \frac{不良贷款损失准备}{不良贷款余额} \times 100\%$$

20. 我国某银行会计报告提供的相关资料如下：贷款余额为40亿元，其中，正常类贷款为30亿元，关注类贷款为5亿元，次级类贷款为3亿元，可疑类贷款为1.5亿元，损失类贷款为0.5亿元；长期次级债为2亿元；贷款损失准备金金额为6亿元。该银行拨备覆盖率是(　　)。

A. 15%　　B. 20%　　C. 60%　　D. 120%

【解析】贷款按风险基础分为正常、关注、次级、可疑和损失五类，其中后三类合称为

16C　17A　18A　19B　20D

不良贷款。根据计算公式可得：拨备覆盖率 = 不良贷款损失准备 ÷ 不良贷款余额 × 100% = 6 ÷ (3 + 1.5 + 0.5) × 100% = 120%。

21. 下列不属于流动性分析指标中合规性监管指标的是(　　)。

A. 流动性覆盖率　　B. 净稳定资金比例

C. 流动性比例　　D. 风险调整后资本回报率

【解析】D 项属于盈利性指标。

22. 截至 2016 年年末，某城市商业银行对公存款余额为 276 亿元，储蓄存款余额为 229 亿元，贷款余额为 375 亿元。该银行的存贷比是(　　)。

A. 67.5%　　B. 68.51%　　C. 72.12%　　D. 74.26%

【解析】根据存贷比的计算公式，可知：存贷比 = 各项贷款余额 ÷ 各项存款余额 × 100% = 375 ÷ (276 + 229) × 100% = 74.26%。

23. 已知某银行不良贷款余额占总贷款余额的 30%，另外，已知该公司的拨备覆盖率为 50%，那么该公司的拨贷比为(　　)。

A. 15%　　B. 30%　　C. 50%　　D. 60%

【解析】不良贷款率 $= \frac{\text{不良贷款余额}}{\text{总贷款余额}} \times 100\%$，拨备覆盖率 $= \frac{\text{不良贷款损失准备}}{\text{不良贷款余额}} \times 100\%$，拨贷比 $= \frac{\text{不良贷款损失准备贷款余额}}{\text{贷款余额}} \times 100\%$ = 不良贷款率 × 拨备覆盖率 = 30% × 50% = 15%。

24. (　　)监管指标旨在确保商业银行具有充足的合格优质流动性资产，能够在规定的流动性压力情景下，通过变现这些资产来满足未来至少 30 天的流动性需求。

A. 流动性覆盖率　　B. 存贷比　　C. 流动性比例　　D. 贷款拨备率

【解析】流动性覆盖率监管指标旨在确保商业银行具有充足的合格优质流动性资产，能够在规定的流动性压力情景下，通过变现这些资产满足未来至少 30 天的流动性需求。其计算公式为：流动性覆盖率 = 合格优质流动性资产 ÷ 未来 30 天现金净流出量。

25. 已知某商业银行总资产为 2.5 亿元，总负债为 2 亿元。其中，流动性资产为 0.5 亿元，流动性负债为 1.5 亿元。则该银行流动性比例为(　　)。

A. 20%　　B. 25%　　C. 33.3%　　D. 80%

【解析】流动性比例是最常用的财务指标，它用于测量企业偿还短期债务的能力。计算公式为：流动性比例 $= \frac{\text{流动性资产余额}}{\text{流动性负债余额}} \times 100\%$。所以，该银行流动性比例 = 0.5 ÷ 1.5 × 100% = 33.3%。

26. 我国信用风险监测指标中的单一集团客户授信集中度一般不应高于(　　)。

A. 10%　　B. 15%　　C. 20%　　D. 50%

【解析】单一集团客户授信集中度又称单一客户授信集中度，为最大一家集团客户授信总额与资本净额之比，不应高于 15%。计算公式为：

21D　22D　23A　24A　25C　26B

$$单一集团客户授信集中度 = \frac{最大一家集团客户授信总额}{资本净额} \times 100\%$$

27. 已知某银行当期营业利润为3000万元，提取的拨备准备为1200万元，那么该银行的拨备前利润为(　　)万元。

A. 1200　　B. 1800　　C. 3000　　D. 4200

【解析】拨备前利润即指尚未扣除当期提取拨备的利润，它等于当期营业利润与当期提取的拨备之和。本题中，拨备前利润 = 当期营业利润 + 当期提取拨备 = 3000 + 1200 = 4200(万元)。

28. 已知某银行本期税后净利润为2000万元，计划分配给优先股股东的股息约为300万元，该银行发行的普通股有200万股，优先股为50万股，则其每股收益为(　　)元/股。

A. 6.8　　B. 8　　C. 8.5　　D. 10

【解析】每股收益即EPS，指税后利润与股本总数的比率。计算公式为：$每股收益 = \frac{本期净利润}{期末总股本}$。该比率反映了银行每一股份创造的税后利润。若银行只有普通股时，净收益是税后净利，股份数是指流通在外的普通股股数。如果银行还有优先股，应从税后净利中扣除分派给优先股股东的利息。所以该银行每股收益 = (2000 - 300)/200 = 8.5(元/股)。

29. 已知某银行2015年总收入为8000万元，总借款项的借款利息汇总为450万元，其他成本为4500万元，另外，该银行的经济资本为5000万元，那么其风险调整后资本回报率为(　　)。

A. 9%　　B. 61%　　C. 70%　　D. 160%

【解析】$\begin{matrix}风险调整后\\资本回报率\end{matrix} = \frac{总收入 - 资金成本 - 经营成本 - 风险成本 - 税项}{经济资本} \times 100\%$，所以该银行的风险调整后资本回报率 = (8000 - 450 - 4500) ÷ 5000 × 100% = 61%。

30. 存款业务属于商业银行的(　　)。[2016年10月真题]

A. 中间业务　　B. 资产业务　　C. 负债业务　　D. 其他业务

【解析】存款是银行最基本的负债业务之一，是商业银行最主要的资金来源，是银行持续经营的基础。

31. 不构成商业银行表内资产、表内负债，形成银行非利息收入的业务是(　　)。[2021年6月真题]

A. 投资业务　　B. 资产业务　　C. 负债业务　　D. 中间业务

【解析】非利息收入主要包括收费收入、投资业务收入和其他中间业务收入等，其中，中间业务是不构成商业银行表内资产、表内负债，形成银行非利息收入的业务。

32. 以下关于银行流动性覆盖率和净稳定资金比例的说法，错误的是(　　)。[2024年10月真题]

27D　28C　29B　30C　31D　32A

A. 流动性覆盖率是合格优质流动性资产与未来180天现金净流出量的比值
B. 净稳定资金比例的最低监管标准为不低于100%
C. 流动性覆盖率的最低监管标准为不低于100%
D. 净稳定资金比例是可用的稳定资金与所需的稳定资金的比值

【解析】A项，流动性覆盖率 = 合格优质流动性资产 ÷ 未来30天现金净流出量。

33. 下列选项不属于商业银行信用风险管理核心指标的是(　　)。[2025年6月真题]

A. 资本充足率　　B. 拨贷比
C. 不良贷款拨备覆盖率　　D. 负债结构

【解析】D项，负债结构主要涉及流动性风险和利率风险，属于银行整体风险管理范畴，而非信用风险管理的核心指标。

34. 关于上市银行的总市值指标，表述错误的是(　　)。[2025年6月真题]

A. 总市值等于发行总股份数乘以股票票面价格
B. 总市值是投资者资金分配的重要参考
C. 总市值是衡量银行规模的重要指标
D. 总市值反映一家银行在资本市场上的影响力水平

【解析】总市值等于发行总股份数乘以股票市价，它是衡量银行规模的重要综合性指标，反映了一家银行在资本市场上的影响力水平，同时也决定着该银行在资本市场上的权重，从而成为投资者资金配置的重要参考。

35. 下列选项中，不属于商业银行矩阵型组织架构特征的是(　　)。[2025年6月真题]

A. 总分支行形成垂直管理体系
B. 总行和区域总部按相同序列设立若干事业部
C. 在总行和分支机构之间设立若干区域总部
D. 区域总部事业部接受区域总部领导人和总行相同事业部领导人的双重领导

【解析】矩阵型组织架构的主要特点是：在总行和分支机构之间设立若干区域总部，负责全行战略规划在该区域的实施、管理和指导该区域的所有分支机构；总行与区域总部按相同序列设立若干事业部，区域总部的事业部接受区域总部领导人和总行相同事业部领导人的双重领导。A项属于总分行型组织架构的特征。

二、多选题(下列选项中有两项或两项以上符合题目要求，请将符合题目要求选项的代码填入括号内)

1. 以区域管理为主的总分行型组织架构的特点包括(　　)。

A. 总行、分行、支行设立若干履行指定职责的职能部门
B. 总行、分行、支行等各级机构形成垂直管理体系
C. 全行所有业务划分为若干业务线，总行按业务线设立若干事业部
D. 层层设置职责相同的职能部门，在一定程度上减少了管理费用
E. 同一层级各职能部门之间的职责协调和信息沟通由相应层级的行长负责

【解析】C项，全行所有业务划分为若干业务线，总行按业务线设立若干事业部，行使本

33D　34A　35A　┃　1ABE

业务线的经营决策权、业务管理权、资源调度权和绩效考核权是以业务线管理为主的事业部制组织架构的特点之一；D项，层层设置职责相同的职能部门，在一定程度上增加了管理费用是以区域管理为主的总分行型组织架构的缺点。

2. 下列对矩阵型组织架构的说法，正确的有(　　)。

A. 在该架构下，纵向和横向都需要做大量的协调和沟通工作，管理成本高昂

B. 在该架构下，若区域总部运作失灵，则可能对整个区域的业务发展产生严重影响

C. 在该架构下，各区域总部之间竞争激烈，容易因争夺资源而发生内耗

D. 在该架构下，不仅设立了若干区域总部，还设立了若干事业部

E. 区域总部的事业部只接受区域总部领导人的领导，并不接受总行相同事业部领导人的领导

【解析】E项，矩阵型组织架构的主要特点是：在总行和分支机构之间设立若干区域总部；总行与区域总部按相同序列设立若干事业部，区域总部的事业部接受区域总部领导人和总行相同事业部领导人的双重领导。

3. 以业务线管理为主的事业部制组织架构中，事业部的功能有(　　)。

A. 业务拓展　　B. 业务管理

C. 业务处理　　D. 按业务线继续设立若干事业部

E. 支配本业务线的所有人力、财力、物力资源

【解析】以业务线管理为主的事业部制组织架构中，全行所有业务划分为若干业务线，总行按业务线设立若干事业部，行使本业务线的经营决策权、业务管理权、资源调度权和绩效考核权。在这种组织架构中，事业部不仅集业务拓展、业务管理、业务处理三大功能于一身，而且可以支配本业务线的所有人力、财力、物力资源，独立性、自主性较强。

4. 银行的成本中心涵盖的机构包括(　　)。

A. 管理部门　　B. 运作中心　　C. 培训机构　　D. 分支机构

E. 产品线

【解析】在银行组织架构的内部管理上，按照管理会计角度划分，将银行机构分为成本中心和利润中心两类，其中成本中心涵盖管理部门、运作中心、培训机构等机构，利润中心包括独立核算的分支机构、产品线和子公司等。

5. 下列选项中，属于流程银行特征的有(　　)。[2024年10月真题]

A. 以业务线垂直运作和管理为主

B. 前中后台实现有机融合、联合运作

C. 业务流程实现信息化、标准化、自动化、智能化

D. 以客户为中心

E. 在分支行基层机构集中运作和管理

【解析】现代管理学研究表明，业务流程是银行的生命线。流程银行具有以下特征：①以客户为中心；②以业务线垂直运作和管理为主；③前中后台相互分离、相互制约，以流

2ABCD　3ABCE　4ABC　5ACD

程落实内控；④实施以业务单元纵向为主的矩阵考核方式；⑤中后台集中式运作和管理；⑥业务流程实现信息化、自动化、标准化和智能化。

6. 银行业的规模效益体现在(　　)。

A. 资产规模　　B. 市场份额　　C. 存贷款规模　　D. 客户规模

E. 收入

【解析】银行业是一个具有较强规模效益的行业，这种规模效益体现在资产规模、市场份额、存贷款规模、客户规模以及收入等方面。

7. 下列关于银行市值的说法，不正确的有(　　)。

A. 总市值等于发行总股份数乘以股票市价

B. 总市值等于发行总股份数乘以股票面值

C. 是衡量银行规模的重要综合性指标

D. 以H股为基准的市值(美元) = (A股股价×A股股数 + H股股价×H股股数/港元对人民币汇率)/人民币对美元汇率

E. 以H股为基准的市值(美元) = (A股股价×A股股数/人民币对港元汇率 + H股股价×H股股数)/港元对美元汇率

【解析】B项，总市值等于发行总股份数乘以股票市价；D项，以A股为基准的市值(美元) = (A股股价×A股股数 + H股股价×H股股数/港元对人民币汇率)/人民币对美元汇率。

8. 银行生息资产包括(　　)。

A. 贷款　　B. 定期存款　　C. 投资资产　　D. 单位存款

E. 存放央行款项

【解析】生息资产是贷款及投资资产、存放央行款项、存放拆放同业款项等指标的总称。BD两项属于银行的负债。

9. 下列对成本收入比的说法，正确的有(　　)。

A. 成本收入比反映了营业支出及费用与营业收入的投入产出关系

B. 体现的是经营性的效率问题

C. 银行是一个劳动密集型产业，因此只要降低人工成本就可以增加银行效益

D. 对于处于成长阶段的银行来说，人工成本会逐步下降

E. 银行是一个资产密集型产业

【解析】C项，人工成本的控制不能简单地压缩和降低，而是应该一方面把人工成本占总成本的比例控制在一个合理的或行业平均水平，另一方面保持营业收入的上升超过人工成本的上升；D项，对于处于成长阶段的银行来说，人工成本还会逐步上升；E项，银行是一个劳动密集型产业，人力资源的开发和配置是支持银行业务的主要因素。

10. 银行的效率指标包括(　　)。

A. 人均净利润　　B. 市盈率　　C. 成本收入比　　D. 市净率

E. 不良贷款率

6ABCDE　7BD　8ACE　9AB　10AC

【解析】BD 两项属于银行的市场指标；E 项属于银行的安全性指标。

11. 下列对市盈率和市净率的说法，正确的有(　　)。
   A. 市盈率水平越低，则股票风险就越大
   B. 市盈率水平越高，说明股票越受到市场的追捧
   C. 上市银行的经营业绩越好，股票净值就越高
   D. 一般来说，市净率较低的股票，投资价值较低
   E. 市净率 = 每股市价/每股净资产

   【解析】A 项，市盈率反映了股票的风险高低程度，在股价一定时，每股收益水平越高，市盈率水平越低，则股票风险就越小，反之则风险越高；D 项，银行净资产的多少是由上市银行经营状况决定的，上市银行的经营业绩越好，其资产增值越快，股票净值就越高，因此股东所拥有的权益也越多。一般来说，市净率较低的股票，投资价值较高，相反，则投资价值较低。

12. 对银行安全性指标，下列说法正确的有(　　)。
   A. 不良贷款率高，说明收回贷款的风险大
   B. 银行的盈利总体较好时，可以减少拨备
   C. 资本充足率反映一家银行的整体资本稳健水平
   D. 不良贷款拨备覆盖率指标有利于观察银行的拨备政策
   E. 拨贷比与不良贷款率存在高度负相关

   【解析】B 项，当银行的盈利总体较好时，可以增提拨备，应对未来可能的不良反弹，这一举措直接反映为当期拨备覆盖率的上升；E 项，拨贷比 = 拨备覆盖率 × 不良贷款率，在拨备覆盖率不变的情况下，拨贷比与不良贷款率存在正相关关系。

13. 下列关于大额风险暴露集中度的说法，正确的是(　　)。
   A. 大额风险暴露是指商业银行对单一客户或一组关联客户超过其一级资本净额 2.5% 的风险暴露
   B. 对非同业单一客户的风险暴露不得超过一级资本净额的 20%
   C. 对一组非同业关联客户的风险暴露不得超过一级资本净额的 20%
   D. 对同业单一客户或集团客户的风险暴露不得超过一级资本净额的 25%
   E. 全球系统重要性银行对另一家全球系统重要性银行的风险暴露不得超过一级资本净额的 15%

   【解析】B 项，对非同业单一客户的风险暴露不得超过一级资本净额的 15%。

三、判断题(请对下列各题的描述做出判断，正确的用 A 表示，错误的用 B 表示)

1. 20 世纪 80 年代以前，发达国家商业银行的组织架构模式一般是总分行都以职能型架构为主的总分行型组织架构。(　　)

   【解析】20 世纪 80 年代以前，发达国家商业银行的组织架构模式一般是总行以职能型架构为主，分支行是“块块”形式为主的总分行型组织架构，与我国目前的大型银行主流组织架构相似。

11BCE　12ACD　13ACDE　▌　1B

2. 国际上流程先进的商业银行大部分采用以业务线平行运作和管理为主的模式。(　)

【解析】国际上流程先进的商业银行几乎无一例外地采用以业务线垂直运作和管理为主的模式，即总分行之间实行上下垂直的一体化的运行和管理，业务线具有相对独立的事权、人权和财权。

3. 银行市值的大小反映了银行经营效率的高低。(　)

【解析】总市值等于发行总股份数乘以股票市价，它是衡量银行规模的重要综合性指标。

4. 不良贷款率是评价银行信贷资产安全状况的重要指标。(　)

【解析】不良贷款率指银行不良贷款占总贷款余额的比重。不良贷款率是评价银行信贷资产安全状况的重要指标。不良贷款率高，说明收回贷款的风险大，反之说明收回贷款的风险小。

5. 拨贷比是衡量银行流动性的主要指标。(　)

【解析】拨贷比是商业银行贷款损失准备与总贷款的比值，是银行的安全性指标。

6. 最大十家客户贷款比率 = 对最大十户借款客户贷款总额 ÷ 总资本收入 ×100%。(　)

【解析】最大十家客户贷款比率 $= \dfrac{\text{对最大十户借款客户贷款总额}}{\text{资本净额}} \times 100\%$。

2B　3B　4A　5B　6B

第二章　公司治理、内部控制与合规管理

一、单选题(下列选项中只有一项最符合题目要求，请将正确选项的代码填入括号内)

1. 下列表述符合商业银行合规风险管理目标的是(　　)。[2018 年 6 月真题]

A. 规避监管部门监管　　B. 确保依法合规经营

C. 规避法律监管　　D. 促进业务快速发展

【解析】合规风险管理是指银行有效识别和监控合规风险，主动预防违规行为发生的动态过程。合规管理的目标是通过建立健全合规风险管理框架，实现对合规风险的有效识别和管理，促进全面风险管理体系建设，确保依法合规经营。

2. 商业银行良好的公司治理内容不包括(　　)。[2016 年 10 月真题]

A. 健全的组织架构　　B. 良好的价值准则与社会责任

C. 清晰的职责边界　　D. 部分信息披露制度

【解析】良好的银行公司治理应包括以下主要内容，即健全的组织架构、清晰的职责边界、科学的发展战略、良好的价值准则与社会责任、有效的风险管理与内部控制、合理的激励约束机制、完善的信息披露制度。

3. 下列选项中，负责保证商业银行建立并实施充分而有效的内部控制体系的是(　　)。[2016 年 10 月真题]

A. 董事会　　B. 高级管理层　　C. 监事会　　D. 股东大会

【解析】董事会负责保证银行建立并实施充分有效的内部控制体系。监事会负责监督董事会、高级管理层及其成员履行内部控制职责。高级管理层负责建立和完善内部组织机构，采取相应的风险控制措施，对内部控制体系的充分性与有效性进行监测和评估。

4. 合规是商业银行所有员工的共同责任，并应从商业银行(　　)做起。[2019 年 6 月真题]

A. 全体员工　　B. 高层领导　　C. 基层员工　　D. 中层干部

【解析】合规是商业银行所有员工的共同责任，并应从商业银行高层做起。董事会和高级管理层应确定合规的基调，确立全员主动合规、合规创造价值等合规理念，在全行推行诚信与正直的职业操守和价值观念，提高全体员工的合规意识。

5. 商业银行合规风险管理体系的基本要素不包括(　　)。[2016 年 5 月真题]

A. 合规政策　　B. 合规风险管理计划

C. 银行盈利目标　　D. 合规管理部门的组织结构和资源

【解析】银行合规风险管理体系的基本要素包括：①合规政策；②合规管理部门的组织结构和资源；③合规风险管理计划；④合规风险识别和管理流程；⑤合规培训与教育制度。

6. 下列关于内部控制措施的表述，错误的是(　　)。[2015 年 10 月真题]

1B　2D　3A　4B　5C　6C

A. 合理确定各项业务活动和管理活动的风险控制点，采取适当的控制措施，执行标准统一的业务流程和管理流程，确保规范运作
B. 建立相应的授权体系，明确各级机构、部门、岗位、人员办理业务和事项的权限，并实施动态调整
C. 明确哪些是重要岗位，对重要岗位人员实行轮岗或强制休假制度，不相容岗位人员之间可以轮岗
D. 建立健全内部控制制度体系，对各项业务活动和管理活动制定全面、系统、规范的业务制度和管理制度，并定期进行评估

【解析】内部控制措施是银行根据风险评估结果，采用相应的控制措施，将风险控制在可承受度之内。C 项，在岗位设置上，商业银行的内部控制措施要求明确哪些是重要岗位，并制定相应的内部控制要求；对重要岗位人员实行轮岗或强制休假制度，原则上不相容岗位人员之间不得轮岗。

7. 下列选项中不属于商业银行内部控制目标的是(　　)。[2019 年 6 月真题]
A. 确保业务记录、会计信息、财务信息和其他管理信息的及时、准确、真实和完整
B. 确保国家法律规定和商业银行内部规章制度的贯彻执行
C. 确保资产负债业务快速发展
D. 确保商业银行发展战略和经营目标的实现

【解析】商业银行内部控制的目标包括四个方面：①保证国家有关法律法规及规章的贯彻执行；②保证商业银行发展战略和经营目标的实现；③保证商业银行风险管理的有效性；④保证商业银行业务记录、会计信息、财务信息和其他管理信息的真实、准确、完整和及时。

8. 下列不属于商业银行合规管理体系基本要素的是(　　)。[2018 年 10 月真题]
A. 合规管理部门的组织结构和资源　　B. 银行盈利目标
C. 合规风险管理计划　　D. 合规政策

【解析】商业银行应建立与其经营范围、组织结构和业务规模相适应的合规风险管理体系。合规风险管理体系应包括以下基本要素：①合规政策；②合规管理部门的组织结构和资源；③合规风险管理计划；④合规风险识别和管理流程；⑤合规培训与教育制度。

9. 下列不属于商业银行公司治理制衡机制的是(　　)。[2013 年 11 月真题]
A. 履职要求　　B. 职责边界　　C. 激励约束　　D. 组织架构

【解析】商业银行公司治理是指股东大会、董事会、监事会、高级管理层、股东及其他利益相关者之间的相互关系，包括组织架构、职责边界、履职要求等治理制衡机制，以及决策、执行、监督、激励约束等治理运行机制。

10. 下列不属于商业银行内部控制保障体系构成要素的是(　　)。
A. 授权管理　　B. 信息系统控制
C. 业务连续性管理　　D. 报告机制

【解析】健全的内部控制保障体系主要包括以下要素：信息系统控制、报告机制、业务

7C　8B　9C　10A

连续性管理、人员管理、考评管理、内控文化。A 项属于商业银行的内部控制措施之一。

11. 下列关于合规管理的说法，不正确的是(　　)。

A. 合规，是指使商业银行的经营活动与法律、规则和准则相一致

B. 商业银行的经营活动违反了法律、规则和准则可能遭受合规风险

C. 商业银行应当设立专门负责合规管理职能的部门、团队或岗位

D. 商业银行因经营活动不合规造成声誉损失的风险不属于合规风险

【解析】合规风险，是指商业银行因没有遵循法律、规则和准则可能遭受法律制裁、监管处罚、重大财务损失和声誉损失的风险。

12. 银行应建立健全外包管理制度，并至少(　　)开展一次全面的外包业务风险评估。

A. 每年　　B. 每6个月　　C. 每季度　　D. 每月

【解析】商业银行的内部控制措施之一是建立健全外包管理制度，明确外包管理组织架构和管理职责，并至少每年开展一次全面的外包业务风险评估。

13. 在商业银行内负责监督合规政策的有效实施，以使合规缺陷得到及时有效的解决的是(　　)。[2021 年 6 月真题]

A. 合规总监　　B. 高级管理层　　C. 合规管理部门　　D. 董事会

【解析】董事会应监督合规政策的有效实施，以使合规缺陷得到及时有效的解决。高级管理层应贯彻执行合规政策，建立合规管理部门的组织结构，并配备充分和适当的资源，确保发现违规事件时及时采取适当的纠正措施。合规管理部门应在合规负责人的管理下，协助高级管理层有效管理合规风险，制订并执行以风险为本的合规管理计划，实施合规风险识别和管理流程，开展员工的合规培训与教育。

14. 以下不属于银行公司治理组织架构主体的是(　　)。[2025 年 6 月真题]

A. 股东大会　　B. 董事会　　C. 监事会　　D. 股东

【解析】公司治理组织架构的主体包括股东大会、董事会、监事会和高级管理层。

二、多选题(下列选项中有两项或两项以上符合题目要求，请将符合题目要求选项的代码填入括号内)

1. 我国商业银行合规风险管理的基本制度主要包括(　　)。[2019 年 6 月真题]

A. 合规组织制度　　B. 合规绩效考核制度

C. 公平竞争制度　　D. 诚信举报制度

E. 合规问责制度

【解析】有利于合规风险管理的基本制度主要包括三项：①建立对管理人员合规绩效的考核制度，体现倡导合规和惩处违规的价值观念；②建立有效的合规问责制度，严格对违规行为的责任认定与追究，并采取有效的纠正措施，及时改进经营管理流程，适时修订相关政策、程序和操作指南；③建立诚信举报制度，鼓励员工举报违法、违反职业操守或可疑的行为，并充分保护举报人。

11D　12A　13D　14D　▍　1BDE

2. 商业银行内部控制应当遵循的基本原则有(　　)。[2017 年 10 月真题]

A. 前瞻性原则　　B. 全覆盖原则　　C. 制衡性原则　　D. 相匹配原则

E. 审慎性原则

【解析】商业银行内部控制应当遵循以下基本原则：①全覆盖原则。内部控制应当贯穿决策、执行和监督全过程，覆盖各项业务流程和管理活动，覆盖所有的部门、岗位和人员。②制衡性原则。内部控制应当在治理结构、机构设置及权责分配、业务流程等方面形成相互制约、相互监督的机制。③审慎性原则。内部控制应当坚持风险为本、审慎经营的理念，设立机构或开办业务均应坚持内控优先。④相匹配原则。内部控制应当与管理模式、业务规模、产品复杂程度、风险状况等相适应，并根据情况变化及时进行调整。

3. 商业银行内部控制的目标包括(　　)。[2019 年 6 月真题]

A. 确保国家法律法规和商业银行内部规章制度的贯彻执行

B. 确保资产负债业务快速发展

C. 确保商业银行发展战略和经营目标的全面实施和充分实现

D. 确保业务记录、财务信息和其他管理信息的及时、真实和完整

E. 确保商业银行风险管理的有效性

【解析】内部控制是商业银行董事会、监事会、高级管理层和全体员工参与的，通过制定和实施系统化的制度、流程和方法，实现控制目标的动态过程和机制。商业银行内部控制的目标包括四个方面：①保证国家有关法律法规及规章的贯彻执行；②保证商业银行发展战略和经营目标的实现；③保证商业银行风险管理的有效性；④保证商业银行业务记录、会计信息、财务信息和其他管理信息的真实、准确、完整和及时。

4. 商业银行合规的“规”是指适用于银行业经营活动的(　　)。[2021 年 6 月真题]

A. 自律性组织的行业准则　　B. 监管部门规章

C. 法律、行政法规　　D. 监管部门规范性文件

E. 自律性组织的行为守则和职业操守

【解析】合规，是指使商业银行的经营活动与法律、规则和准则相一致。合规风险，是指商业银行因没有遵循法律、规则和准则可能遭受法律制裁、监管处罚、重大财务损失和声誉损失的风险。这里所称法律、规则和准则，是指适用于银行业经营活动的法律、行政法规、部门规章及其他规范性文件、经营规则、自律性组织的行业准则、行为守则和职业操守。

5. 商业银行的内部控制措施包括(　　)。[2014 年 6 月真题]

A. 针对不同活动的特点，执行差异化的业务流程和管理流程

B. 建立健全内部控制制度体系

C. 形成规范的部门、岗位职责说明，明确相应的报告路线

D. 严格执行会计准则与制度，及时准确地反映各项业务交易，确保财务会计信息真实、可靠、完整

E. 建立有效的核对、监控制度

2BCDE　3ACDE　4ABCDE　5BCDE

【解析】A 项，商业银行应合理确定各项业务活动和管理活动的风险控制点，采取适当的控制措施，执行标准统一的业务流程和管理流程，确保规范运作。

6. 绩效考核的原则有(　　)。

A. 稳健经营　　B. 合规引领　　C. 效益导向　　D. 综合平衡

E. 统一执行

【解析】绩效考核的原则有：稳健经营、合规引领、战略导向、综合平衡、统一执行。

7. 绩效考评结果的应用至少应当包括(　　)。

A. 评定等级行　　B. 确定管理授权

C. 分配信贷资源和财务费用　　D. 核定绩效薪酬总额

E. 评价高级管理人员和确定其绩效薪酬

【解析】银行业金融机构应当加强绩效考评结果的应用管理，建立科学合理的绩效考评结果挂钩机制。绩效考评结果的应用至少应当包括以下方面：①评定等级行；②确定管理授权；③分配信贷资源和财务费用；④核定绩效薪酬总额；⑤评价高级管理人员和确定其绩效薪酬。

三、判断题(请对下列各题的描述做出判断，正确的用 A 表示，错误的用 B 表示)

1. 商业银行的经营管理尤其是设立新的机构或开办新的业务，均应当体现“内控优先”的要求。(　　)[2021 年 6 月真题]

【解析】商业银行内部控制应当遵循以下基本原则：①全覆盖原则。内部控制应当贯穿决策、执行和监督全过程，覆盖各项业务流程和管理活动，覆盖所有的部门、岗位和人员。②制衡性原则。内部控制应当在治理结构、机构设置及权责分配、业务流程等方面形成相互制约、相互监督的机制。③审慎性原则。内部控制应当坚持风险为本、审慎经营的理念，设立机构或开办业务均应坚持内控优先。④相匹配原则。内部控制应当与管理模式、业务规模、产品复杂程度、风险状况等相适应，并根据情况变化及时进行调整。

2. 科学的绩效考评的特点之一是由以传统的财务指标为主转向以非财务指标为主。(　　)

【解析】科学的绩效考评具有四个特点：①由传统的财务指标转向财务与非财务指标(内控及合规等)并重；②由财务会计数据转向财务会计与管理会计信息并重；③由单一指标转向单一指标与综合指标(如风险调整后收益指标等)并重；④由高管和特殊岗位从业人员(如交易员)绩效考评转向个人与机构并重。

3. 对于不相容岗位人员，可经部门经理批准后轮岗。(　　)

【解析】银行对重要岗位人员实行轮岗或强制休假制度，原则上不相容岗位人员之间不得轮岗。

6ABDE　7ABCDE　▎　1A　2B　3B

第三章　商业银行资产负债管理

一、单选题(下列选项中只有一项最符合题目要求，请将正确选项的代码填入括号内)

1. 随着商业银行综合化经营范围的拓宽和国际化业务的推进，其资产负债管理的对象和内涵也不断扩充。下列选项中，不属于银行资产负债管理趋势的是(　　)。[2016 年 10 月真题]

A. “表内外”　　B. “集团化”　　C. “单一化”　　D. “本外币”

【解析】在新的社会经济环境、新金融市场环境以及新的全球监管要求下，随着商业银行综合化经营范围的拓宽和国际化业务的推进，商业银行资产负债管理的对象和内涵也不断扩充，呈现出“表内外、本外币、集团化”的趋势。

2. 对于商业银行而言，传统资产负债管理的对象为(　　)。

A. 资产负债表　　B. 利润表　　C. 收入表　　D. 银行资产

【解析】对于商业银行而言，传统资产负债管理的对象即是银行的资产负债表。传统资产负债管理的内涵是：根据外部形势变化及发展战略要求，以资本约束为核心，以资产负债组合管理为基本工具，对资产负债表中的资产、负债和权益的总量、结构及组合配置进行全面、动态和前瞻性的规划、调节和控制的整个过程。

3. 商业银行的(　　)是商业银行资本管理、市值管理与风险管理理论的有效统一。

A. 资本管理　　B. 资产负债计划管理

C. 资产负债组合管理　　D. 定价管理

【解析】资产负债组合管理是商业银行资本管理、市值管理与风险管理理论的有效统一，是平衡资本配置与风险补偿、提高整体盈利能力的策略手段，是推动资产负债表结构优化、促进银行稳健发展的重要保证。

4. 资金管理的核心是建设(　　)。

A. 内部资金转移定价机制和全额资金管理体制

B. 外部产品定价机制和份额资金管理体制

C. 内部资金转移定价机制和份额资金管理体制

D. 外部产品定价机制和全额资金管理体制

【解析】资金管理的核心是建设内部资金转移定价机制和全额资金管理体制，建成以总行为中心，自下而上集中资金和自上而下配置资金的收支两条线、全额计价、集中调控、实时监测和控制全行资金流的现代商业银行司库体系。

5. 资产负债综合管理的核心策略是(　　)。

A. 表内资产负债匹配　　B. 表外工具规避表内风险

C. 表内工具规避表外风险　　D. 利用证券化剥离表内风险

1C　2A　3C　4A　5A

【解析】表内资产负债匹配是资产负债综合管理的核心策略。商业银行执行该策略，即通过资产和负债的共同调整，协调表内资产和负债项目在期限、利率、风险和流动性等方面的搭配，尽可能使资产与负债达到规模对称、结构对称、期限对称，从而实现安全性、流动性和盈利性的统一。

6. 商业银行资产负债表有贷款 100 万、存放中央银行款项 20 万、债券投资 50 万、单位存款 150 万，计息负债有（　　）。［2024 年 10 月真题］

A. 220　　B. 270　　C. 200　　D. 150

【解析】单位存款属于计息负债，贷款、存放中央银行款项和债券投资皆属于资产。

二、多选题（下列选项中有两项或两项以上符合题目要求，请将符合题目要求选项的代码填入括号内）

1. 下列选项中，属于银行资产负债管理主要内容的有（　　）。［2019 年 6 月真题］

A. 资本管理　　B. 业务经营计划管理

C. 资金管理　　D. 定价管理

E. 资产负债计划管理

【解析】银行资产负债管理的构成内容包括：①资本管理；②资产负债组合管理；③资产负债计划管理；④定价管理；⑤银行账户利率风险管理；⑥资金管理；⑦流动性风险管理；⑧投融资业务管理；⑨汇率风险管理。

2. 商业银行资本管理的范畴一般包括（　　）三个方面。

A. 监管资本管理　　B. 资产组合管理

C. 经济资本管理　　D. 资产负债总量计划

E. 账面资本管理

【解析】商业银行资本管理的范畴一般包括监管资本管理、经济资本管理和账面资本管理三个方面。B 项，资产负债组合管理包括资产组合管理、负债组合管理和资产负债匹配管理三个部分；D 项，资产负债计划是资产负债管理的重要手段，主要包括资产负债总量计划和结构计划。

3. 下列关于资产负债组合管理的内容，说法正确的有（　　）。

A. 资产组合管理以资本约束为前提

B. 资产组合管理以平衡资金来源和运用为前提

C. 负债组合管理以资本约束为前提

D. 负债组合管理以平衡资金来源和运用为前提

E. 资产负债匹配管理立足资产负债管理

【解析】资产负债组合管理包括资产组合管理、负债组合管理和资产负债匹配管理三个部分。资产组合管理以资本约束为前提；负债组合管理以平衡资金来源和运用为前提；资产负债匹配管理立足资产负债管理。

4. 资产负债计划管理中，资产负债结构计划主要包括（　　）。

A. 资本计划　　B. 信贷计划

6D　▎　1ACDE　2ACE　3ADE　4ABCDE

C. 投资计划　　　　　　　　　　　　D. 同业及金融机构往来融资计划

E. 存款计划

【解析】资产负债结构计划主要包括资本计划、信贷计划、投资计划、同业及金融机构往来融资计划、存款计划及资产负债期限控制计划等。

5. 投融资和票据转贴现业务管理要坚持(　　)的原则。

A. 科学规划　　B. 统一管理　　C. 集约经营　　D. 综合发展

E. 分散经营

【解析】投融资和票据转贴现业务管理要坚持科学规划、统一管理、集约经营、综合发展的原则，构建符合现代商业银行要求的投融资和票据转贴现业务管理体制和经营机制，实现对银行投融资和票据转贴现业务的制度规范、流程合规、价格引导、授权管理、计划管理和实时监督控制。

三、判断题(请对下列各题的描述做出判断，正确的用A表示，错误的用B表示)

1. 资金管理是要建立起自下而上集中资金、配置资金的收支两条线、全额计价、集中调控、实时监测和控制全行资金流的现代商业银行司库体系。(　　)

【解析】资金管理是要建成以总行为中心，自下而上集中资金和自上而下配置资金的收支两条线、全额计价、集中调控、实时监测和控制全行资金流的现代商业银行司库体系。

2. 对于发达国家的国际大型商业银行，利用表外工具规避风险已成为其风险管理的重要组成部分。(　　)

【解析】对于发达国家的国际大型商业银行，利用表外工具规避风险已成为其风险管理的重要组成部分，一方面，其利用利率、汇率衍生工具来对冲市场风险，另一方面，其利用信用违约互换(CDS)等信用衍生工具来对冲信用风险。

3. 公司章程是公司内部的行为规范，其效力仅限于公司和相关当事人，不具有普遍的效力。(　　)［2025年6月真题］

【解析】公司章程是公司的自治规范。公司章程作为公司的自治规范，是由以下内容所决定的：①公司章程作为一种行为规范，不是由国家，而是由公司股东依据《公司法》自行制定的。②公司章程是一种法律外的行为规范，由公司自己来执行，无须国家强制力保障实施。③公司章程作为公司内部的行为规范，其效力仅及于公司和相关当事人，而不具有普遍的效力。

5ABCD　　▌　　1B　2A　3A

第四章　资本管理

一、**单选题**（下列选项中只有一项最符合题目要求，请将正确选项的代码填入括号内）

1. 商业银行经济资本是指（　　）。[2017 年 6 月真题]

A. 商业银行在既定的期间和置信区间内，根据银行实际承担的经营风险计算的用以覆盖不良贷款所需的资本

B. 商业银行在既定的期间和置信区间内，根据银行实际承担的经营风险计算的用以覆盖预期损失所需的资本

C. 商业银行在既定的期间和置信区间内，根据银行实际承担的经营风险计算的用以覆盖非预期损失所需的资本

D. 商业银行在既定的期间和置信区间内，根据银行实际承担的经营风险计算的用以覆盖损失类贷款所需的资本

【解析】经济资本是描述在一定的置信度水平下（如 99%），为了应对未来一定期限内资产的非预期损失而应该持有或需要的资本金。

2. 从银行审慎、稳健经营的角度而言，银行持有的账面资本数量应（　　）经济资本。[2018 年 6 月真题]

A. 大于　　B. 等于　　C. 小于等于　　D. 小于

【解析】经济资本本质上是一个风险概念，因而又称为风险资本。从银行审慎、稳健经营的角度而言，银行持有的资本数量应大于经济资本。

3. 为了满足监管要求、促进银行审慎经营、维持金融体系稳定而规定的银行必须持有的最低资本要求是（　　）。[2016 年 10 月真题]

A. 经济资本　　B. 会计资本　　C. 监管资本　　D. 风险资本

【解析】监管资本涉及两个层次的概念：①银行实际持有的符合监管规定的合格资本；②银行按照监管要求应当持有的最低资本量或最低资本要求。

4. 根据第三版巴塞尔资本协议，要求总资本充足率为（　　）。[2016 年 5 月真题]

A. 2.5%　　B. 8%　　C. 1%　　D. 6%

【解析】第三版巴塞尔资本协议要求提高资本充足率监管标准，明确了三个层次的最低资本要求：核心一级资本充足率为 4.5%，一级资本充足率为 6%，总资本充足率为 8%，并规定商业银行资本充足率不得低于最低资本要求。

5. 根据第三版巴塞尔资本协议的要求，储备资本要求为（　　）。[2019 年 6 月真题]

A. 1%　　B. 2%　　C. 2.5%　　D. 3.5%

【解析】第三版巴塞尔资本协议补充设置了 2.5% 的储备资本要求，用于应对严重经济衰退带来的损失。

1C　2A　3C　4B　5C

6. 根据第三版巴塞尔资本协议的资本要求，商业银行一级资本充足率应不低于(　　)。[2016 年 5 月真题]

A. 3.5%　　B. 6%　　C. 7%　　D. 7.5%

【解析】第三版巴塞尔资本协议要求提高资本充足率监管标准，明确了三个层次的最低资本要求：核心一级资本充足率为 4.5%，一级资本充足率为 6%，总资本充足率为 8%，并规定商业银行资本充足率不得低于最低资本要求。

7. 下列选项中不属于第二版巴塞尔协议第一支柱覆盖的风险是(　　)。[2018 年 10 月真题]

A. 操作风险　　B. 声誉风险　　C. 信用风险　　D. 市场风险

【解析】第二版巴塞尔资本协议的第一支柱是最低资本要求。明确商业银行总资本充足率不得低于 8%，核心资本充足率不得低于 4%，资本要全面覆盖信用风险、市场风险和操作风险。

8. 下列关于第二版巴塞尔资本协议中的第三支柱的表述，正确的是(　　)。[2018 年 10 月真题]

A. 通过市场力量约束银行　　B. 运用主要靠道德力量

C. 银行必须披露所有客户信息　　D. 由监管部门主导约束银行

【解析】第二版巴塞尔资本协议中的第三支柱为市场纪律，又称市场约束、信息披露，是对第一支柱和第二支柱的补充。第三支柱要求银行通过建立一套披露机制，以便于股东、存款人、债权人等市场参与者了解和评价银行有关资本、风险、风险评估程序以及资本充足率等重要信息，通过市场力量来约束银行行为，驱动银行不断强化自身管理。

9. 下列不属于第二版巴塞尔资本协议资本监管“三大支柱”的是(　　)。

A. 监督检查　　B. 市场约束

C. MPA 监管考核　　D. 最低资本要求

【解析】第一支柱为最低资本要求，第二支柱为监督检查，第三支柱为市场纪律，又称市场约束、信息披露。

10. 下列选项中，属于银行可以直接利用的资本是(　　)。[2020 年 10 月真题]

A. 监管资本　　B. 经济资本　　C. 商品资本　　D. 会计资本

【解析】银行常用的资本概念主要包括：①账面资本，又称为会计资本，其金额等于资产减去负债后的余额，账面资本反映了银行实际拥有的资本水平，是银行可以直接利用的资本。②监管资本，它涉及两个层次的概念：一是银行实际持有的符合监管规定的合格资本；二是银行按照监管要求应当持有的最低资本量或最低资本要求。③经济资本，它是根据银行资产的风险程度计算出来的虚拟资本，即银行所“需要”的资本，或“应该持有”的资本，而不是银行实实在在拥有的资本。

11. 银行内部根据所承担的风险计算，可用于衡量银行实际承担的损失超出预期损失的那部分损失为(　　)。[2017 年 10 月真题]

A. 核心资本　　B. 会计资本　　C. 监管资本　　D. 经济资本

【解析】经济资本是描述在一定的置信度水平下，为了应对未来一定期限内资产的非预期损失而应该持有或需要的资本金。经济资本是根据银行资产的风险程度计算出来的

6B　7B　8A　9C　10D　11D

虚拟资本，即银行所“需要”的资本，或“应该持有”的资本，而不是银行实实在在拥有的资本。经济资本本质上是一个风险概念，因而又称为风险资本。

12. 根据银行资产的风险程度计算出来的虚拟资本为(　　)。[2013 年 11 月真题]

A. 最低注册资本　　B. 会计资本

C. 经济资本　　D. 监管资本

13. 在第三版巴塞尔协议中，新引入的用来反映商业银行长期流动性水平的指标是(　　)。[2013 年 11 月真题]

A. 流动性缺口率　　B. 核心负债比例

C. 净稳定资金比率　　D. 流动性覆盖比率

【解析】第三版巴塞尔资本协议提出了两个流动性量化监管指标：①流动性覆盖率(LCR)，用于衡量在短期压力情景下(30 日内)单个银行的流动性状况；②净稳定资金比率(NSFR)，用于度量中长期内银行可供使用的稳定资金来源能否支持其资产业务的发展。在正常情况下，商业银行的流动性覆盖率和净稳定资金比率都不得低于 100%。

14. 与一般企业相比，商业银行的突出特点是(　　)。[2013 年 11 月真题]

A. 低负债经营　　B. 全负债经营　　C. 中负债经营　　D. 高负债经营

【解析】与其他一般企业相比，银行的突出特点是高负债经营，融资杠杆率很高，资本所占比重较低，承担的风险较大，因此资本所肩负的责任和发挥的作用更为重要。

15. 按照第一版巴塞尔资本协议，商业银行的核心资本不包括(　　)。[2010 年 5 月真题]

A. 资本公积　　B. 盈余公积　　C. 次级债务　　D. 留存利润

【解析】第一版巴塞尔资本协议提出了两个层次的资本：核心资本和附属资本。核心资本主要包括实收资本(或普通股)、公开储备(资本公积、盈余公积、留存利润、股票发行溢价)。

16. 下列选项中，不属于商业银行附属资本的是(　　)。[2009 年 10 月真题]

A. 非公开储备　　B. 实收资本　　C. 重估储备　　D. 混合资本债券

【解析】第一版巴塞尔资本协议提出了两个层次的资本：核心资本和附属资本。附属资本主要包括非公开储备、重估储备、普通准备金、混合资本工具和长期次级债务等。

17. 银行资本发挥的作用比一般企业资本发挥的作用更为重要，下列不属于银行资本作用的是(　　)。[2009 年 10 月真题]

A. 避免损失　　B. 维持市场信心

C. 限制业务过度扩张　　D. 满足银行正常经营对资金的需要

【解析】银行资本的作用主要表现在以下几方面：①为银行提供融资，资本既是银行维持日常运营的资金来源，也为银行发放贷款和其他投资提供资金；②吸收和消化损失，资本金承担着吸收损失的第一资金来源；③限制业务过度扩张；④维持市场信心。

18. 根据《商业银行资本管理办法》，下列选项中不属于银行二级资本的是(　　)。[2021

12C　13C　14D　15C　16B　17A　18B

年6月真题]

A. 二级资本工具及其溢价　　B. 实收资本

C. 超额贷款损失准备　　D. 少数股东资本可计入部分

【解析】二级资本目标是在破产清算情况下吸收损失，承担风险与吸收损失的能力相对更差，主要包括：二级资本工具及其溢价，超额贷款损失准备，少数股东资本可计入部分。在银行实践中，二级资本工具主要包括符合条件的次级债、可转债及符合条件的超额贷款损失准备金等。B项，实收资本属于核心一级资本。

19. 第二版巴塞尔资本协议构建了“三大支柱”的监管框架，其中，“第二支柱”指的是(　　)。[2017年10月真题]

A. 信息披露　　B. 监督检查　　C. 最低资本要求　　D. 市场纪律

【解析】第二版巴塞尔资本协议构建了“三大支柱”的监管框架，其中，“最低资本要求”是第一支柱；“监督检查”是第二支柱；“市场纪律”是第三支柱。

20. 其他一级资本包括(　　)。

A. 普通股　　B. 永续债　　C. 实收资本　　D. 盈余公积

【解析】其他一级资本与核心一级资本相比，承担风险和吸收损失的能力相对差一些，主要包括：其他一级资本工具及其溢价，少数股东资本可计入部分。在银行实践中，其他一级资本主要包括符合条件的优先股、永续债等。ACD三项均属于核心一级资本。

21. 下列不属于增加商业银行二级资本方法的是(　　)。

A. 发行可转换债券　　B. 提高超额贷款损失准备

C. 发行长期次级债券　　D. 提高留存利润

【解析】在银行实践中，二级资本工具主要包括符合条件的次级债、可转债及符合条件的超额贷款损失准备金等，故ABC三项均可以增加商业银行二级资本。D项，留存利润属于一级资本，故属于增加核心资本的方法。

22. 我国商业银行的逆周期资本要求由(　　)来满足。

A. 核心一级资本　　B. 一级资本

C. 二级资本　　D. 附属资本

【解析】我国将资本监管要求分为四个层次，第二层次为储备资本要求和逆周期资本要求，其中逆周期资本要求为0~2.5%，由核心一级资本来满足。

23. 下列关于商业银行资本的表述，正确的是(　　)。[2023年6月真题]

A. 经济资本是一种完全取决于银行盈利大小的资本

B. 银行资本等于会计资本、监管资本和经济资本之和

C. 监管资本是银行监管当局规定的商业银行必须持有的资本的最低要求

D. 商业银行的会计资本应当等于经济资本

【解析】A项，经济资本是描述在一定的置信度水平下(如99%)，为了应对未来一定期限内资产的非预期损失而应该持有或需要的资本金。BD两项，从数量角度而言，账面资本经过一定的调整，可以得到符合监管要求的合格资本，合格资本的数额应大于最

19B　20B　21D　22A　23C

低监管资本要求；银行要稳健、审慎经营，持有的账面资本还应大于经济资本。

24. 关于风险调整后资本回报率(RAROC)的说法，正确的是(　　)。[2024 年 10 月真题]

A. 只考虑了预期损失，未考虑非预期损失

B. 只考虑了非预期损失，未考虑预期损失

C. 未考虑预期损失和非预期损失，但考虑了极端损失

D. 同时考虑了预期损失和非预期损失

【解析】RAROC 在银行盈利能力分析中的应用日益广泛，它既考虑预期损失，也考虑非预期损失，更真实地反映了收益水平，在银行的实际收益与所承担的风险之间建立了直接联系，是银行进行价值管理的核心指标。

25. (　　)的目标是在破产清算的情况下吸收损失。[2024 年 10 月真题]

A. 二级资本　　B. 资本扣除项　　C. 核心一级资本　　D. 一级资本

【解析】一级资本应能够在银行持续经营条件下吸收损失，其中，普通股(含留存收益)应在一级资本中占主导地位；二级资本仅在银行破产清算条件下承担损失。

二、多选题(下列选项中有两项或两项以上符合题目要求，请将符合题目要求选项的代码填入括号内)

1. 下列关于商业银行会计资本的表述，正确的有(　　)。[2017 年 6 月真题]

A. 会计资本与银行的实际风险密切相关

B. 也被称为账面资本

C. 等于银行资产负债表中资产减去负债后的余额，即所有者权益

D. 反映商业银行应该拥有的资本水平

E. 是对银行资本的动态反映

【解析】ADE 三项，会计资本又称为账面资本，反映了银行实际拥有的资本水平，是银行资本金的静态反映，而不是应该拥有的资本水平。因此，会计资本与银行面对的实际风险并无关联。

2. 根据第二版巴塞尔资本协议“第一支柱”的要求，资本要全面覆盖(　　)。[2017 年 6 月真题]

A. 声誉风险　　B. 市场风险　　C. 操作风险　　D. 流动性风险

E. 信用风险

【解析】根据第二版巴塞尔资本协议“第一支柱”的要求，明确商业银行总资本充足率不得低于 8%，核心资本充足率不得低于 4%，资本要全面覆盖信用风险、市场风险和操作风险。

3. 第二版巴塞尔资本协议提出的资本监管的“三大支柱”包括(　　)。[2016 年 10 月真题]

A. 高管人员资质准入　　B. 市场约束

C. 最低资本要求　　D. 监督检查

E. 信用风险

【解析】第二版巴塞尔资本协议构建了“三大支柱”的监管框架，扩大了资本覆盖风险的

24D　25A　▎　1BC　2BCE　3BCD

种类，改革了风险加权资产的计算方法。其中，第一支柱为最低资本要求；第二支柱为监督检查；第三支柱为市场纪律，又称市场约束、信息披露，是对第一支柱和第二支柱的补充。

4. 下列关于商业银行持有资本的主要作用的表述，正确的有（　　）。［2017 年 10 月真题］

A. 发放员工工资　　B. 吸收和消化损失

C. 限制业务过度扩张　　D. 维持市场信心

E. 为银行提供融资

【解析】银行资本的作用主要体现在以下几个方面：①为银行提供融资，资本既是银行维持日常运营的资金来源，也为银行发放贷款和其他投资提供资金；②吸收和消化损失，资本金承担着吸收损失的第一资金来源；③限制业务过度扩张，要想扩大业务规模就必须有充足的资本，这使资本具有了约束银行盲目扩张、过度承担风险的重要功能；④维持市场信心，资本充足的银行有助于树立和增强公众对银行的信心，消除债权人对银行损失吸收能力的疑虑，从而在市场上能够赢得公众的青睐，获取更多的发展机会。

5. 根据《商业银行资本管理办法》的规定，下列选项中，属于核心一级资本的有（　　）。［2015 年 10 月真题］

A. 盈余公积　　B. 一般风险准备

C. 实收资本或普通股　　D. 未分配利润

E. 资本公积

【解析】核心一级资本是银行资本中最核心的部分，承担风险和吸收损失的能力也最强。核心一级资本主要包括以下七部分：①实收资本或普通股；②资本公积；③盈余公积；④一般风险准备；⑤未分配利润；⑥累计其他综合收益；⑦少数股东资本可计入部分。

6. 根据《商业银行资本管理办法》，我国商业银行计算资本充足率时，应当从核心一级资本中全额扣除的项目包括（　　）。［2015 年 5 月真题］

A. 商誉　　B. 土地使用权

C. 贷款损失准备缺口　　D. 盈余公积

E. 由经营亏损引起的净递延税资产

【解析】计算资本充足率时，商业银行应当从核心一级资本中全额扣除一些不具备损失吸收能力的项目，主要包括商誉、其他无形资产（土地使用权除外），由经营亏损引起的净递延税资产、贷款损失准备缺口等。

7. 下列关于《商业银行资本管理办法》的表述中，错误的有（　　）。

A. 要求我国商业银行一级资本充足率不低于 10.5%

B. 商业银行应在最低资本要求和储备资本要求之上计提逆周期资本

C. 储备资本要求为风险加权资产的 2.5%，由核心一级资本来满足

D. 将商业银行资本充足率监管要求分为最低资本要求，储备资本要求和逆周期资本要求

E. 要求我国商业银行核心一级资本充足率不低于 8%

4BCDE　5ABCDE　6ACE　7ADE

【解析】AE 两项，《资本办法》要求一级资本充足率不得低于 6%，核心一级资本充足率不得低于 5%，资本充足率不得低于 8%；D 项，《资本办法》将商业银行资本充足率监管要求分为四个层次：最低资本要求、储备资本要求和逆周期资本要求、系统重要性银行附加资本要求和第二支柱资本要求。

8. 根据《商业银行资本管理办法》，我国商业银行监管资本包括（　　）。[2013 年 11 月真题]

A. 补充资本　B. 二级资本　C. 其他一级资本　D. 核心一级资本

E. 附属资本

【解析】根据《商业银行资本管理办法》，资本充足率是指商业银行持有的符合监管规定的资本与风险加权资产之间的比率。其中，商业银行总资本包括核心一级资本、其他一级资本和二级资本；风险加权资产包括信用风险加权资产、市场风险加权资产和操作风险加权资产。

9. 2004 年《巴塞尔新资本协议》的主要内容有（　　）。[2012 年 6 月真题]

A. 构建了“三大支柱”的监管框架

B. 扩大了资本覆盖风险的种类

C. 将资产分为不同风险档次

D. 将表外授信业务纳入资本监督

E. 改革了风险加权资产的计算方法

【解析】2004 年，巴塞尔委员会发布了《统一资本计量和资本标准的国际协议：修订框架》(即第二版巴塞尔资本协议，也称为巴塞尔新资本协议)。与第一版巴塞尔资本协议不同的是，2004 年《巴塞尔新资本协议》构建了“三大支柱”的监管框架，扩大了资本覆盖风险的种类，改革了风险加权资产的计算方法。

10. 第二版巴塞尔资本协议的主要内容有（　　）。

A. 商业银行资本充足率不得低于 8%

B. 扩大了资本覆盖风险的种类

C. 允许商业银行采用比较粗略的方法计量资本要求

D. 资本充足率计算总体框架有所改变

E. 规定银行的资本与风险加权总资产之比不得低于 4%

【解析】D 项，第二版巴塞尔资本协议与第一版巴塞尔资本协议保持了一定的连续性，资本充足率计算总体框架保持不变，继续采取了资本/风险加权资产的形式；E 项，明确商业银行总资本充足率不得低于 8%，核心资本充足率不得低于 4%。

11. 第一版巴塞尔资本协议的主要内容有（　　）。

A. 关于跨国银行业的监管

B. 统一了监管资本定义

C. 确定了资本充足率的监管标准

D. 建立了资产风险的衡量体系

E. 正式监管权力

【解析】第一版巴塞尔资本协议确立了资本充足率监管的基本框架，第一次在国际上明确了资本充足率监管的三个要素，即监管资本定义、风险加权资产计算和资本充足率监管要求。第一版巴塞尔资本协议包含三个方面的内容：①统一了监管资本定义；

8BCD　9ABE　10ABC　11BCD

②建立了资产风险的衡量体系；③确定了资本充足率的监管标准。

12. 下列选项中，属于第三版巴塞尔资本协议提出的流动性风险量化监管指标的有（　　）。［2021 年 6 月真题］

A. 净稳定融资比率　　B. 流动性覆盖率

C. 拨贷比　　D. 流动性比率

E. 存贷比

【解析】第三版巴塞尔资本协议提出了两个流动性量化监管指标：①流动性覆盖率（LCR），用于衡量在短期压力情景下（30 日内）单个银行的流动性状况；②净稳定融资比率（NSFR），用于度量中长期内银行可供使用的稳定资金来源能否支持其资产业务的发展。在正常情况下，商业银行的流动性覆盖率和净稳定融资比率都不得低于 100%。

三、判断题（请对下列各题的描述做出判断，正确的用 A 表示，错误的用 B 表示）

1. 银行资本承担着吸收损失的第一资金来源，其中，一级资本工具的目标是在破产清算情况下吸收损失，二级资本工具的目标是在持续经营前提下吸收损失。（　　）［2017 年 6 月真题］

【解析】一级资本工具的目标是在持续经营前提下吸收损失，而二级资本目标是在破产清算情况下吸收损失，承担风险与吸收损失的能力相对更差。

2. 根据《巴塞尔新资本协议》的规定，商业银行的资本充足率等于资本与信用风险加权资产的比值。（　　）［2016 年 5 月真题］

【解析】资本充足率是指商业银行持有的符合监管规定的资本与风险加权资产之间的比率。其中，商业银行风险加权资产包括信用风险加权资产、市场风险加权资产和操作风险加权资产。

3. 经济资本用于衡量银行的预期和非预期损失。（　　）［2018 年 6 月真题］

【解析】经济资本是描述在一定的置信度水平下（如 99%），为了应对未来一定期限内资产的非预期损失而应该持有或需要的资本金。

4. 1988 年，巴塞尔委员会通过了《巴塞尔新资本协议》，确立了资本充足率监管的基本框架。（　　）

【解析】1988 年，巴塞尔委员会正式出台了《统一国际银行资本计量和资本标准的国际协议》（即第一版巴塞尔资本协议），确立了资本充足率监管的基本框架。2004 年，巴塞尔委员会发布了《统一资本计量和资本标准的国际协议：修订框架》（即第二版巴塞尔资本协议，也称为巴塞尔新资本协议）。

5. 可转换债券可纳入监管资本中。（　　）

【解析】可转换债券具有一定的吸收损失功能，因此可计入监管资本当中。

6. 杠杆率是资本充足率的补充指标，涉及不同的资产风险时，杠杆率有所不同。（　　）

【解析】杠杆率监管指标是基于规模计算（该指标采用普通股或核心资本作为分子，所有表内外风险暴露作为分母），与具体资产风险无关的，以此控制商业银行资产规模的过

12AB　▎　1B　2B　3B　4B　5A　6B

度扩张，并作为资本充足率的补充指标。

7. 我国对核心一级资本充足率的要求低于第三版巴塞尔资本协议的规定。(　　)

【解析】我国对核心一级资本充足率的要求为5%，高于第三版巴塞尔资本协议中4.5%的规定。

8. 我国商业银行的会计资本就是账面资本即指实收资本。(　　)［2017年10月真题］

【解析】账面资本又称为会计资本，属于会计学概念，是指商业银行持股人的永久性资本投入，即出资人在商业银行资产中享有的经济利益，其金额等于资产减去负债后的余额，包括实收资本或普通股、资本公积、盈余公积、未分配利润等。

7B　8B

第五章　风险管理

一、单选题(下列选项中只有一项最符合题目要求，请将正确选项的代码填入括号内)

1. 我国商业银行面临的市场风险主要表现为______和______。(　　)[2018 年 10 月真题]

   A. 利率风险；股市风险　　B. 房地产风险；利率风险

   C. 商品风险；汇率风险　　D. 利率风险；汇率风险

   【解析】市场风险是指因市场价格(利率、汇率、股票价格和商品价格)的不利变动而使银行表内和表外业务发生损失的风险。由于目前我国商业银行从事股票和商品交易业务有限，因此市场风险主要表现为利率风险和汇率风险。

2. 下列关于流动性风险管理的表述，错误的是(　　)。[2017 年 6 月真题]

   A. 银行获取资金的能力取决于银行总体的资产负债情况、银行在市场中的头寸和市场环境

   B. 为妥善管理流动性风险，银行需具备完善的流动性管理体系和措施

   C. 银行在解决流动性问题时，更需要的是现金流入

   D. 银行有较为充足的资本时，就不会陷入流动性危机

   【解析】D 项，流动性风险是一类比较特别的风险，当银行发生流动性危机事件时，即使银行具有较为充足的资本，仍然有可能因为流动性问题而破产。

3. 银行因资产到期不能足额收回，进而无法偿付到期债务、履行其他支付义务或满足正常业务开展需要来损失的风险，这类风险属于(　　)。[2017 年 6 月真题]

   A. 操作风险　　B. 信用风险　　C. 市场风险　　D. 流动性风险

   【解析】流动性风险是指商业银行无法及时获得或以合理成本获得充足资金，用于偿付到期债务、履行其他支付义务或满足正常业务开展需要的风险。

4. 在 2007 年底年终决算时，多家银行出现头寸紧张的情形，与其良好的业绩形成鲜明对比。银行存款来源多元化，存款活期化、短期化等趋势明显，资产负债错配等，从而导致头寸波动性明显增强。上述材料中的涉及主要风险是(　　)。[2018 年 6 月真题]

   A. 操作风险　　B. 市场风险　　C. 流动性风险　　D. 法律风险

   【解析】流动性风险是指商业银行无法及时获得或以合理成本获得充足资金，用于偿付到期债务、履行其他支付义务或满足正常业务开展需要的风险。流动性风险如不能有效控制，将有可能损害商业银行的清偿能力；如果大量债权人在某一时刻要求兑现债权(挤兑)，商业银行可能会陷入流动性危机的困境。

5. 在追求短期收益和长期价值最大化的管理过程中，错误的资产负债管理政策可能威胁商业银行的未来发展，在这种情况下，银行面临的风险类型主要是(　　)。[2016 年 10 月真题]

1D　2D　3D　4C　5B

A. 市场风险　　B. 战略风险　　C. 经济风险　　D. 操作风险

【解析】战略风险是指商业银行在追求短期商业目的和长期发展目标的系统化管理过程中，不适当的发展规划和战略决策可能威胁商业银行未来发展的潜在风险。

6. 从理论上讲，银行持有资本是为了覆盖银行所面临的(　　)。[2016 年 5 月真题]

A. 极端损失　　B. 预期损失　　C. 非预期损失　　D. 贷款损失

【解析】非预期损失是指在未来一段时间内，一定置信度(如 99.9%)下，银行承担的风险可能超出预期损失的损失水平。从风险管理的角度看，银行承担的非预期损失要靠银行持有的资本进行覆盖。

7. 经营、管理及其他行为或外部事件导致利益相关方对商业银行负面评价的风险是(　　)。[2016 年 5 月真题]

A. 流动性风险　　B. 声誉风险　　C. 法律风险　　D. 国家风险

【解析】A 项，流动性风险是指商业银行无法及时获得或以合理成本获得充足资金，用于偿付到期债务、履行其他支付义务或满足正常业务开展需要的风险。C 项，法律风险是指商业银行在日常经营活动中，由于无法满足或违反法律要求，导致不能履行合同、发生争议、诉讼或其他法律纠纷而可能给商业银行造成经济损失的风险。D 项，国家风险是指在与非本国国民进行国际经贸与金融往来中，由于他国(或地区)经济、政治、社会变化及事件而遭受损失的可能性。

8. 商业银行与借款人签订贷款合同时，要求借款人提供抵押，当借款人财务状况恶化、违反借款合同或无法偿还贷款本息时，商业银行可以通过执行抵押来尽量减少损失，这种风险管理的方法属于(　　)。[2017 年 10 月真题]

A. 风险补偿　　B. 风险规避　　C. 风险缓释　　D. 风险分散

【解析】信用风险缓释是指银行运用合格的抵质押品、净额结算、保证和信用衍生工具等方式转移或降低信用风险。

9. 下列选项中不属于商业银行市场风险限额管理的是(　　)。[2021 年 6 月真题]

A. 客户限额　　B. 止损限额　　C. 交易限额　　D. 风险价值限额

【解析】商业银行实施市场风险管理的主要目的是，确保将所承担的市场风险规模控制在可以承受的合理范围内，使所承担的市场风险水平与其风险管理能力和资本实力相匹配。市场风险的管控手段包括限额管理和风险对冲。其中，常用的市场风险限额包括交易限额、风险限额和止损限额。风险限额可采用风险价值限额、期权性头寸限额等。

10. 某支行柜员在经办借记卡取现 10 万元时业务操作反方向，造成短款 20 万元，经与客户沟通解释追回 20 万元。造成该事件风险的成因是(　　)。[2017 年 10 月真题]

A. 外部事件　　B. 人员　　C. 系统　　D. 内部流程

【解析】操作风险是指由不完善或有问题的内部程序、人员和信息科技系统，以及外部事件所造成损失的风险，包括法律风险，但不包括战略风险和声誉风险。由该柜员操作失误造成的短款问题属于由人员引起的操作风险。

6C　7B　8C　9A　10B

11. 以下不属于商业银行战略风险主要来源的是(　　)。[2015 年 10 月真题]

A. 商业银行签署的合同缺乏执行力

B. 商业银行发展目标缺乏整体兼容性

C. 商业银行缺乏实现发展目标的资源

D. 商业银行缺乏战略实施过程的质量保证措施

【解析】战略风险是指商业银行在追求短期商业目的和长期发展目标的系统化管理过程中，不适当的发展规划和战略决策可能威胁商业银行未来发展的潜在风险。战略风险主要来源于四个方面：①商业银行战略目标缺乏整体兼容性；②为实现这些目标而制定的经营战略存在缺陷；③为实现目标所需要的资源匮乏；④整个战略实施过程中的质量难以保证。

12. 商业银行的借贷业务不应集中于同一业务、同一性质甚至同一个借款人，这种风险管理策略是(　　)。[2015 年 10 月真题]

A. 风险补偿　　B. 风险转移　　C. 风险对冲　　D. 风险分散

【解析】风险分散是通过多样化的投资来分散和降低风险的策略性选择。根据多样化投资分散风险的原理，商业银行的信贷业务应是全面的，而不应集中于同一业务、同一性质甚至同一个借款人。

13. 银行风险是指(　　)。[2015 年 10 月真题]

A. 已经确定的将来损失　　B. 可以避免的将来损失

C. 银行资产和收益损失的可能性　　D. 银行已经发生的损失

【解析】银行风险可简单定义为银行在经营过程中，由于一系列不确定因素的影响，导致资产和收益损失的可能性。

14. (　　)是商业银行面临的最主要的风险。[2019 年 6 月真题]

A. 市场风险　　B. 操作风险　　C. 信用风险　　D. 法律风险

【解析】商业银行面临的主要风险是信用风险，即借款人或交易对手不能按照事先达成的协议履行义务的可能性。这些风险不仅存在于银行的贷款业务中，也存在于其他表内和表外业务中，如担保、承兑和证券投资等。

15. 在银行风险管理流程中，风险控制是指对经过识别和计量的风险采取(　　)等措施，进行有效管理和控制的过程。[2013 年 11 月真题]

A. 分散、担保、抵押、定价和缓释　　B. 分散、对冲、转移、规避和补偿

C. 监测、对冲、转移、规避和补充　　D. 监测、分散、转移、规避和补偿

【解析】商业银行的风险管理流程可以概括为风险识别、风险计量、风险监测和风险控制四个主要环节。其中，风险控制是对经过识别和计量的风险采取分散、对冲、转移、规避和补偿等措施，进行有效管理和控制的过程。

16. 下列选项中，不属于银行信用风险的是(　　)。[2010 年 5 月真题]

A. 借款人的信用评级从 AA 级降为 A 级

B. 债务人因经济危机陷入经营困境

11A　12D　13C　14C　15B　16C

C. 信贷调查人员在调查过程中接受贿赂协助骗贷

D. 即期外汇交易中，交易对手未能在第二个交易日按期交割

【解析】商业银行面临的主要风险是信用风险，即借款人或交易对手不能按照事先达成的协议履行义务的可能性。现代意义上的信用风险不仅包括违约风险，而且包括当债务人或交易对手的信用状况和履约能力不足即信用质量下降时，市场上相关资产价格会随之降低的风险。C 项属于操作风险中人员因素的内部欺诈。

17. 下列表述不属于商业银行操作风险的是(　　)。[2009 年 10 月真题]

A. 银行借贷人员与贷款企业勾结骗取银行借贷

B. 商业银行资金交易员超越权限范围进行交易

C. 商业银行理财产品收益率未达到预期收益，从而对银行声誉产生影响

D. 由于清算人员过失造成客户证券清算资金未能及时入账

【解析】操作风险是指由不完善或有问题的内部程序、人员和信息科技系统，以及外部事件所造成损失的风险，包括法律风险，但不包括战略风险和声誉风险。操作风险可以分为由人员、流程、系统和外部事件所引发的四类风险。C 项属于声誉风险。

18. 在风险识别的基础上，对风险发生的可能性、后果及严重程度进行充分分析和评估，从而确定风险水平的过程是(　　)。[2023 年 6 月真题]

A. 风险报告　　B. 风险控制　　C. 风险监测　　D. 风险计量

【解析】风险计量是在风险识别的基础上，对风险发生的可能性、后果及严重程度进行充分分析和评估，从而确定风险水平的过程。风险计量是提升银行精细化管理水平、优化资源配置的基础。

19. 下列关于国家风险的说法，正确的是(　　)。

A. 通常在债权人的控制范围之内　　B. 在同一国家范围内不存在国家风险

C. 个人不会遭受国家风险带来的损失　　D. 国家风险由债权人所在国家的行为引起

【解析】国家风险是指在与非本国国民进行国际经贸与金融往来中，由于他国(或地区)经济、政治、社会变化及事件而遭受损失的可能性。AD 两项，国家风险通常是由债务人所在国家(或地区)的行为引起的，超出了债权人的控制范围；C 项，在国际经济金融活动中，不论是政府、银行、企业还是个人，都可能遭受国家风险所带来的损失。

20. 通常说的“挤兑”是指银行面临的(　　)。[2023 年 6 月真题]

A. 信用风险　　B. 市场风险　　C. 操作风险　　D. 流动性风险

【解析】流动性风险如不能有效控制，将有可能损害商业银行的清偿能力；如果大量债权人在某一时刻要求兑现债权(挤兑)，商业银行可能会陷入流动性危机的困境。

21. 信用风险、市场风险、流动性风险和操作风险中，(　　)的形成原因更加复杂，涉及范围更加广泛。

A. 信用风险　　B. 市场风险　　C. 流动性风险　　D. 操作风险

【解析】与信用风险、市场风险和操作风险相比，流动性风险的形成原因更加复杂，涉及范围更加广泛，通常被视为一种综合性风险。流动性风险的产生除了因为商业

17C　18D　19B　20D　21C

银行的流动性计划不完善外，信用风险、市场风险、操作风险等领域的管理缺陷同样会导致商业银行流动性不足，甚至引发风险扩散，造成整个金融系统出现流动性困难。

22. (　　)是风险管理的最高决策机构，承担商业银行风险管理的最终责任。[2019 年 6 月真题]

A. 董事会　　B. 风险管理委员会

C. 行长联席会议　　D. 股东大会

【解析】董事会是商业银行的最高风险管理和决策机构，承担商业银行风险管理的最终责任，一般负责审批风险管理偏好和战略、政策和程序，确定商业银行可以承受的总体风险水平。

23. (　　)是最常用、最重要的风险缓释措施。

A. 期权　　B. 担保　　C. 购买保险　　D. 出售风险头寸

【解析】风险缓释的目的在于降低未来风险发生时所带来的损失，担保就是最常用、最重要的风险缓释措施。ACD 三项均属于风险转移的措施。

24. 在不同的标准下，信用风险有不同的分类，关于信用风险，下列说法错误的是(　　)。

A. 非系统性信用风险可以采取分散的策略进行控制

B. 按照风险发生的形式，可分为结算前风险和结算后风险

C. 按照风险暴露特征和引起风险主体不同，可分为非零售信用风险暴露、零售信用风险暴露、股权信用风险暴露和其他信用风险暴露

D. 结算风险在外汇交易中较为常见

【解析】按照风险发生的形式，可分为结算前风险和结算风险。结算前风险指的是交易对手在合约规定的结算日之前违约带来的风险。结算风险作为一种特殊的信用风险，是指交易双方在结算过程中一方支付了合同资金但另一方发生违约的风险。

25. 商业银行是通过承担风险来获取相应回报的特殊经营主体，以下关于风险的理解，错误的是(　　)。[2018 年 6 月真题]

A. 风险的不确定性带来的后果只可能是不利的

B. 强调不确定性带来的不利后果，即导致行为主体遭受损失或损害的可能性

C. 强调结果的不确定性，结果的变动程度越大则相应的风险就越大

D. 承担风险既可能获得收益，也可能遭受损失

【解析】A 项，不确定性带来的后果可能是有利的，也可能是不利的。

26. 下列关于风险偏好的说法，正确的是(　　)。

A. 风险限额的设定可不考虑风险偏好

B. 风险偏好应说明愿意承担的各类风险的最大水平

C. 风险偏好每年制定一次，年内无需调整

D. 风险偏好只能用定量指标进行描述

【解析】风险偏好实际上是由风险承受力、偏好、容忍度、限额和风险目标或范围等几

22A　23B　24B　25A　26B

个核心组成，其中，风险承受能力指的是一家银行在追求履行其使命、达至其愿景、实现其业务目标和价值目标时能承受的风险类型和最大风险数额，它与银行的资本直接相关并受外界利益相关方或监管机构的要求的影响。

27. 虽然存在一些可能对履行合同产生不利影响的因素，但债务人目前有能力偿付本金、利息或收益的金融资产类别是(　　)。

A. 可疑类　　B. 关注类　　C. 次级类　　D. 损失类

【解析】A 项，可疑类是指债务人已经无法足额偿付本金、利息或收益，金融资产已发生显著信用减值；C 项，次级类是指债务人无法足额偿付本金、利息或收益，或金融资产已经发生信用减值；D 项，损失类是指在采取所有可能的措施后，只能收回极少部分金融资产，或损失全部金融资产。

28. 金融资产分类的原则不包括(　　)。

A. 真实性　　B. 及时性　　C. 审慎性　　D. 可理解性

【解析】金融资产分类应遵循以下原则：①真实性原则。风险分类应真实、准确地反映金融资产风险水平。②及时性原则。按照债务人履约能力以及金融资产风险变化情况，及时、动态地调整分类结果。③审慎性原则。金融资产风险分类不确定的，应从低确定分类等级。④独立性原则。金融资产风险分类结果取决于商业银行在依法依规前提下的独立判断。

29. 甲乙两家企业均为某商业银行的客户，甲的信用评级低于乙，在其他条件相同的情况下，商业银行为甲设定的贷款利率高于为乙设定的贷款利率，这种风险管理的策略属于(　　)。[2021 年 6 月真题]

A. 风险补偿　　B. 风险分散　　C. 风险转移　　D. 风险对冲

【解析】风险补偿是指商业银行在所从事的业务活动造成实质性损失之前，对所承担的风险进行价格补偿的策略性选择。对于那些无法通过风险分散、风险对冲、风险转移或风险规避进行有效管理的风险，商业银行可以采取在交易价格上附加更高的风险溢价，即通过提高风险回报的方式，获得承担风险的价格补偿。商业银行可以预先在金融资产定价中充分考虑各种风险因素，通过价格调整来获得合理的风险回报。

30. 商业银行在交易市场过程中的交易或定价错误属于(　　)。[2024 年 10 月真题]

A. 声誉风险　　B. 操作风险　　C. 市场风险　　D. 流动性风险

【解析】商业银行在交易市场过程中的交易或定价错误属于操作风险分类中的内部流程因素。

31. 以下禁止作为市场化债转股对象的企业是(　　)。[2025 年 6 月真题]

A. 扭亏无望、已失去生存发展前景的“僵尸企业”

B. 无故意违约、转移资产等不良信用记录的企业

C. 技术先进、产品有市场的企业

D. 发展前景较好、具有可行的企业改革计划和脱困安排的企业

【解析】市场化债转股对象企业应当具备以下条件：发展前景较好，具有可行的企业改

27B　28D　29A　30B　31A

革计划和脱困安排；主要生产装备、产品、能力符合国家产业发展方向，技术先进，产品有市场，环保和安全生产达标；信用状况较好，无故意违约、转移资产等不良信用记录。禁止将下列情形的企业作为市场化债转股对象：扭亏无望、已失去生存发展前景的“僵尸企业”；有恶意逃废债行为的企业；债权债务关系复杂且不明晰的企业；有可能助长过剩产能扩张和增加库存的企业。

二、多选题（下列选项中有两项或两项以上符合题目要求，请将符合题目要求选项的代码填入括号内）

1．下列属于常用的管控流动性风险手段的有（　　）。［2018 年 10 月真题］

A．压力测试　B．限额管理　C．风险缓释　D．VaR

E．现金流量管理

【解析】流动性风险的管控手段包括以下几种：①现金流量管理；②限额管理；③融资管理；④压力测试；⑤应急计划。

2．下列关于商业银行风险的表述，正确的有（　　）。［2017 年 6 月真题］

A．是否能够妥善控制和管理风险，将决定商业银行的经营成败

B．风险等同于损失本身

C．风险是未来损失发生的不确定性

D．是未来将要遭受的损失

E．通常以损失的可能性以及潜在的损失规模来计量

【解析】B 项，风险不等同于损失本身，风险是一个事前概念，损失是一个事后概念；D 项，银行承担风险既可能获得收益，也可能遭受损失。

3．商业银行通常运用的风险管理策略包括（　　）。［2016 年 5 月真题］

A．风险补偿　B．风险转移　C．风险监测　D．风险分散

E．风险对冲

【解析】商业银行通常运用的风险管理策略可以大致概括为风险分散、风险对冲、风险转移、风险规避和风险补偿。

4．根据风险分散的原理，下列关于商业银行采取的信贷策略的说法，正确的有（　　）。［2020 年 10 月真题］

A．可通过资产组合管理，分散和降低风险

B．不应过多集中于同一业务借款人

C．不应过多集中于同一企业

D．可以与其他商业银行组成银团贷款，减少单一客户贷款额度

E．不应过多集中于同一性质借款人

【解析】风险分散是通过多样化的投资来分散和降低风险的策略性选择。根据多样化投资分散风险的原理，商业银行的信贷业务应是全面的，而不应集中于同一业务、同一性质甚至同一个借款人。银行可以通过资产组合管理或与其他商业银行组成银团贷款的方式，使自己的授信对象多样化，从而分散和降低风险。

1ABE　2ACE　3ABDE　4ABCDE

5. 下列关于汇率风险的表述，正确的有(　　)。[2015 年 10 月真题]

A. 黄金被纳入汇率风险考虑，其原因在于黄金曾长时间在国际结算体系中发挥国际货币职能，从而充当外汇资产的作用

B. 根据产生的原因，汇率风险可以分为两类：外汇交易风险和外汇结构性风险

C. 商业银行发放外币贷款时，汇率波动可能导致信用风险增加

D. 人民币升值会降低我国商业银行面临的汇率风险

E. 汇率风险是指由于汇率的不利变动导致银行业务发生损失的风险

【解析】汇率风险是指由于汇率的不利变动导致银行业务发生损失的风险。根据产生的原因，汇率风险可以分为两类：①外汇交易风险；②外汇结构性风险。黄金被纳入汇率风险考虑，其原因在于，黄金曾长时间在国际结算体系中发挥国际货币职能，从而充当外汇资产的作用。商业银行发放外币贷款时，汇率波动可能会引起债务人的偿债负担变重，导致债务人不履行合同，不能按约定的期限和利息还本付息的风险增加，即信用风险增加。D 项，人民币升值可能会增加我国商业银行面临的汇率风险，例如当人民币升值时，企业购汇、持汇意愿明显下降，远期结售汇签约增长异常，易产生外汇交易风险。

6. 下列属于商业银行操作风险表现形式的有(　　)。[2014 年 6 月真题]

A. 外部欺诈

B. 就业制度和工作场所安全性有问题

C. 信息科技系统事件

D. 执行、交割和流程管理事件

E. 内部欺诈

【解析】操作风险是指由不完善或有问题的内部程序、人员和信息科技系统以及外部事件所造成损失的风险。根据引发操作风险的事件类型，可以分为七种表现形式：①内部欺诈事件；②外部欺诈事件；③就业制度和工作场所安全事件；④客户、产品和业务活动事件；⑤实物资产的损坏事件；⑥信息科技系统事件；⑦执行、交割和流程管理事件。

7. 商业银行的市场风险包括(　　)。[2009 年 10 月真题]

A. 利率风险　B. 汇率风险　C. 股票价格风险　D. 商品价格风险

E. 内部欺诈

【解析】市场风险是指因市场价格(利率、汇率、股票价格和商品价格)的不利变动而使银行表内和表外业务发生损失的风险。市场风险包括利率风险、汇率风险(包括黄金)、股票价格风险和商品价格风险四大类。E 项属于操作风险。

8. 下列关于商业银行风险管理的说法正确的有(　　)。

A. 流动性风险如不能有效控制，将有可能损害商业银行的清偿能力

B. 从广义上讲，与法律风险密切相关的有违规风险和监管风险

C. 在风险管理实践中，商业银行通常将法律风险管理归属于市场风险管理范畴

D. 国家风险是指在与非本国国民进行国际经贸与金融往来中，由于他国(或地区)经济、政治、社会变化及事件而遭受损失的可能性

E. 流动性风险通常被视为一种综合性风险

【解析】C 项，操作风险是指由不完善或有问题的内部程序、人员和信息科技系统，以及

5ABCE　6ABCDE　7ABCD　8ABDE

外部事件所造成损失的风险，包括法律风险。由此可知，在风险管理实践中，商业银行通常将法律风险管理归属于操作风险管理范畴。

9. 下列关于风险与损失的说法，不正确的有(　　)。
A. 风险是一个事前概念，损失是一个事后概念
B. 风险的概念不涵盖损失发生概率的高低
C. 通常将金融风险造成的损失分为预期损失、非预期损失和极端损失
D. 风险等同于损失
E. 风险的概念涵盖了未来可能损失的大小

【解析】BD 两项，风险不等同于损失本身，风险是一个事前概念，损失是一个事后概念，风险的概念既涵盖了未来可能损失的大小，又涵盖了损失发生概率的高低。

10. 商业银行风险识别包括(　　)环节。［2019 年 6 月真题］
A. 感知风险　　B. 计量风险　　C. 分析风险　　D. 检测风险
E. 控制风险

【解析】风险识别包括感知风险和分析风险两个环节：感知风险是通过系统化的方法发现商业银行所面临的风险种类、性质；分析风险是深入理解各种风险内在的风险因素。

11. 在银行风险管理流程中，风险监测包含的含义有(　　)。
A. 监测一些关键的风险指标和环节
B. 用统计模型的方法进行风险计量
C. 向内外部不同层级的主体报告对风险的定性、定量评估结果
D. 报告所采取的风险管控措施及其质量与效果
E. 进行风险对冲

【解析】风险监测是指通过对一些关键的风险指标和环节进行监测，关注银行风险变化的程度，建立风险预警机制；同时，向内外部不同层级的主体报告对风险的定性、定量评估结果，以及所采取的风险管控措施及其质量和效果。B 项属于风险计量的内容；E 项属于风险控制的内容。

12. 下列关于风险计量的说法，正确的有(　　)。
A. 风险计量是风险管理的最基本要求
B. 对不同类别的风险，应采取不同的风险计量方法
C. 银行的风险计量能力已经成为衡量其风险管理水平的重要内容
D. 风险计量既可以基于专家经验，也可以采用统计模型的方法
E. 我国商业银行业目前使用的是较为初级的资本计量方法

【解析】A 项，有效识别风险是风险管理的最基本要求，风险识别的目标在于帮助银行了解自身面临的风险及严重程度，为下一步风险计量和防控打好基础；E 项，目前，我国商业银行开始逐渐采取资本计量的高级方法，提高风险计量的科学性和准确性。

13. 极端损失具有“偶发性”的特征，银行应付极端损失的方法有(　　)。
A. 定期针对资产进行压力测试　　B. 评估极端损失的影响

9BD　10AC　11ACD　12BCD　13ABE

C. 通过交易进行分摊　　　　　　　　　　D. 提取极端损失准备金

E. 购买保险

【解析】对极端损失，银行需要定期针对资产进行压力测试，评估极端损失的影响，建立相应的预警机制。此外，通过购买保险，银行也可以对极端事件可能造成的损失进行分担或转移。CD 两项，由于极端损失的“偶发性”特征，银行不可能也不需要为极端损失准备巨额的资本，或在具体交易中分摊巨额的成本。

14. 风险管理的三道防线是指(　　)。

A. 业务团队　　B. 风险管理团队　　C. 内部审计团队　　D. 风险监控系统

E. 业务风险评估

【解析】风险管理的“三道防线”是指在商业银行内部形成的在风险管理方面承担不同职责的三个团队(或部门)，即业务团队、风险管理团队和内部审计团队。

15. 信用风险缓释是指银行运用(　　)等方式转移或降低信用风险。

A. 抵质押品　　B. 保证　　C. 信用违约互换　　D. 信用利差期权

E. 净额结算

【解析】信用风险缓释是指银行运用合格的抵质押品、净额结算、保证和信用衍生工具等方式转移或降低信用风险。其中，比较常见的衍生工具有信用违约互换、总收益互换、信用联系票据和信用利差期权等。

16. 利率风险按照来源的不同，可分为(　　)。

A. 重新定价风险　　　　　　　　　　B. 基准风险

C. 流动性风险　　　　　　　　　　　D. 商品价格风险

E. 期权性风险

【解析】利率风险是银行面临的主要市场风险。利率风险按照来源的不同，可以分为重新定价风险、收益率曲线风险、基准风险和期权性风险。

17. 商业银行可采取(　　)来管控市场风险。

A. 交易限额　　B. 标准法　　C. 损失数据库　　D. 应急计划

E. 风险对冲

【解析】商业银行管控市场风险的手段有：①限额管理，包括交易限额、风险限额和止损限额；②风险对冲。B 项，标准法是操作风险的计量方法之一；C 项，损失数据库是操作风险的管控工具；D 项，应急计划是流动性风险的管控手段。

18. 操作风险可由人员因素、系统因素、内部流程和外部事件所引发，下列属于内部流程的有(　　)。

A. IT 系统开发不完善　　　　　　　　B. 劳动力中断

C. 产品设计缺陷　　　　　　　　　　D. 定价错误

E. 违反用工法

【解析】内部流程是指由于商业银行业务流程缺失、流程设计不合理，或者没有被严格执行而造成损失的风险，主要包括：财务/会计错误、文件/合同缺陷、产品设计缺陷、

14ABC　15ABCDE　16ABE　17AE　18CD

结算/支付错误、错误监控/报告、交易/定价错误六个方面。A 项属于系统因素；BE 两项属于人员因素。

19. 《关于调整商业银行贷款损失准备监管要求的通知》中，关于贷款损失准备监管的要求说法正确的有（　　）。

A. 贷款拨备率监管标准调整为 1.5% ~2.5%

B. 拨备覆盖率的监管标准调整为 120% ~160%

C. “同质同类”是指各机构监管部门原则上应制定相应类别机构的差异化实施细则并及时印发实施

D. “一行一策”是指地方银行业监督管理机构进一步明确单家银行的贷款损失准备监管要求

E. 确定单家银行具体监管要求时，应考虑的因素有：贷款分类准确性、处置不良贷款主动性、资本充足性

【解析】B 项，拨备覆盖率的监管标准调整为 120% ~150%。

20. 不良金融资产的处置方式包括（　　）。

A. 现金清收　B. 贷款重组　C. 以资抵债　D. 呆账核销

E. 批量转让

【解析】不良金融资产的处置方式主要有：现金清收、资产重组、以资抵债、呆账核销、批量转让、不良资产证券化、市场化债转股和破产清偿。

21. 声誉风险管理的流程包括（　　）。

A. 风险评估　B. 风险监测　C. 风险分级　D. 风险处置

E. 风险报告

【解析】商业银行应建立清晰的声誉风险管理流程，用来一致、持久地识别、评估、监测和处置可能影响声誉的风险事件。声誉风险管理的流程包括：①风险评估；②风险监测；③风险分级；④风险处置；⑤风险报告；⑥考核问责。

22. 操作风险管理工具和手段主要有（　　）。

A. 应急计划　B. 交易限额

C. 操作风险与控制自评估　D. 关键风险指标

E. 损失数据库

【解析】操作风险管理工具和手段主要有操作风险与控制自评估（RCSA）、关键风险指标（KRI）、损失数据库（LD）等。A 项，应急计划是流动性风险的管控手段；B 项，交易限额是市场风险的管控手段。

23. 下列各项中属于商业银行流动性风险的是（　　）。［2024 年 10 月真题］

A. 汇率风险　B. 合同赔付风险　C. 利率风险　D. 负债流动性风险

E. 资产流动性风险

【解析】流动性风险是指商业银行无法以合理成本及时获得充足资金，用于偿付到期债务、履行其他支付义务和满足正常业务开展的其他资金需求的风险。

19ACDE　20ABCDE　21ABCDE　22CDE　23DE

三、判断题（请对下列各题的描述做出判断，正确的用 A 表示，错误的用 B 表示）

1. 商业银行面临的声誉风险是指债务人或交易对手未能履行合同所规定的义务或信用质量发生下降时，给债权人或金融产品持有人造成经济损失的风险。（ ）［2015 年 10 月真题］

【解析】声誉风险是指由商业银行经营、管理及其他行为或外部事件导致利益相关者对商业银行负面评价的风险。题干所述的风险是信用风险。

2. 风险识别指了解各种潜在的风险，分析各种风险内在的风险因素。（ ）［2012 年 6 月真题］

【解析】风险识别包括感知风险和分析风险两个环节，感知风险是通过系统化的方法发现商业银行所面临的风险种类、性质；分析风险是深入理解各种风险内在的风险因素。

3. 利率风险是银行面临的主要市场风险。（ ）

【解析】利率风险是指市场利率变动的不确定对银行造成损失的风险。利率风险是银行面临的主要市场风险。利率风险按照来源的不同，可以分为重新定价风险、收益率曲线风险、基准风险和期权性风险。

4. 从广义上讲，法律风险主要关注商业银行所签署的各类合同、承诺等法律文件的有效性和可执行力。（ ）

【解析】法律风险是一种特殊类型的操作风险。从狭义上讲，法律风险主要关注银行所签署的各类合同、承诺等法律文件的有效性和可执行力；从广义上讲，与法律风险密切相关的还有违规风险和监管风险。

5. 商业银行的信用风险、市场风险和操作风险相互独立，互不影响。（ ）［2017 年 10 月真题］

【解析】商业银行所面临的各种风险并不是孤立存在的，往往是相互联系、相互转化的。因此，商业银行在风险管理过程中应关注各类风险的内在联系，全面管理各种风险。

6. 按风险发生的范围，商业银行面临的风险划分为外部风险和内部风险。（ ）

【解析】按照不同的标准，风险可以划分为不同的种类：①按照遭受风险的范围划分，可以分为系统性风险和非系统性风险；②按照银行业务结构划分，可以分为资产风险、负债风险、中间业务风险；③按照风险主体划分，可以分为公司风险、个人风险、国家风险等。结合银行经营的特征及诱发风险的原因，巴塞尔委员会将商业银行面临的风险分为信用风险、市场风险、操作风险、流动性风险、国家风险、声誉风险、法律风险和战略风险八个主要类型。

7. 风险监测和报告过程就是监测各种可量化的关键风险指标，以及不可量化的风险因素的变化和发展趋势，再报告给银行相关部门，过程比较简单。（ ）

【解析】风险监测/报告过程看似简单，但实际上满足不同层级、不同部门对于风险状况的多样化需求是一项艰巨的任务。

8. 交易对手违约风险是双向的，交易对手的双方面临的交易市场价值都有可能是正值或负值。（ ）

1B 2A 3A 4B 5B 6B 7B 8A

【解析】交易对手信用风险是指交易对手在一笔交易的现金流最后结算之前违约的风险，与违约交易对手的交易或组合具有正的经济价值时，经济损失将会发生。交易对手违约风险是双向的，即交易对手的双方面临的交易市场价值都有可能是正值或负值。

9. 净额结算的缓释作用主要体现为消除违约风险暴露。（　　）

【解析】净额结算是指参与交易的机构以交易参与方为单位，对其买入和卖出交易的余额进行轧差，以轧差得到的净额组织交易参与方进行交割的制度。净额结算的缓释作用主要体现为降低违约风险暴露。

10. 交易限额有总交易头寸限额和净交易头寸限额，实践中，商业银行通常采用净交易头寸限额。（　　）

【解析】交易限额是指对总交易头寸或净交易头寸设定的限额。总头寸限额对特定交易工具的多头头寸或空头头寸分别加以限制；净头寸对多头头寸和空头头寸相抵后的净额加以限制。在实践中，商业银行通常将这两种交易限额结合使用。

11. 操作风险损失数据仅限于日常的风险报告制度、检查审计、历史损失数据收集等内部方式的累积。（　　）

【解析】操作风险损失数据一般通过日常的风险报告制度、检查审计、历史损失数据收集等内部方式来累积，银行也可获取一些外部数据来弥补自身数据的不足。

12. 银行在解决流动性问题时，非常重要的一点是对流动性风险计提资本要求。（　　）

【解析】在解决流动性问题时，更需要的是现金流入，而银行获取资金的能力取决于银行总体的资产负债情况、银行在市场中的头寸和市场环境。因此，从银行业目前的普遍做法来看，较少对流动性风险计提资本要求，而更多的是要求银行具备完善的流动性管理体系和措施。

13. 关注类贷款为不良资产。（　　）

【解析】金融资产按照风险程度分为五类，分别为正常类、关注类、次级类、可疑类、损失类，后三类合称为不良资产。

14. 借款人或者担保人有经济偿还能力，银行未按规定履行必要措施和实施必要程序追偿的债权可作为呆账核销。（　　）

【解析】不是所有的不良资产都可以核销，下列债权、股权不得作为呆账核销：①借款人或者担保人有经济偿还能力，银行未按规定履行必要措施和实施必要程序追偿的债权；②违反法律、法规的规定，以各种形式逃废或悬空的银行债权；③因行政干预造成逃废或悬空的银行债权；④银行未向借款人、担保人追偿的债权；⑤其他不应核销的银行债权、股权。

15. 声誉风险管理的基本原则不包括全覆盖原则。（　　）

【解析】声誉风险管理的基本原则包括：①前瞻性原则；②匹配性原则；③全覆盖原则；④有效性原则。

9B　10B　11B　12B　13B　14B　15B

第四部分　银行从业法律基础

第一章　银行基本法律法规

一、**单选题**(下列选项中只有一项最符合题目要求，请将正确选项的代码填入括号内)

1. 商业银行的“三性”经营原则中不包括(　　)。[2018 年 10 月真题]

A. 安全性　　B. 流动性　　C. 效益性　　D. 独立性

【解析】《商业银行法》规定了商业银行“三性四自”经营原则，即商业银行以安全性、流动性、效益性为经营原则，实行自主经营，自担风险，自负盈亏，自我约束。

2. 下列关于商业银行财务制度的表述，符合法律规定的是(　　)。[2017 年 6 月真题]

A. 商业银行对其分支机构实行全行分级核算，分级调度资金，分级管理的财务制度

B. 商业银行对其分支机构实行全行统一核算，统一调度资金，分级管理的财务制度

C. 商业银行对其分支机构实行全行统一核算，分级调度资金，分级管理的财务制度

D. 商业银行对其分支机构实行全行分级核算，统一调度资金，分级管理的财务制度

【解析】商业银行对其分支机构实行全行统一核算，统一调度资金，分级管理的财务制度。商业银行在中华人民共和国境内设立分支机构，应当按照规定拨付与其经营规模相适应的营运资金额。

3. 商业银行是(　　)。[2017 年 6 月真题]

A. 社会团体法人　　B. 企业法人　　C. 事业单位法人　　D. 机关法人

【解析】商业银行是依照《中华人民共和国公司法》设立的独立企业法人，具备独立性、盈利性、经营性等公司制企业法人特征。

4. 下列关于商业银行贷款合同形式的要求，正确的是(　　)。[2020 年 10 月真题]

A. 只能采取书面合同的形式

B. 除口头形式和书面形式外，还可以采取双方认可的其他形式

C. 可以采取口头合同的形式

D. 既可以采取口头合同的形式，也可以采取书面合同的形式

【解析】商业银行贷款，应当与借款人订立书面合同。合同应当约定贷款种类、借款用途、金额、利率、还款期限、还款方式、违约责任和双方认为需要约定的其他事项。

5. 借款人到期不归还担保贷款的，商业银行依法享有的权利不包括(　　)。[2016 年 10 月真题]

A. 扣押保证人财产　　B. 要求保证人归还贷款利息

C. 要求保证人归还贷款本金　　D. 就该担保物优先受偿

1D　2B　3B　4A　5A

【解析】借款人到期不归还担保贷款的，商业银行依法享有要求保证人归还贷款本金和利息或者就该担保物优先受偿的权利。

6. 出售伪造、变造的人民币，或者明知是伪造、变造的人民币而运输，尚不构成犯罪的由(　　)处以罚款。[2016 年 6 月真题]

A. 海关　　B. 公安机关　　C. 税务机关　　D. 建设部

【解析】出售伪造、变造的人民币，或者明知是伪造、变造的人民币而运输，构成犯罪的，依法追究刑事责任；尚不构成犯罪的，由公安机关处十五日以下拘留、一万元以下罚款。

7. 洗钱的过程通常被分为三个阶段，即(　　)。[2019 年 6 月真题]

A. 获取阶段、培植阶段、处置阶段　　B. 获取阶段、处置阶段、融合阶段

C. 处置阶段、融合阶段、培植阶段　　D. 处置阶段、培植阶段、融合阶段

【解析】洗钱的过程通常被分为三个阶段，即处置阶段、培植阶段、融合阶段，每个阶段都各有其目的及形态，洗钱犯罪交错运用不同的方法，以达到洗钱的目的。

8. 设立全国性商业银行的注册资本最低限额为(　　)。[2017 年 10 月真题]

A. 实缴资本五亿元人民币　　B. 认缴资本五亿元人民币

C. 实缴资本十亿元人民币　　D. 认缴资本十亿元人民币

【解析】设立全国性商业银行的注册资本最低限额为十亿元人民币。设立城市商业银行的注册资本最低限额为一亿元人民币，设立农村商业银行的注册资本最低限额为五千万元人民币。注册资本应当是实缴资本。

9. 以下关于商业银行分支机构的说法中，符合法律规定的是(　　)。[2017 年 10 月真题]

A. 商业银行分支机构具有独立法人资格，其民事责任不由总行承担，但具有单独的经营许可证和营业许可证

B. 商业银行分支机构不具有独立法人资格，其民事责任由总行承担，但具有单独的经营许可证和营业许可证

C. 商业银行分支机构具有独立法人资格，其民事责任不由总行承担，也没有单独的经营许可证和营业许可证

D. 商业银行分支机构不具有独立法人资格，其民事责任由总行承担，也没有单独的经营许可证和营业许可证

【解析】商业银行根据业务需要可以在中华人民共和国境内外设立分支机构。设立分支机构必须经国务院银行业监督管理机构审查批准。商业银行分支机构不具有法人资格，在总行授权范围内依法开展业务，其民事责任由总行承担。经批准设立的商业银行分支机构，由国务院银行业监督管理机构颁发经营许可证，并凭该许可证向工商行政管理部门办理登记，领取营业执照。

10. 商业银行办理个人储蓄存款业务应当遵循的原则是(　　)。[2015 年 10 月真题]

A. 存款自愿，取款审查，存款有息，为存款人保密

B. 存款自愿，取款自由，存款有息，存入指定银行

6B　7D　8C　9B　10C

C. 存款自愿，取款自由，存款有息，为存款人保密

D. 存款自愿，取款审查，存款有息，存入指定银行

【解析】《商业银行法》规定，商业银行办理个人储蓄存款业务，应当遵循存款自愿、取款自由、存款有息、为存款人保密的原则。

11. 下列关于商业银行根据业务需要设立分支机构的表述，正确的是（　　）。［2020 年 10 月真题］

A. 必须经中国人民银行审查批准

B. 可以自行设立

C. 必须经财政部审查批准

D. 必须经国务院银行业监督管理机构审查批准

【解析】商业银行根据业务需要可以在中华人民共和国境内外设立分支机构。设立分支机构必须经国务院银行业监督管理机构审查批准。在中华人民共和国境内的分支机构，不按行政区划设立。

12. 下列关于商业银行存款业务的表述，错误的是（　　）。［2015 年 5 月真题］

A. 对个人储蓄存款，商业银行有权拒绝任何单位或者个人查询，但法律另有规定的除外

B. 对单位存款，商业银行有权拒绝任何单位或者个人查询，但法律、部门规章另有规定的除外

C. 对个人储蓄存款，商业银行有权拒绝任何单位或者个人冻结、扣划，但法律另有规定的除外

D. 对单位存款，商业银行有权拒绝任何单位或者个人冻结、扣划，但法律另有规定的除外

【解析】根据《商业银行法》第二十九条规定，对个人储蓄存款，商业银行有权拒绝任何单位或者个人查询、冻结、扣划，但法律另有规定的除外。根据《商业银行法》第三十条规定，对单位存款，商业银行有权拒绝任何单位或者个人查询，但法律、行政法规另有规定的除外；有权拒绝任何单位或者个人冻结、扣划，但法律另有规定的除外。

13. 下列关于关系人的表述，错误的是（　　）。［2015 年 5 月真题］

A. 关系人包括商业银行的管理人员及其近亲

B. 商业银行不得向关系人发放信用贷款

C. 关系人包括商业银行的董事及其近亲

D. 商业银行不得向关系人发放担保贷款

【解析】根据《商业银行法》第四十条规定，商业银行不得向关系人发放信用贷款，向关系人发放担保贷款的条件不得优于其他借款人同类贷款的条件。其中，关系人是指商业银行的董事、监事、管理人员、信贷业务人员及其近亲属，及其投资或者担任高级管理职务的公司、企业和其他经济组织。

14. 下列关于商业银行贷款的表述，错误的是（　　）。［2014 年 6 月真题］

11D　12B　13D　14D

A. 对同一借款人的贷款余额与商业银行资本余额的比例不得超过10%
B. 商业银行可向关系人发放担保贷款，但条件不得优于其他借款人同类贷款的条件
C. 商业银行不得利用拆入资金进行固定资产贷款
D. 商业银行可向关系人发放信用贷款，但条件不得优于其他借款人同类贷款的条件

15.《中华人民共和国商业银行法》规定，商业银行不得向关系人发放信用贷款，下列情形中不属于前述“关系人”的是(　　)。[2014 年 6 月真题]
A. 商业银行董事　　B. 商业银行会计人员
C. 商业银行信贷人员近亲属　　D. 商业银行监事担任高级管理职务的公司

16. 下列关于商业银行业务的表述，正确的是(　　)。[2013 年 11 月真题]
A. 商业银行可以投资于非自用不动产
B. 商业银行办理结算业务不得压单、压票
C. 商业银行办理业务、提供服务不能收取手续费
D. 商业银行可以在没有客户办理业务的时候自行缩短营业时间

【解析】根据《商业银行法》第四十四条规定，商业银行办理票据承兑、汇兑、委托收款等结算业务，应当按照规定的期限兑现，收付入账，不得压单、压票或者违反规定退票。有关兑现、收付入账期限的规定应当公布。A 项，商业银行在中华人民共和国境内不得从事信托投资和证券经营业务，不得向非自用不动产投资或者向非银行金融机构和企业投资，但国家另有规定的除外；C 项，商业银行办理业务，提供服务，按照规定收取手续费，收费项目和标准由国务院银行业监督管理机构、中国人民银行根据职责分工，分别会同国务院价格主管部门制定；D 项，商业银行的营业时间应当方便客户，并予以公告，商业银行应当在公告的营业时间内营业，不得擅自停止营业或者缩短营业时间。

17. 商业银行在我国境内不得从事(　　)业务，但国家另有规定的除外。[2013 年 11 月真题]
A. 股票买卖　　B. 买卖政府债券
C. 代理股票资金清算　　D. 发行金融债券

【解析】商业银行在中华人民共和国境内不得从事信托投资和证券经营业务，不得向非自用不动产投资或者向非银行金融机构和企业投资，但国家另有规定的除外。

18. 中国人民银行可以决定对商业银行贷款的数额、期限、利率和方式，但贷款的期限不得超过(　　)。
A. 6 个月　　B. 9 个月　　C. 1 年　　D. 2 年

【解析】中国人民银行为执行货币政策，运用存款准备金、利率、再贴现等货币政策工具时，可以规定具体的条件和程序，可以决定对商业银行贷款的数额、期限、利率和方式，但贷款的期限不得超过一年。

19. 人民币的法定管理部门是(　　)。
A. 中国人民银行　　B. 商业银行　　C. 国务院　　D. 财政部

【解析】人民币的法定管理部门是中国人民银行，负责人民币的统一印制、发行、兑换、

15B　16B　17A　18C　19A

收回、销毁等工作。

20. 国务院银行业监督管理机构的准入职责不包括(　　)。

A. 机构准入　　B. 业务范围准入　　C. 人员准入　　D. 市场准入

【解析】国务院银行业监督管理机构对金融机构的准入职责主要表现为：①机构准入；②业务范围准入；③人员准入；④股东变更审查。

21. 对银行业金融机构的设立申请，国务院银行业监督管理机构应当在自收到申请文件之日起(　　)个月内作出批准或者不批准的书面决定。

A. 1　　B. 3　　C. 6　　D. 9

【解析】对银行业金融机构的设立申请，国务院银行业监督管理机构应当在自收到申请文件之日起六个月内作出批准或者不批准的书面决定；对银行业金融机构的变更、终止申请，应当在自收到申请文件之日起三个月内作出批准或者不批准的书面决定。

22. 重组是国务院银行业监督管理机构对问题银行业金融机构进行处置的一种方式。对于重组失败的，国务院银行业监督管理机构可以决定终止重组，转由(　　)依法宣告破产。

A. 人民法院　　B. 人民检察院　　C. 国务院　　D. 中国人民银行

【解析】重组的目的是对被重组的银行业金融机构采取对银行业体系冲击较小的市场退出方式，以此维护市场信心与秩序，保护存款人等债权人的利益。对于重组失败的，国务院银行业监督管理机构可以决定终止重组，转由人民法院依法宣告破产。

23. 下列行为中，商业银行没有尽到依法保护存款人合法权益的义务的是(　　)。

A. 商业银行拒绝向客户透露同类存款客户的存款信息

B. 商业银行向最高人民法院提供其依法查询的存款人存款状况

C. 商业银行因资金周转困难，延期支付存款人存款利息

D. 商业银行依法按照公安机关的合法要求冻结存款人的存款

【解析】《商业银行法》第三十三条规定，商业银行应当保证存款本金和利息的支付，不得拖延、拒绝支付存款本金和利息。

24. 商业银行不得将同业拆入资金用于(　　)。

A. 发放固定资产贷款或投资　　B. 弥补票据结算不足

C. 解决临时性周转资金的需要　　D. 弥补联行汇差头寸的不足

【解析】《商业银行法》第四十六条规定，同业拆借，应当遵守中国人民银行的规定。禁止利用拆入资金发放固定资产贷款或者用于投资。拆出资金限于交足存款准备金、留足备付金和归还中国人民银行到期贷款之后的闲置资金。拆入资金用于弥补票据结算、联行汇差头寸的不足和解决临时性周转资金的需要。

25. 根据《中华人民共和国反洗钱法》的规定，金融机构对客户身份资料在业务关系结束后、客户交易信息在交易结束后至少保存期限为(　　)年。[2023 年 10 月真题]

A. 7　　B. 2　　C. 5　　D. 1

20D　21C　22A　23C　24A　25C

【解析】根据《反洗钱法》的规定，金融机构在反洗钱方面的义务主要有：①健全反洗钱内控制度。②建立客户身份识别制度。③按照规定建立客户身份资料和交易记录保存制度。在业务关系存续期间，客户身份资料发生变更的，应当及时更新客户身份资料。客户身份资料在业务关系结束后、客户交易信息在交易结束后，应当至少保存五年。④按照规定执行大额交易和可疑交易报告制度。⑤按照反洗钱预防、监控制度的要求，开展反洗钱培训和宣传工作。

26. 《中华人民共和国商业银行法》第六十四条规定：商业银行已经或者可能发生信用危机，严重影响存款人的利益时，国务院银行业监督管理机构可以对该银行实行接管，接管期限最长不超过(　　)。[2021 年 6 月真题]

A. 1 年　　B. 6 个月　　C. 5 年　　D. 2 年

【解析】商业银行的接管由国务院银行业监督管理机构决定，并组织实施。接管自接管决定实施之日起开始。接管期限届满，国务院银行业监督管理机构可以决定延期，但接管期限最长不得超过二年。

27. 我国审查批准银行业金融机构业务范围的机构是(　　)。[2024 年 10 月真题]

A. 中国人民银行货币政策委员会　　B. 中国人民银行

C. 国务院银行业监督管理机构　　D. 中国银行业协会

【解析】国务院银行业监督管理机构应当在自收到申请文件之日起三个月内，对银行业金融机构业务范围和增加业务范围内的业务品种的申请作出批准或者不批准的书面决定；决定不批准的，应当说明理由。

二、多选题(下列选项中有两项或两项以上符合题目要求，请将符合题目要求选项的代码填入括号内)

1. 下列属于中国人民银行法定职责的有(　　)。[2017 年 6 月真题]

A. 实施外汇管理，监督管理银行间外汇市场

B. 对银行业金融机构的业务活动及其风险状况进行非现场监管

C. 对银行业金融机构的董事和高级管理人员实行任职资格管理

D. 监督管理黄金市场

E. 监督管理银行间同业拆借市场和银行间债券市场

【解析】中国人民银行的法定职责有：①发布与履行其职责有关的命令和规章；②依法制定和执行货币政策；③发行人民币，管理人民币流通；④监督管理银行间同业拆借市场和银行间债券市场；⑤实施外汇管理，监督管理银行间外汇市场；⑥监督管理黄金市场；⑦持有、管理、经营国家外汇储备、黄金储备；⑧经理国库；⑨维护支付、清算系统的正常运行；⑩指导、部署金融业反洗钱工作，负责反洗钱的资金监测；⑪负责金融业的统计、调查、分析和预测；⑫作为国家的中央银行，从事有关的国际金融活动；⑬国务院规定的其他职责。

2. 下列哪些选项是商业银行可以经营的业务？(　　)[2016 年 5 月真题]

A. 从事同业拆借　　B. 提供保管箱服务

26D　27C　▎　1ADE　2ABCDE

C. 办理国内结算　　　　　　　　　　　D. 从事银行卡业务

E. 发行金融债券

【解析】根据《商业银行法》第三条，商业银行可以经营下列部分或者全部业务：①吸收公众存款；②发放短期、中期和长期贷款；③办理国内外结算；④办理票据承兑与贴现；⑤发行金融债券；⑥代理发行、代理兑付、承销政府债券；⑦买卖政府债券、金融债券；⑧从事同业拆借；⑨买卖、代理买卖外汇；⑩从事银行卡业务；⑪提供信用证服务及担保；⑫代理收付款项及代理保险业务；⑬提供保管箱服务；⑭经国务院银行业监督管理机构批准的其他业务。

3. 依据法律规定，国务院银行业监督管理机构对银行业金融机构进行检查时，对涉嫌违法事项相关的单位和个人可以采取的措施有(　　)。［2015 年 10 月真题］

A. 询问有关单位和个人，要求说明有关情况

B. 对可能被转移、隐匿、毁损或者伪造的文件、资料，予以先行登记保存

C. 对违法事项有关的个人采取短暂的限制自由的强制措施

D. 冻结违法单位和个人的有关账号

E. 查阅、复制有关财务会计等文件

【解析】根据《银行业监督管理法》，国务院银行业监督管理机构可以对与涉嫌违法事项有关的单位和个人采取的措施有：①询问有关单位或者个人，要求其对有关情况作出说明；②查阅、复制有关财务会计、财产权登记等文件、资料；③对可能被转移、隐匿、毁损或者伪造的文件、资料，予以先行登记保存。

4. 根据 2003 年 12 月 27 日修改的《中国人民银行法》，下列属于中国人民银行职责的有(　　)。［2015 年 10 月真题］

A. 依法制定银行业金融机构的审慎经营规则

B. 维护支付、清算系统的正常运行

C. 依法制定和执行货币政策

D. 依照法律、行政法规规定的条件和程序，审查批准银行业金融机构的设立、变更、终止以及业务范围

E. 监督管理银行间同业拆借市场和银行间债券市场

【解析】中国人民银行在国务院领导下依法独立执行货币政策，履行职责，开展业务，不受地方政府、各级政府部门、社会团体和个人的干涉。中国人民银行的主要职责有：①发布与履行其职责有关的命令和规章；②依法制定和执行货币政策；③发行人民币，管理人民币流通；④监督管理银行间同业拆借市场和银行间债券市场；⑤实施外汇管理，监督管理银行间外汇市场；⑥监督管理黄金市场；⑦持有、管理、经营国家外汇储备、黄金储备；⑧经理国库；⑨维护支付、清算系统的正常运行；⑩指导、部署金融业反洗钱工作，负责反洗钱的资金监测；⑪负责金融业的统计、调查、分析和预测；⑫作为国家的中央银行，从事有关的国际金融活动；⑬国务院规定的其他职责。AD 两项是国务院银行业监督管理机构的职责。

5. 我国商业银行不得在境内进行的业务有(　　)。［2023 年 10 月真题］

3ABE　4BCE　5CE

A. 代售基金　　B. 黄金交易　　C. 证券经营　　D. 外汇买卖
E. 信托投资

【解析】《商业银行法》第四十三条规定："商业银行在中华人民共和国境内不得从事信托投资和证券经营业务，不得向非自用不动产投资或者向非银行金融机构和企业投资，但国家另有规定的除外。"限制银行从事信托投资、证券经营业务和向非自用不动产投资和企业投资，主要是为了贯彻金融分业经营的原则，防范金融风险，维护金融安全。

6. 我国《商业银行法》对商业银行金融业务和直接投资的限制包括(　　)。[2009 年 10 月真题]

A. 不得从事商业房地产投资　　B. 不得从事信托投资业务
C. 不得从事债券投资业务　　D. 不得从事证券经营业务
E. 不得向非自用不动产投资

7. 下列选项中，属于中国人民银行的主要职责的是(　　)。

A. 发布与履行其职责有关的命令和规章
B. 依法制定和执行货币政策
C. 证券经营
D. 经理国库
E. 对银行业金融机构的账户透支

【解析】CE 两项均属于中国人民银行不得从事的业务和工作。

8. 我国人民币的禁止性规定中规定的禁止行为包括(　　)。

A. 伪造、变造人民币
B. 出售伪造、变造的人民币
C. 购买伪造、变造的人民币
D. 明知是伪造、变造的人民币而持有、使用
E. 在宣传品、出版物或者其他商品上非法使用人民币图样的

【解析】关于人民币的禁止性规定包括：①任何人不得以拒收、印售代币券等方式否认人民币在中国境内的法币地位，否则会依法受到行政处罚；②伪造、变造人民币，或是出售、购买、运输、持有、使用伪造、变造的人民币，或是故意毁损人民币、非法使用人民币图样等，均为违法行为。

9. 中国人民银行有权对金融机构以及其他单位和个人的下列哪些行为进行检查监督？(　　)

A. 执行有关存款准备金管理规定的行为　　B. 与中国人民银行普通贷款有关的行为
C. 执行有关人民币管理规定的行为　　D. 执行有关反洗钱规定的行为
E. 执行有关白银管理规定的行为

【解析】除 ACD 三项外，中国人民银行有权对金融机构以及其他单位和个人的下列行为进行检查监督：①与中国人民银行特种贷款有关的行为；②执行有关银行间同业拆借市场、银行间债券市场管理规定的行为；③执行有关外汇管理规定的行为；④执行有关黄金管理规定的行为；⑤代理中国人民银行经理国库的行为；⑥执行有关清算管理规定的

6ABDE　7ABD　8ABCDE　9ACD

行为。

10. 国务院银行业监督管理机构负责对全国银行业金融机构及其业务活动监督管理的工作，其法定监管目标为(　　)。

A. 促进银行业的合法、稳健运行，维护公众对银行业的信心

B. 维持币值稳定

C. 促进经济增长

D. 维护金融稳定

E. 保护银行业公平竞争，提高银行业竞争能力

【解析】《银行业监督管理法》规定，国务院银行业监督管理机构负责对全国银行业金融机构及其业务活动监督管理的工作，其法定监管目标为：①促进银行业的合法、稳健运行，维护公众对银行业的信心；②保护银行业公平竞争，提高银行业竞争能力。

11. 对违反审慎经营规则的银行业金融机构，国务院银行业监督管理机构可以采取下列哪些措施？(　　)

A. 责令暂停部分业务、停止批准开办新业务

B. 限制分配红利和其他收入

C. 禁止资产转让

D. 责令控股股东转让股权或者限制有关股东的权利

E. 对于情节严重者，可以强制注销并没收其财产

【解析】银行业金融机构违反审慎经营规则的，国务院银行业监督管理机构或者其省一级派出机构应当责令限期改正；逾期未改正的，或者其行为严重危及该银行业金融机构的稳健运行、损害存款人和其他客户合法权益的，经国务院银行业监督管理机构或者其省一级派出机构负责人批准，可以区别情形，采取下列措施：①责令暂停部分业务、停止批准开办新业务；②限制分配红利和其他收入；③限制资产转让；④责令控股股东转让股权或者限制有关股东的权利；⑤责令调整董事、高级管理人员或者限制其权利；⑥停止批准增设分支机构。

12. 国务院银行业监督管理机构对银行业金融机构的其他监督管理措施包括(　　)。

A. 延伸调查　　B. 接管

C. 审慎性监督管理谈话　　D. 强制披露

E. 撤销

【解析】其他监督管理措施包括：①延伸调查；②审慎性监督管理谈话；③强制披露；④查询涉嫌违法账户和申请冻结涉嫌违法资金。

13. 下列关于商业银行组织机构的说法，正确的是(　　)。

A. 城市商业银行属于全国性商业银行

B. 设立全国性商业银行的注册资本最低限额为一亿元人民币

C. 商业银行的注册资本应当是实缴资本

D. 商业银行分支机构不具有法人资格，在总行授权范围内依法开展业务，其民事责任

10AE　11ABD　12ACD　13CDE

由总行承担

E．商业银行对其分支机构实行全行统一核算，统一调度资金，分级管理的财务制度

【解析】A项，全国性商业银行，包括国有控股大型商业银行、全国性股份制商业银行等。区域性商业银行主要包括城市商业银行、农村商业银行、村镇银行等。B项，设立全国性商业银行的注册资本最低限额为十亿元人民币。设立城市商业银行的注册资本最低限额为一亿元人民币，设立农村商业银行的注册资本最低限额为五千万元人民币。

14．下列关于商业银行存款业务的说法，正确的有（　　）。

A．经营存款业务实行特许制，未经批准在名称中使用“银行”字样的，由中国人民银行责令改正

B．商业银行可以提高利率以吸引更多存款

C．个人存款的查询、冻结、扣划可由法律、行政法规予以规定

D．单位存款查询可由法律、行政法规规定

E．商业银行应当保证存款本金和利息的支付，不得拖延、拒绝支付存款本金和利息

【解析】A项，未经批准在名称中使用“银行”字样的，由国务院银行业监督管理机构责令改正；B项，《商业银行法》规定，商业银行不得违反规定提高或者降低利率以及采用其他不正当手段吸收存款。C项，个人存款的查询、冻结、扣划只能由法律予以规定，单位存款查询可由法律、行政法规规定，而冻结、扣划只能由法律予以规定。

15．下列可以成为借款人主体的有（　　）。

A．国家机关　　B．个体工商户

C．限制行为能力人　　D．企业法人

E．其他经济组织

【解析】借款人是指与贷款人建立贷款法律关系的法人、其他组织或自然人。

16．根据《商业银行法》中的相关规定，商业银行须在下列哪些事项之后才可以将资金同业拆出？（　　）

A．交足存款准备金　　B．留足备付金

C．归还中国人民银行到期贷款　　D．留足股东的股权收益

E．留足坏账准备金

【解析】《商业银行法》第四十六条规定，商业银行同业拆借业务的拆出资金限于交足存款准备金、留足备付金和归还中国人民银行到期贷款之后的闲置资金。

17．下列属于洗钱的常见方式的是（　　）。

A．借用金融机构　　B．藏身于保密天堂

C．使用空壳公司　　D．伪造商业票据

E．走私

【解析】洗钱的常见方式包括：①借用金融机构；②藏身于保密天堂；③使用空壳公司；④利用现金密集行业；⑤伪造商业票据；⑥走私；⑦利用犯罪所得直接购置不动产和

14DE　15BDE　16ABC　17ABCDE

动产；⑧通过证券和保险业洗钱。

18. 根据《中华人民共和国反洗钱法》，下列属于中国人民银行的反洗钱职责的是(　　)。
A. 指导、部署金融业反洗钱工作，负责反洗钱的资金监测
B. 制定或者会同国务院有关金融监督管理机构制定金融机构反洗钱规章
C. 参与制定银行业金融机构反洗钱规章
D. 在职责范围内调查可疑交易活动
E. 对银行业金融机构提出按照规定建立健全反洗钱内部控制制度的要求
【解析】除 ABD 三项外，中国人民银行的反洗钱职责还包括：①监督、检查金融机构履行反洗钱义务的情况；②接受单位和个人对洗钱活动的举报；③向侦查机关报告涉嫌洗钱犯罪的交易活动；④向国务院有关部门、机构定期通报反洗钱工作情况；⑤根据国务院授权，代表中国政府与外国政府和有关国际组织开展反洗钱合作；⑥法律和国务院规定的有关反洗钱的其他职责。CE 两项属于国务院银行业监督管理机构的反洗钱职责。

19. 下列关于人民币的说法，错误的是(　　)。[2024 年 10 月真题]
A. 人民币是中华人民共和国的法定货币
B. 以人民币支付中华人民共和国的一切公共的和私人的债务，任何单位和个人不得拒收
C. 人民币的印制、发行、兑换、收回、销毁等工作由中国人民银行和商业银行共同负责
D. 人民币的法定管理部门是中国人民银行
E. 人民币的单位为元，辅币单位为角
【解析】C 项，人民币的法定管理部门是中国人民银行，负责人民币的统一印制、发行、兑换、收回、销毁等工作；E 项，人民币的单位为元，人民币辅币单位为角、分。

三、判断题(请对下列各题的描述做出判断，正确的用 A 表示，错误的用 B 表示)

1. 根据执行货币政策和维护金融稳定的需要，一般情况下中国人民银行可以建议国务院银行业监督管理机构对银行业金融机构进行检查监督。(　　)[2017 年 6 月真题]
【解析】根据《中国人民银行法》第三十三条，中国人民银行根据执行货币政策和维护金融稳定的需要，可以建议国务院银行业监督管理机构对银行业金融机构进行检查监督。国务院银行业监督管理机构应当自收到建议之日起三十日内予以回复。

2. 银行业金融机构的监管职责主要由国务院银行业监督管理机构行使，人民银行主要负责宏观调控，但为了实施货币政策和维护金融稳定，人民银行仍保留部分监管职责。(　　)[2016 年 10 月真题]
【解析】银行业金融机构的监管职责主要由国务院银行业监督管理机构行使后，中国人民银行主要负责金融宏观调控，但为了实施货币政策和维护金融稳定，人民银行仍保留部分监管职责。《中国人民银行法》规定中国人民银行有权对金融机构以及其他单位和个人的行为进行检查监督。

18ABD　19CE　▍　1A　2A

3. 商业银行在我国境内任何情形下不得从事信托投资和证券经营业务，不得向非自用不动产投资或者向其他金融机构和企业投资。(　　)[2016 年 10 月真题]

【解析】商业银行在中华人民共和国境内不得从事信托投资和证券经营业务，不得向非自用不动产投资或者向非银行金融机构和企业投资，但国家另有规定的除外。

4. 银行业监督管理机构可以对银行业金融机构的业务活动及其风险状况进行非现场检查和现场检查。(　　)[2016 年 5 月真题]

【解析】银行业监督管理机构的监督管理措施包括：①非现场监管措施；②现场检查措施；③对违反审慎经营规则的监管措施；④对问题银行业金融机构的接管、促成重组、撤销等监管措施；⑤其他监督管理措施。

5. 1984 年 1 月 1 日起，中国人民银行所承担的工商信贷和储蓄业务职能移交至中国工商银行，中国人民银行开始专门行使中央银行的职能，标志着我国开始实行与商品经济发展相适应的中央银行体系。(　　)[2015 年 10 月真题]

【解析】从 1984 年 1 月 1 日起，中国人民银行开始专门行使中央银行职能，随后初步确定了中央银行制度的基本框架。1993 年，按照国务院《关于金融体制改革的决定》，中国人民银行进一步强化金融调控、金融监管和金融服务职责，划转政策性业务和商业银行业务。这些改革进程标志着我国中央银行和专业银行并行的“二元制”银行体系的逐步建立。

6. 洗钱的处置阶段是指通过复杂的多种、多层的金融交易，将犯罪收益与来源分开，并进行最大程度的分散，以掩饰线索和隐藏身份。(　　)[2015 年 10 月真题]

【解析】洗钱的过程通常被分为三个阶段，即处置阶段、培植阶段、融合阶段。处置阶段是指将犯罪收益投入到清洗系统的过程，是最容易被侦查到的阶段。培植阶段，即通过复杂的多种、多层的金融交易，将非法收益与其来源分开，并进行最大限度的分散，以掩饰线索和隐藏身份。融合阶段，被形象地描述为“甩干”，即使非法变为合法，为犯罪得来的财务提供表面的合法掩盖，在犯罪收益披上了合法外衣后，犯罪收益人就能够自由地享用这些肮脏的收益，将清洗后的钱集中起来。

7. 商业银行向关系人发放担保贷款的条件可以优于其他贷款人同类贷款的条件。(　　)[2013 年 6 月真题]

8. 在宣传品、出版物或者其他商品上非法使用人民币图样的，由公安机关处十五日以下拘留、一万元以下罚款。(　　)

【解析】在宣传品、出版物或者其他商品上非法使用人民币图样的，中国人民银行应当责令改正，并销毁非法使用的人民币图样，没收违法所得，并处五万元以下罚款。出售、购买伪造、变造的人民币或者明知是伪造、变造的人民币而运输、持有、使用，构成犯罪的，依法追究刑事责任；尚不构成犯罪的，由公安机关处十五日以下拘留、一万元以下罚款。

9. 国务院银行业监督管理机构及其派出机构遵循公平、公开、公正和效率的原则对银行业实施监督管理。(　　)

3B　4A　5A　6B　7B　8B　9B

【解析】国务院银行业监督管理机构及其派出机构遵循依法、公开、公正和效率的原则对银行业实施监督管理。

10. 审慎经营规则是国务院银行业监督管理机构对银行业金融机构提出的核心经营目标。( )

【解析】审慎经营规则是国务院银行业监督管理机构对银行业金融机构提出的核心经营目标，包括风险管理、内部控制、资本充足率、资产质量、损失准备金、风险集中、关联交易、资产流动性等内容。

11. 未经国务院银行业监督管理机构批准，任何单位或者个人不得设立银行业金融机构或者从事银行业金融机构的业务活动，但是银行业金融机构设立分支机构不需要国务院银行业监督管理机构的批准。( )

【解析】银行业金融机构未经批准设立分支机构的，或未经批准变更、终止的，由国务院银行业监督管理机构及其派出机构责令改正，有违法所得的，没收违法所得，并处以罚款。

12. 国务院银行业监督管理机构对于银行业金融机构违反规定从事未经批准或者未备案的业务活动的追究方式与对银行业金融机构未经批准设立分支机构的处罚追究的方式相同。( )

【解析】银行业金融机构违反规定从事未经批准或者未备案的业务活动的，国务院银行业监督管理机构及其派出机构应当处罚追究。处罚追究方式与对银行业金融机构未经批准设立分支机构的，或未经批准变更、终止的处罚追究的方式相同。

13. 撤销是国务院银行业监督管理机构依法保护银行业金融机构经营安全、合法的一项预防性拯救措施。( )

【解析】接管是国务院银行业监督管理机构依法保护银行业金融机构经营安全、合法的一项预防性拯救措施。银行业金融机构有违法经营、经营管理不善等情形，不予撤销将严重危害金融秩序、损害公众利益的，国务院银行业监督管理机构有权予以撤销。撤销是国务院银行业监督管理机构对经其批准设立的具有法人资格的银行业金融机构采取的终止其法人资格的行政强制措施。

14. 商业银行是事业单位法人。( )

【解析】商业银行是指依照《商业银行法》和《中华人民共和国公司法》设立的吸收公众存款、发放贷款、办理结算等业务的企业法人。

15. 金融机构与客户建立人身保险、信托等业务关系，合同的受益人不是客户本人的，金融机构不需要对受益人的身份证件或者其他身份证明文件进行核对并登记。( )

【解析】金融机构在与客户建立人身保险、信托等业务关系，合同的受益人不是客户本人的，金融机构还应当对受益人的身份证件或者其他身份证明文件进行核对并登记。

16. 金融机构通过第三方识别客户身份的，由该金融机构承担未履行客户身份识别义务。( )[2017 年 10 月真题]

10A　11B　12A　13B　14B　15B　16A

【解析】金融机构通过第三方识别客户身份的，应当确保第三方已经采取符合本法要求的客户身份识别措施；第三方未采取符合本法要求的客户身份识别措施的，由该金融机构承担未履行客户身份识别义务的责任。

17.《中华人民共和国银行业监督管理法》可以适用于香港、澳门特别行政区、台湾地区的金融机构。(　　)［2025 年 6 月真题］

【解析】根据《银行业监督管理法》的规定，在中华人民共和国境内设立的商业银行、城市信用合作社、农村信用合作社等吸收公众存款的金融机构以及政策性银行；在中华人民共和国境内设立的金融资产管理公司、信托投资公司、财务公司、金融租赁公司以及经国务院银行业监督管理机构批准设立的其他金融机构的监督管理，适用本法对银行业金融机构监督管理的规定。

17B

第二章　民事法律制度

一、单选题（下列选项中只有一项最符合题目要求，请将正确选项的代码填入括号内）

1．为保护无民事行为能力人和限制民事行为能力人合法权益而设定的是（　　）。［2018 年 10 月真题］

A．指定代理　　B．委托代理　　C．表见代理　　D．法定代理

【解析】法定代理是根据法律的规定而直接产生的代理关系。法定代理主要是为保护无民事行为能力人和限制民事行为能力人的合法权益而设定的。

2．留置权是指债务人不履行到期债务，债权人可以留置已经合法占有的债务人的（　　），并有权就该账产优先受偿。［2018 年 10 月真题］

A．动产　　B．不动产　　C．权利凭证　　D．不动产和动产

【解析】留置权是指债务人不履行到期债务，债权人可以留置已经合法占有的债务人的动产，并有权就该动产优先受偿。留置权只能发生在特定的合同关系中。

3．乙未经甲授权，却以甲代理人的名义与丙签订了买卖合同。甲知道乙的该行为，却不予否认，那么，乙以甲代理人的名义与丙签订的买卖合同（　　）。［2017 年 6 月真题］

A．效力待定　　B．有效

C．经过乙催告甲后生效　　D．无效

【解析】《民法典》第一百七十二条规定，行为人没有代理权、超越代理权或者代理权终止后，仍然实施代理行为，相对人有理由相信行为人有代理权的，代理行为有效。本题中，甲知道乙的无权代理行为却不作否认表示的，视为甲同意乙的行为。因此，乙的代理行为有效，其与丙签订的买卖合同直接发生法律效力，该买卖合同有效。

4．下列关于权利质押的表述，正确的是（　　）。［2017 年 6 月真题］

A．知识产权中心的财产权出质后，出质人不得转让，但可以许可他人使用

B．票据的出质属于权利质押

C．应收账款出质后，不得转让

D．以基金份额、股权出质的，当事人只须移交相应份额，无须书面合同

【解析】A 项，知识产权中的财产权出质后，出质人不得转让或者许可他人使用，但是出质人与质权人协商同意的除外；B 项，票据的出质不属于权利质押；D 项，以基金份额、股权出质的，当事人应当订立书面合同。

5．行为人不具有代理权，但以他人的名义与第三人进行代理行为，称为（　　）。［2016 年 5 月真题］

A．无权代理　　B．法定代理　　C．授权代理　　D．有权代理

【解析】无权代理是指行为人不具有代理权，但以他人的名义与第三人进行代理行为。无

1D　2A　3B　4C　5A

权代理的构成要件为：①行为人既没有代理权，也没有令人相信其有代理权的事实或理由；②行为人以本人的名义与他人所为的民事行为；③第三人须为善意且无过失；④行为人的行为不违法；⑤行为人与第三人具有相应的民事行为能力。

6. 损害社会公共利益的合同，自(　　)。[2018 年 6 月真题]

A. 被确认时起无效　　B. 开始履行时起无效

C. 订立时起无效　　D. 发生纠纷时起无效

【解析】损害社会公共利益的合同为无效合同。无效的合同自始没有法律约束力。

7. 限制民事行为能力人可以进行与其(　　)相适应的民事活动。[2015 年 10 月真题]

A. 身份　　B. 家庭环境

C. 年龄、智力、精神状况　　D. 地位

【解析】限制行为能力，是指行为人只能独立实施与其年龄、智力或精神状况相适应的民事行为的资格。《民法典》第十九条规定，八周岁以上的未成年人为限制民事行为能力人，实施民事法律行为由其法定代理人代理或者经其法定代理人同意、追认，但是可以独立实施纯获利益的民事法律行为或者与其年龄、智力相适应的民事法律行为。《民法典》第二十二条规定，不能完全辨认自己行为的成年人为限制民事行为能力人，实施民事法律行为由其法定代理人代理或者经其法定代理人同意、追认；但是可以独立实施纯获利益的民事法律行为或者与其智力、精神健康状况相适应的民事法律行为。

8. 进行夫妻财产约定，应当(　　)。[2015 年 10 月真题]

A. 采用口头形式　　B. 进行公证　　C. 采用书面形式　　D. 有第三人见证

【解析】根据约定夫妻财产制的相关规定，男女双方可以约定婚姻关系存续期间所得的财产以及婚前财产归各自所有、共同所有或者部分各自所有、部分共同所有。约定应当采用书面形式。夫妻对婚姻关系存续期间所得的财产以及婚前财产的约定，对双方具有法律约束力。

9. 民事法律行为应具备的条件不包括(　　)。[2023 年 10 月真题]

A. 不违反法律、行政法规的强制性规定，不违背公序良俗

B. 行为人具有完全民事行为能力

C. 行为人具有相应的民事行为能力

D. 意思表示真实

【解析】民事法律行为是民事主体通过意思表示设立、变更、终止民事法律关系的行为。有效民事法律行为应当具备三个条件：①行为人具有相应的民事行为能力；②意思表示真实；③不违反法律、行政法规的强制性规定，不违背公序良俗。

10. 一物一权原则的含义是(　　)。[2015 年 10 月真题]

A. 一个物上不能同时设立两个或者两个以上在性质上相互排斥或内容上不相容的物权

B. 物权受法律保护

C. 不动产物权的设立、变更、转让和消灭，应当依照法律法规登记

D. 物权的种类和内容由法律规定

6C　7C　8C　9B　10A

【解析】物权是指权利人依法对特定的物享有直接支配和排他的权利，包括所有权、用益物权和担保物权。一物一权原则是指：①一个物之上只能设立一个所有权而不能同时设立两个以上的所有权；②在一个物上不能同时设立两个或者两个以上在性质上相互排斥或内容上不相容的物权。

11. 下列选项中具有法人资格的是(　　)。[2023 年 10 月真题]

A. 某银行董事会　B. 个体工商户　C. 某公司财务部　D. 一个公司

【解析】法人是具有民事权利能力和民事行为能力，依法独立享有民事权利和承担民事义务的组织。根据我国《民法典》的规定，法人分为营利法人、非营利法人和特别法人。AC 两项属于企业内部的某个机构或部门，不具有独立的法人资格；B 项，自然人不具备法人资格。

12. 下列关于定金和订金的表述中，错误的是(　　)。[2015 年 10 月真题]

A. 定金是一种担保方式，而订金不具有担保功能

B. 定金具有预付款性质

C. 收受定金的一方不履行约定的债务的，应当双倍返还定金

D. 订金的数额可由当事人之间自由约定

【解析】定金和订金的区别如下：①性质不同。定金是一种担保方式，而订金一般认为具有预付款性质，不具有担保功能。②效力不同。收受定金的一方不履行约定的债务的，应当双倍返还定金；而收受订金的当事人一方不履行合同债务时，退还订金即可，无须双倍返还。③数额限制不同。定金的数额不超过主合同标的额的百分之二十；而订金的数额依当事人之间自由约定，法律未作限制。

13. 以依法可以转让的商标专用权、专利权、著作权中的财产权出质的，应向管理部门办理出质登记，质权自(　　)之日起设立。[2015 年 5 月真题]

A. 订立　B. 出质　C. 转让　D. 登记

【解析】以注册商标专用权、专利权、著作权等知识产权中的财产权出质的，质权自办理出质登记时设立。知识产权中的财产权出质后，出质人不得转让或者许可他人使用，但是出质人与质权人协商同意的除外。

14. 无效合同的法律效力(　　)。[2018 年 10 月真题]

A. 自履行时无效　B. 自被确认无效时无效

C. 自登记时无效　D. 自订立时无效

15. 下列财产中不得抵押的财产是(　　)。[2014 年 11 月真题]

A. 国有土地使用权　B. 个人享有的房屋产权

C. 宅基地的使用权　D. 企业所有的汽车

【解析】下列财产不得抵押：①土地所有权；②宅基地、自留地、自留山等集体所有土地的使用权，但是法律规定可以抵押的除外；③学校、幼儿园、医疗机构等为公益目的成立的非营利法人的教育设施、医疗卫生设施和其他公益设施；④所有权、使用权不明或者有争议的财产；⑤依法被查封、扣押、监管的财产；⑥法律、行政法规规定

11D　12B　13D　14D　15C

不得抵押的其他财产。

16. 因重大误解而订立的合同属于(　　)。[2014 年 6 月真题]

A. 无效合同　B. 可撤销合同　C. 有效合同　D. 效力待定合同

【解析】可变更、可撤销的合同是指当事人在订立合同后，基于法定的理由，向法院或仲裁机关请求撤销的合同。可变更、可撤销的合同的类型包括：①因重大误解订立的合同；②显失公平的合同；③因欺诈而订立的合同；④因胁迫而订立的合同；⑤乘人之危的合同。

17. 合法代理行为的法律后果直接归属于(　　)。[2016 年 10 月真题]

A. 被代理人　B. 第三人　C. 代理人　D. 代理人和被代理人

【解析】代理行为是指能够引起民事法律后果的民事法律行为，就是说通过代理人所为的代理行为，能够在被代理人与第三人之间产生、变更或消灭某种民事法律关系。代理行为的法律后果直接归属于被代理人。

18. 甲向乙贷款 6 万元，由丙书面承诺在甲不能履行债务时，由丙承担一般保证责任，借款到期后，甲虽有钱仍想赖账不还，乙找甲催款未果，遂要求丙履行保证责任还款，下列关于保证责任的表述，正确的是(　　)。[2013 年 11 月真题]

A. 丙目前可以拒绝承担保证责任

B. 丙应当履行保证责任，先代甲还款 6 万元后，再向甲追债

C. 丙应当履行保证责任，代甲还款 6 万元

D. 丙应当履行保证责任，与乙共同向甲追款，追款未果给乙还款 6 万元

【解析】保证是指保证人和债权人约定，当债务人不履行到期债务或者发生当事人约定的情形时，保证人履行债务或者承担责任的行为。保证的方式有一般保证和连带责任保证。当事人在保证合同中约定，债务人不能履行债务时，由保证人承担保证责任的，为一般保证。一般保证的保证人在主合同纠纷未经审判或者仲裁，并就债务人财产依法强制执行仍不能履行债务前，有权拒绝向债权人承担保证责任。

19. 下列属于民事法律行为的是(　　)。[2017 年 10 月真题]

A. 某企业与银行签订高于人民银行限定的存款利率合同

B. 张三依法委托李四为其申请贷款

C. 某企业与银行签订存款合同，目的为企业洗钱

D. 5 岁的小明买银行理财产品

【解析】民事法律行为是民事主体通过意思表示设立、变更、终止民事法律关系的行为。当事人从事民事法律行为应具备以下条件：①行为人具有相应的民事行为能力；②意思表示真实；③不违反法律、行政法规的强制性规定，不违背公序良俗。AC 两项行为违反了相关的法律；D 项，行为人仅 5 岁，无民事行为能力。

20. 无权代理人的代理行为客观上存在使相对人相信其代理权的情况属于(　　)。[2012 年 10 月真题]

A. 表见代理　B. 委托代理　C. 无权代理　D. 法定代理

16B　17A　18A　19B　20A

【解析】表见代理是指无权代理人的代理行为客观上存在使相对人相信其有代理权的情况，且相对人主观上为善意，因而可以向被代理人主张代理的效力。B 项，委托代理是根据委托人的委托授权而产生的代理关系；C 项，无权代理是指行为人不具有代理权，但以他人的名义与第三人进行代理行为；D 项，法定代理是根据法律的规定而直接产生的代理关系。

21. 下列关于无效合同的表述，正确的是(　　)。[2024 年 10 月真题]

A. 合同部分无效，不影响其他部分效力

B. 合同部分无效，整体无效

C. 有过错一方不需承担缔约过失责任

D. 合同无效自判定无效起无效

【解析】B 项，合同部分无效，不影响其他部分效力，其他部分仍然有效；C 项，有过错的一方应当赔偿对方因此所受到的损失，双方都有过错的，应当各自承担相应的责任；D 项，无效的合同自始没有法律约束力。

22. 下列关于合同生效要件的表述，错误的是(　　)。[2024 年 10 月真题]

A. 当事人意思表示真实

B. 合同标的合法，即当事人签订的合同不违反法律和社会公共利益

C. 合同标的须确定和可能

D. 至少有一方当事人具有相应的民事行为能力

【解析】合同生效的要件：①当事人必须具有相应的民事行为能力；②当事人意思表示真实；③合同标的合法，即当事人签订的合同不违反法律和社会公共利益；④合同标的须确定和可能。

23. 下列关于法人的表述中，正确的是(　　)。[2009 年 10 月真题]

A. 只具有民事权利能力，不一定具有民事行为能力

B. 既具有民事权利能力，也具有民事行为能力

C. 只具有民事行为能力，不一定具有民事权利能力

D. 既不具有民事权利能力，也不具有民事行为能力

【解析】法人是具有民事权利能力和民事行为能力，依法独立享有民事权利和承担民事义务的组织。

24. 从民事法律行为来说，甲商业银行授权其业务经理乙与客户商谈业务并签订合同，该代理属于(　　)。[2009 年 10 月真题]

A. 指定代理　　B. 委托代理　　C. 业务代理　　D. 法定代理

【解析】根据《民法典》第一百六十三条的规定，代理包括委托代理和法定代理。委托代理是根据委托人的委托授权而产生的代理关系；法定代理是根据法律的规定而直接产生的代理关系，主要是为保护无民事行为能力人和限制民事行为能力人的合法权益而设定。本题中，甲商业银行是委托人，业务经理乙是代理人，此种代理属于委托代理。

25. 根据《民法典》的相关规定，当事人订立合同应当按照法定程序进行，即采取(　　)方

21A　22D　23B　24B　25C

式。[2009 年 10 月真题]

A. 起草和抄写　B. 意思和表示　C. 要约和承诺　D. 协商和证明

【解析】当事人订立合同，可以采取要约、承诺方式或者其他方式。要约是希望和他人订立合同的意思表示，承诺是受要约人同意要约的意思表示。

26. 合同生效是指(　　)。[2009 年 10 月真题]

A. 合同履行完毕　B. 合同双方当事人按照约定履行义务

C. 已经成立的合同具有法律约束力　D. 合同订立过程的结束

【解析】合同生效是指依法订立的合同在当事人之间发生法律约束力。合同成立是合同生效的前提。

27. 在保证期间，债权人与债务人协议变更主合同的，(　　)。[2009 年 10 月真题]

A. 应当取得保证人书面同意　B. 取得保证人口头同意即可

C. 无须取得保证人同意　D. 通知保证人即可

【解析】债权人与债务人协议变更主合同的，应当取得保证人书面同意，未经保证人书面同意，减轻债务的，保证人仍对变更后的债务承担保证责任；加重债务的，保证人对加重的部分不承担保证责任。

28. 某商业银行接受客户拥有的股权作为其借款担保，该担保方式属于(　　)。[2009 年 10 月真题]

A. 信用贷款　B. 保证　C. 质押　D. 抵押

【解析】质押是指债务人或第三人将其动产或权利凭证移交债权人占有或者将法律法规允许质押的权利依法进行登记，将该动产或权利作为债权的担保，当债务人不履行债务时，债权人有权依法就该动产或权利处分所得的价款优先受偿。股权本质属于一种权利，因而以股权设定的担保属于质押。

29. 存款客户向存款机构提供的转账凭证或填写的存款凭条是借款合同缔结过程中的(　　)阶段。

A. 邀请　B. 要约　C. 承诺　D. 合同

【解析】要约是希望和他人订立合同的意思表示。存款合同的订立须经要约和承诺两个阶段，存款客户向存款机构提供的转账凭证或填写的存款凭条是要约。本题“要约人”为存款客户，“受要约人”为存款机构。

30. 下列选项中，不属于民事法律行为被确认无效或被撤销后，产生的法律效果的是(　　)。

A. 返还财产　B. 没收财产　C. 赔偿损失　D. 折价补偿

【解析】民事法律行为无效、被撤销或者确定不发生效力后，产生如下法律效果：①返还财产。民事法律行为被确认为无效、被撤销或者确定不发生效力后，行为人因该行为取得的财产，应当予以返还。不能返还或者没有必要返还的，应当折价补偿。②赔偿损失。民事行为被确认为无效或者被撤销后，有过错的一方应当赔偿对方因此所受的损失，双方都有过错的，应当各自承担相应的责任。

26C　27A　28C　29B　30B

31．物权中最完整最充分的权利是(　　)。[2017年10月真题]

A．用益物权　　B．所有权　　C．占有权　　D．担保物权

【解析】根据《民法典》第一百一十四条规定，物权包括所有权、用益物权和担保物权。所有权是物权中最完整、最充分的权利，担保物权和用益物权都是从所有权派生出来的。

32．甲未经乙授权即以乙的名义与丙订立合同，乙不应当向丙承担责任的情形是(　　)。

A．乙事后表示追认

B．乙知道甲以其名义与丙订立合同而不作否认表示

C．丙在知道甲没有得到乙的授权的情况下，依据该合同向乙发货，被乙拒绝的

D．丙有足够的理由相信甲有代理权

【解析】题中甲为代理人，乙为被代理人，丙是第三人。A项，根据《民法典》的规定，无权代理经被代理人追认，即直接对被代理人发生法律效力，产生与有权代理相同的法律后果；B项，被代理人明知代理人的代理行为而不作否认的，被代理人承担责任；D项属于表见代理，表见代理由被代理人承担责任。

33．在无权代理的情况下，相对人可以催告被代理人在(　　)日内予以追认。

A．三十　　B．四十　　C．五十　　D．六十

【解析】无权代理是指行为人不具有代理权，但以他人的名义与第三人进行代理行为。根据《民法典》第一百七十一条第二款规定，相对人可以催告被代理人自收到通知之日起三十日内内予以追认。

34．根据《民法典》的规定，对于当事人对保证方式没有约定或者约定不明确的，下列说法正确的是(　　)。[2019年6月真题]

A．由保证人选择使用何种保证方式　　B．按照一般保证承担保证责任

C．保证合同无效　　D．由债权人选择使用何种保证方式

【解析】根据《民法典》的规定，保证的方式有一般保证和连带责任保证。当事人在保证合同中约定保证人与债务人对债务承担连带责任的，为连带责任保证。连带责任保证的债务人不履行到期债务或者发生当事人约定的情形时，债权人可以请求债务人履行债务，也可以请求保证人在其保证范围内承担保证责任。当事人对保证方式没有约定或者约定不明确的，按照一般保证承担保证责任。

35．甲企业向某银行申请贷款，请求并得到乙企业为其提供一般保证责任，如果甲企业到期还未还款，银行可以首先要求(　　)。

A．甲企业履行债务　　B．乙企业履行债务

C．甲或者乙企业履行债务　　D．甲企业和乙企业履行债务

【解析】当事人在保证合同中约定，债务人不能履行债务时，由保证人承担保证责任的，为一般保证。一般保证的保证人在主合同纠纷未经审判或者仲裁，并就债务人财产依法强制执行仍不能履行债务前，有权拒绝向债权人承担保证责任。题中某银行应首先要求主债务人甲企业履行债务，只有当其不能履行时，才可以要求保证人承担。

31B　32C　33A　34B　35A

36. 我国《民法典》规定，一般保证的保证人与债权人未约定保证期间的，保证期间为主债务履行期满之日起(　　)内。[2017 年 10 月真题]

A. 2 个月　　B. 3 个月　　C. 6 个月　　D. 1 个月

【解析】根据《民法典》第二十五条规定，一般保证的保证人与债权人未约定保证期间的，保证期间为主债务履行期届满之日起 6 个月。

37. 抵押物折价或者拍卖、变卖之后，其价款超过债权数额的部分归(　　)所有。

A. 债权人　　B. 抵押人　　C. 拍卖机构　　D. 作为税收

【解析】抵押财产折价或者拍卖、变卖后，其价款超过债权数额的部分归抵押人所有，不足部分由债务人清偿。

38. 下列选项中，不属于定金和订金的区别的是(　　)。

A. 性质不同　　B. 效力不同　　C. 数额限制不同　　D. 适用法律不同

【解析】定金和订金的区别表现在以下几个方面：①性质不同。定金是一种担保方式；而订金一般认为具有预付款性质，不具有担保功能。②效力不同。收受定金的一方不履行约定的债务的，应当双倍返还定金；而收受订金的当事人一方不履行合同债务时，退还订金即可，无须双倍返还。③数额限制不同。定金数额不超过主合同标的额的百分之二十；而订金的数额依当事人之间自由约定，法律未作限制。

39. 甲以自己一辆价值 20 万元的汽车作抵押先后向乙丙借款 15 万元，均未办理抵押登记，现届期不能偿还，乙丙均主张权利。下列说法正确的是(　　)。

A. 丙优先受偿　　B. 乙优先受偿

C. 按债权比例受偿　　D. 因未登记不予保护

【解析】同一财产向两个以上债权人抵押的，拍卖、变卖抵押财产所得的价款依照下列规定清偿：①抵押权已登记的，按照登记的时间先后确定清偿顺序；②抵押权已登记的先于未登记的受偿；③抵押权未登记的，按照债权比例清偿。

40. 张三向李四借款 10000 元，同意将自己的笔记本电脑质押，该质权自(　　)起设立。

A. 合同签订　　B. 合同生效　　C. 质物交付　　D. 质押登记

【解析】质权自出质人交付质押财产时设立。

41. 连带责任保证的保证人与债权人未约定保证期间的，债权人有权自主债务履行期届满之日起(　　)个月内要求保证人承担保证责任。

A. 6　　B. 12　　C. 24　　D. 36

【解析】根据《民法典》规定，连带责任保证的保证人与债权人对保证期间没有约定或者约定不明确的，债权人有权自主债务履行期限届满之日起 6 个月内要求保证人承担保证责任。债权人在保证期间请未要求保证人承担保证责任的，保证人不再承担保证责任。

42. 下列关于留置权说法错误的是(　　)。

A. 留置权只能发生在特定的合同关系中

36C　37B　38D　39C　40C　41A　42C

B. 留置权发生两次效力

C. 留置财产后的债务履行期限不定

D. 留置权实现时，留置权人必须确定债务人履行债务的宽限期

【解析】C 项，留置权人与债务人应当约定留置财产后的债务履行期限；没有约定或者约定不明确的，留置权人应当给债务人六十日以上履行债务的期限，但是鲜活易腐等不易保管的动产除外。

43. 下列合同中不能产生留置权的是(　　)。

A. 买卖合同　　B. 加工承揽合同　　C. 保管合同　　D. 运输合同

【解析】留置权是指债务人不履行到期债务，债权人可以留置已经合法占有的债务人的动产，并有权就该动产优先受偿。留置权只能发生在特定的合同关系中，如保管合同、运输合同和加工承揽合同。

44. 李某是乙企业销售人员，拥有企业的空白合同书，后李某因违规被乙企业除名，但空白合同书未收回。李某以此合同书与丙签订买卖合同，该买卖合同的效力(　　)。

A. 不成立　　B. 无效　　C. 效力待定　　D. 有效

【解析】表见代理是指无权代理人的代理行为客观上存在使相对人相信其有代理权的情况，且相对人主观上为善意，因而可以向被代理人主张代理的效力。题中李某的行为符合表见代理的适用条件，该合同有效。

45. 关于合同的理解，错误的是(　　)。

A. 合同是一种协议

B. 参与合同的主体必须是平等的

C. 自然人之间不能设立合同关系

D. 合同涉及主体之间民事权利义务的设立、变更和终止

【解析】《民法典》第四百六十四条规定，合同是民事主体之间设立、变更、终止民事法律关系的协议。

46. 在合同履行中应当遵循的道德规则是(　　)原则。

A. 全面履行　　B. 实际履行　　C. 诚实信用　　D. 协作履行

【解析】诚实信用原则是指当事人按照合同约定的条件，切实履行自己所承担的义务，取得另一方当事人的信任，根据合同的性质、目的和交易习惯履行通知、协助、保密等义务，相互配合履行，共同全面地实现合同的签订目的。诚实信用原则是一个抽象的概念，是人们在合同履行中所应遵守的道德规则。ABD 三项均为在合同履行中应当遵循的原则，但不属于道德规则。

47. 下列情形中，要约有效的是(　　)。

A. 要约被依法撤销　　B. 承诺在约定期限内到达要约人

C. 受要约人变更合同标的物的数量　　D. 要约被拒绝

【解析】有下列情形之一的，要约失效：①要约被拒绝；②要约被依法撤销；③承诺期限届满，受要约人未作出承诺；④受要约人对要约的内容作出实质性变更。

43A　44D　45C　46C　47B

48. 甲与乙订立合同，双方约定甲于3月20日向乙交付机器一台，后该机器在3月10日由于社会骚乱而丢失，无法交付，此时乙有权(　　)。

A. 解除合同　　B. 变更合同

C. 行使后履行抗辩权　　D. 行使撤销权

【解析】出现因不可抗力致使不能实现合同目的时，当事人可以解除合同。不可抗力主要包括自然灾害、政府行为、社会异常事件，骚乱属于社会异常事件，符合合同解除的法定情形。

49. 在下列哪种情况下，要约可以撤销？(　　)

A. 撤销要约的通知在受要约人发出承诺通知之前到达受要约人

B. 要约人确定了承诺期限

C. 要约人以其他形式明示要约不可撤销

D. 受要约人有理由认为要约是不可撤销的，并已经为履行合同作了准备工作

【解析】要约不得撤销的情形包括：①要约人以确定承诺期限或者其他形式明示要约不可撤销；②受要约人有理由认为要约是不可撤销的，并已经为履行合同做了合理准备工作。

50. 下列关于抵销的说法，不正确的是(　　)。

A. 抵销分为法定抵销与约定抵销

B. 抵销具有简化交易程序，降低交易成本，提高交易安全性的作用

C. 抵销可以附条件或者附期限

D. 当事人互负债务，标的物种类、品质不相同的，经双方协商一致，也可以抵销

【解析】抵销是双方当事人互负债务时，一方通知对方以其债权充当债务的清偿或者双方协商以债权充当债务的清偿，使得双方的债务在对等额度内消灭的行为。C项，抵销不得附条件或者附期限。

51. 下列关于遗嘱的说法，不正确的是(　　)。

A. 遗嘱人可以撤回、变更自己所立的遗嘱

B. 法定继承的效力优于遗嘱继承

C. 立遗嘱后，遗嘱人实施与遗嘱内容相反的民事法律行为的，视为对遗嘱相关内容的撤回

D. 遗嘱人立有数份遗嘱，内容相抵触的，以最后的遗嘱为准

【解析】B项，遗嘱继承的效力优于法定继承。

52. 关于监护人的设定，下列说法错误的是(　　)。

A. 居民委员会、村民委员会、民政部门或者人民法院应当尊重被监护人的真实意愿，按照最有利于被监护人的原则在依法具有监护资格的人中指定监护人

B. 按照监护人设定的方式不同，监护可以分为法定监护、协议监护和指定监护

C. 没有依法具有监护资格的人的，监护人只能由民政部门担任

D. 监护人的职责是代理被监护人实施民事法律行为，保护被监护人的人身权利、财产

48A　49A　50C　51B　52C

权利以及其他合法权益等

【解析】C项，没有依法具有监护资格的人的，监护人由民政部门担任，也可以由具备履行监护职责条件的被监护人住所地的居民委员会、村民委员会担任。

53. 关于个体工商户和农村承包经营户债务的承担的相关说法错误的是(　　)。

A. 个体工商户的债务，个人经营的，以个人财产承担；家庭经营的，以家庭财产承担

B. 个体工商户的债务，无法区分的，以个人财产承担

C. 农村承包经营户的债务，以从事农村土地承包经营的农户财产承担

D. 农村承包经营户的债务，事实上由农户部分成员经营的，以该部分成员的财产承担

【解析】个体工商户的债务，个人经营的，以个人财产承担；家庭经营的，以家庭财产承担；无法区分的，以家庭财产承担。

54. 法人的民事权利能力与自然人的民事权利能力的区别不包括(　　)。

A. 起止时间不同　B. 差异程度不同　C. 范围不同　D. 实现方式不同

【解析】法人的民事权利能力与自然人的民事权利能力有以下不同：①起止时间不同。自然人的民事权利能力始于出生，终于死亡；法人的民事权利能力则始于成立，终于法人终止。②差异程度不同。不同自然人的权利能力一律平等；而不同法人的民事权利能力则因法律、法人章程的规定的不同而各不相同。③范围不同。自然人和法人各有一些特有的权利能力，如自然人有继承权，法人不可能享有；而属于某些法人的民事权利能力的内容，如商业银行的贷款业务经营权，自然人则不能享有。

55. 法人的民事行为能力与自然人的民事行为能力的区别不包括(　　)。

A. 起止时间不同　B. 范围不同　C. 差异程度不同　D. 实现方式不同

【解析】法人的民事行为能力与自然人的民事行为能力有以下不同：①起止时间不同。法人的民事行为能力与其民事权利能力一起产生、同时消灭，两者起止时间完全一致。而自然人则随着达到法律规定的一定年龄取得限制或完全行为能力，自然人不仅因死亡而使其行为能力消灭，还可因其患病而丧失部分或完全行为能力。②范围不同。法人的民事行为能力属于完全民事行为能力，其范围始终与民事权利能力的范围相一致。而自然人中的无民事行为能力人或限制民事行为能力人，两者的范围是不一致的。③实现方式不同。自然人的民事行为能力一般通过自然人自身的行为实现，即自然人可以以自己的活动参加民事法律关系，为自己设定民事权利义务。而法人是一种组织体，其自身在客观上不可能像自然人一样实施民事行为。所以，法人的民事行为能力是通过法人的法定代表人的活动来实现的。

56. 关于法人分支机构，下列说法错误的是(　　)。

A. 法人分支机构是以法人财产设立的相对独立活动的法人组成部分

B. 法人分支机构仍属于法人的组成部分，主要表现在其目的事业必须在法人范围之内

C. 法人分支机构对民事活动所发生的债务具有独立责任能力

D. 法人分支机构可以在法人的授权范围内，以自己的名义从事民事活动

【解析】C项，法人分支机构进行民事活动所发生的债务和所承担的责任最终由法人承

53B　54D　55C　56C

担，不具有独立责任能力，与有独立责任能力的母公司之子公司不同。

57. 关于法人的变更与终止，下列说法错误的是(　　)。

A. 法人的变更是指法人在存续期间内，其性质、组织机构、经营范围、财产状况以及名称、住所等重要事项上发生的变动

B. 法人的终止，是指从法律上消灭法人作为民事主体的资格

C. 法人终止主要有依法被撤销、依法被解散、破产等原因

D. 法人终止前不必进行清算

【解析】法人终止前，必须进行清算，由依法成立的清算组织依据其职权清理并消灭法人的全部财产关系。清算是法人终止的必经程序。

58. 某公立中学为修缮教育设施向银行借款，银行要求该学校提供担保，学校自有财产向银行设立抵押，下列财产中，可以抵押的是(　　)。[2021 年 6 月真题]

A. 该学校的办公楼　　B. 该学校的非教育用小汽车

C. 与邻校存在权属争议的财产　　D. 该学校的操场

【解析】债务人或者第三人有权处分的下列财产可以抵押：①建筑物和其他土地附着物；②建设用地使用权；③海域使用权；④生产设备、原材料、半成品、产品；⑤正在建造的建筑物、船舶、航空器；⑥交通运输；⑦法律、行政法规未禁止抵押的其他财产。下列财产不得抵押：①土地所有权；②宅基地、自留地、自留山等集体所有土地的使用权，但是法律规定可以抵押的除外；③学校、幼儿园、医疗机构等为公益目的成立的非营利法人的教育设施、医疗卫生设施和其他公益设施；④所有权、使用权不明或者有争议的财产；⑤依法被查封、扣押、监管的财产；⑥法律、行政法规规定不得抵押的其他财产。

59. 甲有字画一幅，乙丙均欲购买。甲先与乙达成协议，以 5 万元价格出售该字画，双方约定次日交货付款，丙知晓后，当晚即携款至甲处，欲以 6 万元价格购买，甲欣然应允，并即交货付款。对此，下列表述正确的是(　　)。[2021 年 6 月真题]

A. 甲与丙之间买卖合同无效　　B. 乙得请求甲承担违约责任

C. 甲与乙之间买卖合同无效　　D. 乙得请求丙交付该字画

【解析】违约当事人应对因自己的过错造成的违约后果承担违约责任，而不能将责任推卸给他人。本题中，甲与乙已达成协议，约定次日交货付款，故甲与乙之间买卖合同有效，而甲违约将画卖给丙，违反了约定，乙得请求甲承担违约责任。甲与丙之间的买卖合同符合法律规定合同有效的要件，因此合同有效，且甲与丙已经完成交货付款，此时画的所有权已经归属丙，乙不可请求丙交付该字画。

60. 下列不属于法定继承的第一顺序人的是(　　)。[2024 年 10 月真题]

A. 有抚养关系的父母　　B. 养子女

C. 祖父母　　D. 对公婆尽了主要赡养义务的儿媳

【解析】《民法典》第一千一百二十七条规定，遗产按照下列顺序继承：第一顺序：配偶、子女、父母。第二顺序：兄弟姐妹、祖父母、外祖父母。根据《民法典》规定，丧

57D　58B　59B　60C

偶儿媳对公、婆，丧偶女婿对岳父、岳母，尽了主要赡养义务的，作为第一顺序继承人。

61. 保证合同约定的保证期间早于或者等于主债务履行期限的，保证期间为(　　)。[2024年10月真题]

A. 主债务履行期届满之日起一年　　B. 主债务履行期届满之日

C. 主债务履行期届满之日起六个月　　D. 主债务履行期届满之日起三个月

【解析】债权人与保证人可以约定保证期间，但是约定的保证期间早于主债务履行期限或者与主债务履行期限同时届满的，视为没有约定；没有约定或者约定不明确的，保证期间为主债务履行期限届满之日起6个月。

62. 当事人协商一致而解除合同，被称为(　　)。[2024年10月真题]

A. 协议解除　B. 约定解除权　C. 法定解除　D. 到期解除

【解析】合同的解除分为：①协议解除，是指当事人协商一致而解除合同；②约定解除权，是指双方在原合同中约定解除权条款，或另行签订一个合同赋予一方或双方当事人在一定条件下享有解除权；③法定解除，是指根据法律规定而解除合同。

63. 关于债务抵消，下列说法错误的是(　　)。[2024年10月真题]

A. 债务抵消应通知对方

B. 法律规定不可抵消的债务不得抵消

C. 当事人必须互负债务，且该债务的标的物种类、品质相同的可以抵消

D. 如果当事人负债务，但标的物种类、品质不相同的，可抵消

【解析】当事人互负债务，该债务的标的物种类、品质相同的，任何一方可以将自己的债务与对方的到期债务抵销；但是，根据债务性质、按照当事人约定或者依照法律规定不得抵销的除外。

64. 中国人民银行在各地的分行属于(　　)。[2024年10月真题]

A. 法人分支机构　B. 事业单位法人　C. 社会团体法人　D. 机关法人

【解析】法人分支机构是以法人财产设立的相对独立活动的法人组成部分。法人分支机构，仍属于法人的组成部分，主要表现在其目的事业必须在法人范围之内，其进行民事活动所发生的债务和所承担的责任最终由法人承担，不具有独立责任能力，与有独立责任能力的母公司之子公司不同。法人的分支机构还可以在法人的授权范围内，以自己的名义从事民事活动。

65. 合同权力义务关系的终止，不影响合同中哪类条款？(　　)[2025年6月真题]

A. 债务履行条款　　B. 债权人权利条款

C. 保证和承诺条款　　D. 结算和清理条款

【解析】合同的权利义务关系终止不影响合同中结算和清理条款的效力。合同的权利义务终止后，当事人还负有后合同义务，应当遵循诚实信用原则，根据交易习惯履行通知、协助、保密、旧物回收等义务。

61C　62A　63D　64A　65D

二、**多选题**(下列选项中有两项或两项以上符合题目要求，请将符合题目要求选项的代码填入括号内)

1. 抵押合同应当包含的条款有(　　)。[2017 年 6 月真题]

A. 债务人履行债务的期限　　B. 抵押财产的状况

C. 被担保债权的种类和数额　　D. 担保范围

E. 不能实现债权时的受偿方式

【解析】抵押合同一般包括下列条款：①被担保债权的种类和数额；②债务人履行债务的期限；③抵押财产的名称、数量等情况；④担保的范围。

2. 法人成立必须具备的条件有(　　)。[2016 年 10 月真题]

A. 依法成立　　B. 有必要的财产和经费

C. 有自己的名称　　D. 有自己的组织机构

E. 有自己的住所

【解析】法人的成立必须具备以下条件：①依法成立，依法成立包括实体合法和程序合法两方面；②有自己的名称、组织机构、住所、财产或者经费，法人的名称是其区别于其他法人的标志，法人组织机构是法人得以实现意志的组织保障，法人的住所是法人从事经营活动的固定地点，财产或者经费是法人享有民事权利和承担民事义务的物质基础，是法人独立承担民事责任的财产保障。

3. 合同履行的原则包括(　　)。[2016 年 10 月真题]

A. 情势变更原则　　B. 协作履行原则　　C. 实际履行原则　　D. 诚实信用原则

E. 全面履行原则

【解析】合同也称为契约，其本质是一种合意或协议。合同履行的原则包括：①实际履行原则；②全面履行原则；③协作履行原则；④诚实信用原则；⑤情势变更原则。

4. 从法律特征上看，物权属于(　　)。[2021 年 6 月真题]

A. 绝对权　　B. 请求权　　C. 对世权　　D. 支配权

E. 相对权

【解析】与债权相比，物权具有以下法律特征：①物权是绝对权(对世权)；②物权是支配权；③物权的标的是物；④物权具有排他性；⑤物权具有追及力。

5. 根据《民法典》的规定，下列合同无效的是(　　)。[2015 年 10 月真题]

A. 以合法形式掩盖非法目的的合同

B. 违反法律、行政法规的强制性规定的合同

C. 恶意串通损害第三人利益的合同

D. 因欺诈而订立的合同

E. 损害社会公共利益的合同

【解析】无效合同是指合同虽然已经成立，但因其欠缺法定有效要件，从法律上不予以承认和保护的合同。导致合同无效的原因包括：①虚假合同；②恶意串通，损害他人合法利益；③违背公序良俗；④违反法律、行政法规的强制性规定。D 项，因欺诈而订立的

1ABCD　2ABCDE　3ABCDE　4ACD　5ABCE

合同属于可变更、可撤销的合同。

6. 根据《民法典》，合同的内容包括(　　)。[2018 年 6 月真题]

A. 违约责任　　B. 当事人的姓名或者名称和住所

C. 价款或者报酬　　D. 数量

E. 标的

【解析】合同的内容由当事人约定，一般包括以下条款：①当事人的姓名或者名称和住所；②标的；③数量；④质量；⑤价款或者报酬；⑥履行期限、地点和方式；⑦违约责任；⑧解决争议的方法。当事人可以参照各类合同的示范文本订立合同。

7. 对于设立质权的合同，一般包括的条款有(　　)。[2015 年 10 月真题]

A. 被担保债权的种类和数额　　B. 质押财产交付的时间、方式

C. 质押担保的范围　　D. 债务人履行债务的期限

E. 质押财产的名称、数量等情况

【解析】质押是指债务人或第三人将其动产或权利凭证移交债权人占有或者将法律法规允许质押的权利依法进行登记，将该动产或权利作为债权的担保，当债务人不履行债务时，债权人有权依法就该动产或权利处分所得的价款优先受偿。对于设立质权的合同，一般包括下列条款：①被担保债权的种类和数额；②债务人履行债务的期限；③质押财产的名称、数量等情况；④担保的范围；⑤质押财产交付的时间、方式。

8. 下列属于法律规定的担保方式有(　　)。[2014 年 11 月真题]

A. 保证　　B. 抵押　　C. 留置　　D. 定金

E. 质押

【解析】担保是指按照法律规定或者当事人约定，由债务人或第三人向债权人提供一定的财产或资信，以确保债务的清偿。我国法律规定了五种担保方式：保证、抵押、质押、留置和定金。

9. 按照《民法典》的规定，不得作为保证人的有(　　)。[2014 年 6 月真题]

A. 不从事经营活动的社会团体

B. 国家机关

C. 企业法人的分支机构

D. 学校、幼儿园、医院等以公益为目的的事业单位

E. 企业法人的职能部门

【解析】《民法典》第六百八十三条规定，机关法人不得为保证人，但是经国务院批准为使用外国政府或者国际经济组织贷款进行转贷的除外。以公益为目的的非营利法人、非法人组织不得为保证人。

10. 一般保证的保证人在主合同纠纷未经审判或者仲裁，并就债务人财产依法强制执行仍不能履行债务前，有权拒绝向债权人承担保证责任。但是，有下列(　　)情形的除外。[2024 年 10 月真题]

A. 债务人下落不明，且无财产可供执行

6ABCDE　7ABCDE　8ABCDE　9ABCDE　10ABCDE

B. 人民法院已经受理债务人破产案件

C. 债权人有证据证明债务人的财产不足以履行全部债务

D. 保证人书面表示放弃本款规定的权利

E. 债权人有证据证明债务人丧失履行债务能力

【解析】一般保证的保证人在主合同纠纷未经审判或者仲裁，并就债务人财产依法强制执行仍不能履行债务前，有权拒绝向债权人承担保证责任。但是，根据《民法典》第六百八十七条的规定，有下列情形之一的除外：①债务人下落不明，且无财产可供执行；②人民法院已经受理债务人破产案件；③债权人有证据证明债务人的财产不足以履行全部债务或者丧失履行债务能力；④保证人书面表示放弃本款规定的权利。

11. 担保物权包括(　　)。[2010 年 5 月真题]

A. 处分权　B. 留置权　C. 质押权　D. 抵押权

E. 书面承诺权

【解析】担保物权是指担保物权人在债务人不履行到期债务或者发生当事人约定的实现担保物权的情形，依法享有就担保财产优先受偿的权利。设立担保物权的目的就是担保债权人的债权的实现。担保物权包括抵押权、质权和留置权。

12. 下列属于完全民事行为能力人的有(　　)。[2018 年 6 月真题]

A. 14 周岁以上的自然人

B. 16 周岁以上的自然人

C. 16 周岁以上不满 18 周岁的自然人，以自己的劳动收入为主要生活来源的

D. 18 周岁以上的自然人

E. 10 周岁以上的自然人

【解析】《民法典》第十七条规定，十八周岁以上的自然人是成年人，不满十八周岁的自然人为未成年人。《民法典》第十八条规定，成年人为完全民事行为能力人，可以独立实施民事法律行为。十六周岁以上的未成年人，以自己的劳动收入为主要生活来源的，视为完全民事行为能力人。

13. 违约责任的承担形式有(　　)。[2021 年 6 月真题]

A. 补救措施　B. 赔偿损失　C. 继续履行　D. 支付违约金

E. 定金责任

【解析】承担违约责任的主要方式有：①继续履行；②赔偿损失；③支付违约金；④定金；⑤采取补救措施。

14. 下列哪些可以作为民事主体？(　　)

A. 婴儿　B. 动物　C. 合伙组织　D. 个体工商户

E. 国家

【解析】民事主体是指依照民事法律规范具有参与民事法律关系的资格，并以自己的名义享有民事权利和承担民事义务的人。根据《民法典》和有关法律的规定，我国的民事主体一般包括自然人、法人和非法人组织。在特殊情况下，国家也可以作为民事主体。

11BCD　12CD　13ABCDE　14ACDE

动物不属于民事主体，它可以作为民事行为的客体。

15．下列关于民事法律行为的说法，正确的是（　　）。

A．民事法律行为的主体之间是平等的

B．民事法律行为依意思表示的内容而发生效力

C．限制民事行为能力人、无民事行为能力人接受奖励、赠与的行为不是民事法律行为

D．在我国，民事法律行为的形式只能是书面形式

E．无效民事行为，是指因欠缺民事法律行为的有效条件，不发生当事人预期法律后果的民事行为

【解析】C项，限制民事行为能力人、无民事行为能力人从事“纯获法律上利益”的行为是民事法律行为，如接受奖励、赠与等。D项，在我国，民事法律行为有以下形式：①口头形式；②书面形式；③其他形式。其他形式主要是推定形式和沉默形式。

16．表见代理的构成要件包括（　　）。

A．代理人无代理权

B．相对人主观上为善意

C．相对人有理由相信无权代理人具有代理权

D．代理人以自己的名义为民事法律行为

E．相对人与无权代理人之间的民事行为合法有效

【解析】表见代理的构成要件为：①代理人无代理权；②相对人主观上为善意；③客观上有使相对人相信无权代理人具有代理权的情形；④相对人基于这个客观情形而与无权代理人成立民事行为。D项，表见代理中代理人必须以被代理人的名义与第三人为民事法律行为。

17．无权代理的构成要件包括（　　）。

A．行为人既没有代理权，也没有令人相信其有代理权的事实或理由

B．相对人主观上为善意

C．行为人以本人的名义与他人所为的民事行为

D．相对人有理由相信无权代理人具有代理权

E．行为人与第三人具有相应的民事行为能力

【解析】无权代理的构成要件为：①行为人既没有代理权，也没有令人相信其有代理权的事实或理由；②行为人以本人的名义与他人所为的民事行为；③第三人须为善意且无过失；④行为人的行为不违法；⑤行为人与第三人具有相应的民事行为能力。BD两项为表见代理的构成要件。

18．质押可分为（　）。

A．动产质押　　B．不动产质押　　C．权利质押　　D．无形资产质押

E．其他形式的质押

【解析】质押可以分为动产质押和权利质押两类：前者是以动产为标的设定的质押；后

15ABE　16ABCE　17ACE　18AC

者是以财产权利为标的设定的质押。

19. 抵押合同应当包含的条款有（　　）。

A. 债务人履行债务的期限　　B. 抵押财产的状况

C. 被担保债权的种类和数额　　D. 担保范围

E. 不能实现债权时的受偿方式

【解析】抵押合同一般包括下列条款：①被担保债权的种类和数额；②债务人履行债务的期限；③抵押财产的名称、数量等情况；④担保的范围。

20. 下列权利可以进行质押的有（　　）。

A. 可以转让的基金份额　　B. 应收账款

C. 汇票、本票　　D. 提单、仓单

E. 知识产权

【解析】债务人或者第三人有权处分的下列权利可以出质：①汇票、本票、支票；②债券、存款单；③仓单、提单；④可以转让的基金份额、股权；⑤可以转让的注册商标专用权、专利权、著作权等知识产权中的财产权；⑥现有的以及将有的应收账款；⑦法律、行政法规规定可以出质的其他财产权利。E 项，知识产权中的财产性权利才能进行质押，人身权不能质押。

21. 下列关于主债权转让或变更对保证责任的影响，说法正确的有（　　）。

A. 债权人和债务人未经保证人书面同意，协商变更主债权债务合同内容，减轻债务的，保证人仍对变更后的债务承担保证责任

B. 债权人和债务人未经保证人书面同意，协商变更主债权债务合同内容，加重债务的，保证人对加重的部分不承担保证责任

C. 保证人与债权人约定禁止债权转让，债权人未经保证人书面同意转让债权的，保证人对受让人不再承担保证责任

D. 债权人未经保证人书面同意，允许债务人转移全部或者部分债务，保证人对未经其同意转移的债务不再承担保证责任，但是债权人和保证人另有约定的除外

E. 债权人转让全部或者部分债权，未通知保证人的，该转让对保证人仍发生效力

【解析】E 项，债权人转让全部或者部分债权，未通知保证人的，该转让对保证人不发生效力。

22. 合同的相对性主要表现在哪些方面？（　　）

A. 主体相对　　B. 内容相对　　C. 责任相对　　D. 权利相对

E. 义务相对

【解析】合同相对性主要体现在以下三个方面：①主体相对，即指合同关系只能发生在特定的主体之间，只有合同当事人一方能够向合同的另一方当事人基于合同提出请求或提起诉讼，而不能向与合同无关的第三人提出合同上的请求及诉讼；②内容相对，即指除法律、合同另有规定以外，只有合同当事人才能享有合同规定的权利，并承担该合同规定的义务，当事人以外的任何第三人不能主张合同上的权利，更不负担合同

19ABCD　20ABCD　21ABCD　22ABC

中规定的义务；③责任相对。

23. 合同的转让分为(　　)。

A. 股权转让　　B. 债权转让

C. 债务承担　　D. 合同权利义务的概括移转

E. 债务转让

【解析】合同的转让，即合同主体的变更，指当事人将合同的权利和义务全部或者部分转让给第三人。合同的转让分为债权转让、债务承担和合同权利义务的概括移转三种。

24. 合同的解除分为(　　)。

A. 协议解除　　B. 法定解除　　C. 约定解除权　　D. 自然解除

E. 强制解除

【解析】合同的解除分为：①协议解除，是指当事人协商一致而解除合同；②约定解除权，是指双方在原合同中约定解除权条款，或另行签订一个合同赋予一方或双方当事人在一定条件下享有解除权；③法定解除，是指根据法律规定而解除合同。

25. 在执行合同过程中发现对主要条款有重大误解，双方当事人(　　)。

A. 都有权向对方宣告此合同无效

B. 都有权向对方宣告此主要条款无效

C. 都有权请求仲裁机关予以变更或者撤销

D. 都有权请求人民法院予以变更或者撤销

E. 都有权解除合同

【解析】根据《民法典》的规定，因重大误解订立的合同，当事人任何一方均有权请求人民法院或者仲裁机构撤销或者变更。

26. 甲乙双方签订了一份买卖淫秽书籍的合同，对此正确的处理方式有(　　)。

A. 确认为无效合同

B. 各自返还原物

C. 由双方当事人协商解决

D. 将双方已经取得或者约定取得的财产，收归国库

E. 有过错一方赔偿对方的损失

【解析】违反法律、行政法规的强制性规定，损害社会公共利益的合同属于无效合同；对于违法所得，应收归国库，而不是让双方协商，各自返还。

27. 有(　　)情形时，难以履行债务的，债务人可以将标的物提存。

A. 债权人无正当理由拒绝受领

B. 债权人下落不明

C. 债权人死亡未确定继承人、遗产管理人，或者丧失民事行为能力未确定监护人

D. 债权人被推定死亡

E. 法律规定的其他情形

【解析】有下列情形之一，难以履行债务的，债务人可以将标的物提存：①债权人无正

23BCD　24ABC　25CD　26AD　27ABCE

当理由拒绝受领；②债权人下落不明；③债权人死亡未确定继承人、遗产管理人，或者丧失民事行为能力未确定监护人；④法律规定的其他情形。

28. 下列属于婚姻家庭关系中应遵循的原则的是(　　)。

A. 婚姻自由原则

B. 一夫一妻制原则

C. 男女平等原则

D. 保护妇女、未成年人、老年人、残疾人的合法权益

E. 计划生育原则

【解析】婚姻家庭受国家保护。根据《民法典》，我国实行婚姻自由、一夫一妻、男女平等的婚姻制度。保护妇女、未成年人、老年人、残疾人的合法权益。

29. 下列可以作为遗产的是(　　)。

A. 公民的收入　　B. 公民的林木、牲畜和家禽

C. 公民居住地附近的公园　　D. 公立学校

E. 公民的房屋、储蓄和生活用品

【解析】遗产是指公民死亡时遗留的个人合法财产。遗产范围包括：①公民的收入；②公民的房屋、储蓄和生活用品；③公民的林木、牲畜和家禽；④公民的文物、图书资料；⑤法律允许公民所有的生产资料；⑥公民的著作权、专利权中的财产权利；⑦公民的其他合法财产。

30. 下列属于第一顺序继承人的是(　　)。

A. 配偶　　B. 子女　　C. 父母　　D. 祖父母

E. 兄弟姐妹

【解析】遗产按照下列顺序继承：第一顺序：配偶、子女、父母；第二顺序：兄弟姐妹、祖父母、外祖父母。继承开始后，由第一顺序继承人继承，第二顺序继承人不继承。没有第一顺序继承人继承的，由第二顺序继承人继承。

31. 遗嘱的形式包括(　　)。

A. 公证遗嘱　　B. 自书遗嘱　　C. 代书遗嘱　　D. 录音遗嘱

E. 口头遗嘱

【解析】根据《民法典》的规定，遗嘱有自书遗嘱、代书遗嘱、打印遗嘱、录音录像遗嘱、口头遗嘱、公证遗嘱等多种形式。

32. 下列关于物的分类是基于同一划分标准的是(　　)。

A. 流通物、限制流通物与禁止流通物　　B. 种类物与特定物

C. 可分物与不可分物　　D. 动产与不动产

E. 主物与原物

【解析】按照不同的标准，可对物进行如下分类：①流通物、限制流通物与禁止流通物；②种类物与特定物；③可分物与不可分物；④动产与不动产；⑤主物与从物；⑥原物与孳息。

28ABCD　29ABE　30ABC　31ABCDE　32ABCD

33. 下列关于非典型担保的说法正确的有(　　)。

A. 债权人与担保人订立担保合同，约定以法律、行政法规尚未规定可以担保的财产权利设立担保，当事人主张合同无效的，人民法院不予支持

B. 当事人未在法定的登记机构依法进行登记，主张该担保具有物权效力的，人民法院不予支持

C. 债务人或者第三人为担保债务的履行，设立专门的保证金账户并由债权人实际控制，或者将其资金存入债权人设立的保证金账户，债权人主张就账户内的款项优先受偿的，人民法院应予支持

D. 当事人以保证金账户内的款项浮动为由，主张实际控制该账户的债权人对账户内的款项不享有优先受偿权的，人民法院予以支持

E. 应收账款债权人就同一应收账款订立多个保理合同，致使多个保理人主张权利的，已经登记的先于未登记的取得应收账款

【解析】D 项，当事人以保证金账户内的款项浮动为由，主张实际控制该账户的债权人对账户内的款项不享有优先受偿权的，人民法院不予支持。

34. 自然人的民事行为能力的判断依据有(　　)。[2021 年 6 月真题]

A. 智力状况　　B. 年龄　　C. 婚姻状况　　D. 家庭状况

E. 精神状况

【解析】《民法典》根据行为人的年龄、智力与精神状况，将自然人的行为能力分为三类：①完全民事行为能力；②限制行为能力；③无民事行为能力。

35. 物权的基本原则有(　　)。[2024 年 10 月真题]

A. 物权法定原则　　B. 一物一权原则　　C. 平等保护原则　　D. 时效期短

E. 公示、公信原则

【解析】根据《民法典》，物权的基本原则有：①平等保护原则。②物权法定原则。③一物一权原则。④公示、公信原则。

36. 下列有关合同解除的说法，错误的是(　　)。[2024 年 10 月真题]

A. 主合同解除后，担保人对债务人应当承担的民事责任不承担担保责任

B. 已经履行的，根据履行情况和合同性质，当事人可以请求恢复原状或者采取其他补救措施

C. 合同解除尚未履行义务的，继续履行

D. 当事人一方依法主张解除合同的，应通知对方

E. 合同解除有协议解除、法定解除、约定解除

【解析】A 项，主合同解除后，担保人对债务人应当承担的民事责任仍应当承担担保责任，但是担保合同另有约定的除外。C 项，合同解除后，尚未履行的，终止履行。

37. 下列选项中，属于可变更、可撤销合同的有(　　)。[2025 年 6 月真题]

A. 乘人之危的合同　　B. 显失公平的合同

C. 违背公序良俗的合同　　D. 恶意串通，损害他人合法权益的合同

33ABCE　34ABE　35ABCE　36AC　37ABE

E. 因重大误解订立的合同

【解析】可变更、可撤销的合同是指当事人在订立合同后，基于法定的理由，向法院或仲裁机关请求变更或撤销的合同。类型主要包括：①因重大误解订立的合同；②显失公平的合同；③因欺诈而订立的合同；④因胁迫而订立的合同；⑤乘人之危的合同。导致合同无效的原因包括：①虚假合同；②恶意串通，损害他人合法权益；③违背公序良俗；④违反法律、行政法规的强制性规定。CD 两项属于无效合同。

三、判断题（请对下列各题的描述做出判断，正确的用 A 表示，错误的用 B 表示）

1. 债权人与债务人对主债务履行期限没有约定或者约定不明确的，保证期间自债权人请求债务人履行债务的宽限期届满之日起计算。（　　）

【解析】债权人与保证人可以约定保证期间，但是约定的保证期间早于主债务履行期限或者与主债务履行期限同时届满的，视为没有约定；没有约定或者约定不明确的，保证期间为主债务履行期限届满之日起 6 个月。债权人与债务人对主债务履行期限没有约定或者约定不明确的，保证期间自债权人请求债务人履行债务的宽限期届满之日起计算。

2. 企业法人的分支机构可以自主决定对外提供保证，出具的保证合同有效。（　　）［2016 年 10 月真题］

【解析】企业法人的分支机构未经法人书面授权提供保证的，保证合同无效。

3. 最高额抵押权设立前就已经存在的债权，经当事人同意，可以转入最高额抵押担保的债权范围。（　　）［2016 年 5 月真题］

【解析】根据《民法典》第四百二十条的规定，最高额抵押权设立前已经存在的债权，经当事人同意，可以转入最高额抵押担保的债权范围。

4. 动产上已设立抵押权或者质权，不论该动产是否被留置，抵押权人或质押权人优先受偿。（　　）［2015 年 10 月真题］

【解析】《民法典》明确规定：同一动产上已经设立抵押权或者质权，该动产又被留置的，留置权人优先受偿。

5. 抵押权人应当在主债权人诉讼时效期间行使抵押权；如果未行使，则人民法院不予保护。（　　）［2017 年 10 月真题］

【解析】抵押权人应当在主债权诉讼时效期间行使抵押权；未行使的，人民法院不予保护。

6. 房屋租赁期满以后，出租人仍然接受承租人继续交纳的租金，视为双方同意延长租赁期限。该行为属于沉默形式的民事法律行为。（　　）

【解析】题干属于推定形式的民事法律行为。推定形式是指行为人虽然没有口头或书面的意思表示，但他人可以通过其积极行为推定其意思表示。沉默形式是指行为人不用行为表示，而是以消极的不作为进行意思表示的形式。沉默一般不作为意思表示的方式，但法律有规定时，也可作为意思表示的一种形式。

7. 企业法人合并，它的权利和义务随之终止。（　　）

1A　2B　3A　4B　5A　6B　7B

【解析】法人合并的，其权利和义务由合并后的法人享有和承担。

8. 甲企业向乙银行贷款100万元，其中甲企业以自己的机器设备抵押，又请丙企业作为保证人。如果甲企业到期不能还款，直接由丙企业对100万元承担保证责任。（　　）
【解析】在物保与人保并存的情况下，对债权的实现未约定或约定不明的，债务人提供物保的应先执行。题中贷款既有保证又有物的担保，应先以甲企业的机器设备抵偿债务，不足部分由丙企业承担保证责任。

9. 如果质权人在债务履行期届满前，与出质人约定债务人不履行到期债务时质押财产归债权人所有的，只能依法就质押财产优先受偿。（　　）
【解析】质权自出质人交付质押财产时设立。如果质权人在债务履行期届满前，与出质人约定债务人不履行到期债务时质押财产归债权人所有的，只能依法就质押财产优先受偿。

10. 合同的权利义务关系终止影响合同中结算和清理条款的效力。（　　）
【解析】合同的权利义务关系终止不影响合同中结算和清理条款的效力。

11. 以持续履行的债务为内容的不定期合同，当事人可以随时解除合同，但是应当在合理期限之前通知对方。（　　）
【解析】法定解除，是指根据法律规定而解除合同。以持续履行的债务为内容的不定期合同，当事人可以随时解除合同，但是应当在合理期限之前通知对方。

12. 抵押财产必须是现有利益，将有的财产利益不能进行抵押。（　　）
【解析】企业、个体工商户、农业生产经营者可以将现有的以及将有的生产设备、原材料、半成品、产品抵押，债务人不履行到期债务或者发生当事人约定的实现抵押权的情形，债权人有权就抵押财产确定时的动产优先受偿。这意味着“将有”的动产也可以作为抵押物。

13. 以动产抵押的，抵押权自登记时设立。（　　）
【解析】以建筑物和其他土地附着物、建设用地使用权、海域使用权抵押或者正在建造的建筑物抵押的，应当办理抵押登记。抵押权自登记时设立。以动产抵押的，抵押权自抵押合同生效时设立；未经登记，不得对抗善意第三人。

14. 最高额抵押，是指为担保债务的履行，债务人或者第三人对一定期间内将要连续发生的债权提供担保财产的，债务人不履行到期债务或者发生当事人约定的实现抵押权的情形，抵押权人有权在最高债权额限度内就该担保财产优先受偿。（　　）
【解析】根据《民法典》第四百二十条的规定，最高额抵押，是指为担保债务的履行，债务人或者第三人对一定期间内将要连续发生的债权提供担保财产的，债务人不履行到期债务或者发生当事人约定的实现抵押权的情形，抵押权人有权在最高债权额限度内就该担保财产优先受偿。

15. 当抵押权人知道或者应当知道抵押财产被查封、扣押时抵押权人的债权不能确

8B　9A　10B　11A　12B　13B　14A　15B

定。(　　)

【解析】抵押权人的债权在发生以下情形之一时确定：①约定的债权确定期间届满；②没有约定债权确定期间或者约定不明确，抵押权人或者抵押人自最高额抵押权设立之日起满两年后请求确定债权；③新的债权不可能发生；④抵押权人知道或者应当知道抵押财产被查封、扣押；⑤债务人、抵押人被宣告破产或者解散；⑥法律规定债权确定的其他情形。

16. 当事人对保证担保的范围没有约定或者约定不明确的，保证人应当对全部债务承担责任。(　　)

【解析】保证担保的范围包括主债权及利息、违约金、损害赔偿金和实现债权的费用。保证合同另有约定的，按照约定。当事人对保证担保的范围没有约定或者约定不明确的，保证人应当对全部债务承担责任。

17. 留置权属于法定担保物权，需当事人约定，可以发生在一切合同中。(　　)

【解析】留置权只能发生在特定的合同关系中，如保管合同、运输合同和加工承揽合同。

18. 留置财产折价或者变卖的，应当参照留置财产购买时的价格。(　　)

【解析】留置财产折价或者变卖的，应当参照市场价格。

19. 合同的形式具有多种，在我国只能采取书面形式。(　　)

【解析】当事人订立合同，有书面形式、口头形式和其他形式。法律、行政法规规定采用书面形式的，应当采用书面形式。当事人约定采用书面形式的，应当采用书面形式。

20. 合同变更包括合同内容的变更以及合同主体的变更。(　　)

【解析】合同的变更是指合同内容的变更，不包括合同主体的变更。合同主体的变更属于合同的转让。

21. 出现按照当事人约定不得转让的情形时不得转让债权。(　　)

【解析】下列情形的债权不得转让：①根据债权性质不得转让。主要指基于当事人特定身份而订立的合同，如出版合同、赠与合同、委托合同、雇用合同等；②按照当事人约定不得转让；③依照法律规定不得转让。

22. 债务人与第三人协议转让债务的，应当经债权人同意。(　　)

【解析】债务人与第三人协议转让债务的，应当经债权人同意。这是因为新债务人的资信情况和偿还能力须得到债权人的认可，以免债权人的利益受到不利影响。

23. 某手表厂为纪念成立二十周年特制纪念手表，声称该手表具有世界领先技术，价值三万元。后经查实，该表只是一般工艺制成的，并不具备先进的技术。为此，购买者与该手表厂发生纠纷，该纠纷中，双方签订的合同应当按可变更、可撤销合同处理。(　　)

【解析】在不损害国家利益的前提下，因欺诈而订立的合同为可变更、可撤销合同。

16A　17B　18B　19B　20B　21A　22A　23A

24. 丧偶儿媳对公、婆，丧偶女婿对岳父、岳母，尽了主要赡养义务的，作为第一顺序继承人。(　　)

【解析】根据《民法典》第十二条规定，丧偶儿媳对公、婆，丧偶女婿对岳父、岳母，尽了主要赡养义务的，作为第一顺序继承人。

25. 遗赠扶养协议是一种平等、有偿和互为权利义务关系的民事法律关系。(　　)

【解析】遗赠扶养协议是遗赠人和扶养人之间关于扶养人承担遗赠人的生养死葬的义务，遗赠人的财产在其死后转归扶养人所有的协议。遗赠扶养协议是一种平等、有偿和互为权利义务关系的民事法律关系。

26. 无权代理经被代理人追认，即直接对被代理人发生法律效力，产生与有权代理相同的法律效果。(　　)［2017 年 10 月真题］

【解析】《民法典》第一百七十一条第一款规定："行为人没有代理权、超越代理权或者代理权终止后，仍然实施代理行为，未经被代理人追认的，对被代理人不发生效力。"也就是说，无权代理经被代理人追认，即直接对被代理人发生法律效力，产生与有权代理相同的法律后果。

27. 物权的种类和内容，由法律、行政法规规定。(　　)［2021 年 6 月真题］

【解析】《民法典》第一百一十六条规定，物权的种类和内容，由法律规定，即物权法定原则。这一原则有两层含义：①物权种类法定，当事人不得自由创设法律未规定的新物权；②物权内容法定，当事人不得在物权中自由创设新的内容。

28. 抵押合同无效主合同也一样无效。(　　)［2024 年 10 月真题］

【解析】担保合同(包括抵押合同)是主债权债务合同的从合同，主合同无效会导致担保合同无效，但担保合同无效并不影响主合同的效力。

29. 民法仅调整等主体之间的财产关系，不调整人身关系。(　　)［2024 年 10 月真题］

【解析】民法是调整平等的民事主体之间人身关系和财产关系法律规范的总称。

30. 民法既调整平等主体之间的人身关系和财产关系，也调整不平等民事主体之间的行政关系。(　　)［2025 年 6 月真题］

【解析】民法是调整平等的民事主体之间人身关系和财产关系法律规范的总称。

24A　25A　26A　27B　28B　29B　30B

第三章　商事法律制度

一、**单选题**(下列选项中只有一项最符合题目要求，请将正确选项的代码填入括号内)

1. 公开募集基金的基金份额持有人按______享受收益和承担风险，私募证券投资基金的基金份额持有人按______享受收益和承担风险。(　　)［2023 年 6 月真题］

A. 基金合同的约定；基金合同的约定　　B. 基金合同的约定；所持基金份额

C. 所持基金份额；基金合同的约定　　D. 所持基金份额；所持基金份额

【解析】根据我国《基金法》的规定，公开募集的证券投资基金，投资者按照其所持基金份额享受收益和承担风险，私募证券投资基金的收益分配和风险承担由基金合同约定。

2. 根据《中华人民共和国信托法》，信托成立的前提是(　　)。［2020 年 10 月真题］

A. 委托人要为受益人的最大利益管理信托事务

B. 委托人有权了解其信托财产的管理运用

C. 委托人具有良好的信誉

D. 委托人要将自有财产委托给受托人

【解析】信托，是指委托人基于对受托人的信任，将其财产委托给受托人，由受托人按委托人的意愿以自己的名义，为受益人的利益或者特定目的，进行管理或者处分的行为。信托成立的前提是委托人要将自有财产委托给受托人。

3. 国有独资公司的法律性质是(　　)。［2024 年 10 月真题］

A. 无限公司　　B. 两合公司　　C. 股份有限公司　　D. 有限责任公司

【解析】我国《公司法》主要以股东承担责任的范围和形式、股东人数的多少将公司分为有限责任公司和股份有限公司两类。一人公司和国有独资公司是一类特殊的有限责任公司。

4. 若 A 持有一张本票，出票日期为 2009 年 1 月 1 日，则持票人对出票人的权利消灭日期为(　　)。［2016 年 10 月真题］

A. 2011 年 1 月 1 日　　B. 2010 年 1 月 1 日

C. 2009 年 4 月 1 日　　D. 2009 年 7 月 1 日

【解析】票据权利在下列期限内不行使而消灭：①持票人对票据的出票人和承兑人的权利，自票据到期日起 2 年，见票即付的汇票、本票，自出票日起 2 年；②持票人对支票出票人的权利，自出票日起 6 个月；③持票人对前手的追索权，自被拒绝承兑或者被拒绝付款之日起 6 个月；④持票人对前手的再追索权，自清偿日或者被提起诉讼之日起 3 个月。

5. 信托法律关系中的受益人由(　　)指定。［2021 年 6 月真题］

A. 受托人　　B. 信托公司　　C. 委托人　　D. 信托财产管理人

1C　2D　3D　4A　5C

【解析】委托人是信托关系的创设者，应当是具有完全民事行为能力的自然人、法人或依法成立的其他组织。委托人提供信托财产，确定谁是受益人以及受益人享有的受益权。

6. 根据《票据法》理论，票据被称为无因证券，其含义是指(　　)。[2015 年 10 月真题]
A. 取得票据无需合法原因，即便是盗窃罪而得的票据，持票人也享有票据权利
B. 当事人签发、转让、承兑等票据行为须依法定形式进行
C. 票据一经签发，其票据权利与基础关系相分离，无论基础关系是否存在或者是否有效，对票据权利的效力和行使都不产生影响，票据权利人对原因关系的取得无需说明
D. 票据权利以票面记载为准，即使票据上记载的文义与记载人的真实意思有出入，也要以该记载为准

【解析】A 项，根据《票据法》的规定，票据权利的取得有两项限制：①以欺诈、偷盗或者胁迫等手段取得票据的，或者明知有前列情形，出于恶意取得票据的，或者有重大过失取得票据的，不得享有票据权利；②以无偿或者不以相当对价，取得票据的，不得享有优于其前手的票据权利。B 项表示票据行为须合法，与无因性无关。D 项表示票据是文义证券。

7. (　　)作为股份公司的权力机构，决定公司战略性的重大问题，选举和更换董事，选举和更换由股东代表出任的监事，决定公司组织变更、解散、清算，修改公司章程等。[2015 年 10 月真题]
A. 股东会　　B. 董事会　　C. 公司经理　　D. 监事会

【解析】股东会作为公司的权力机构，决定公司战略性的重大问题，选举和更换董事、监事，决定有关董事、监事的报酬事项；审议批准公司的利润分配方案和弥补亏损方案；对公司增加或者减少注册资本作出决议；决定公司合并、分立、解散、清算，修改公司章程等。

8.《中华人民共和国票据法》中所指的票据不包括(　　)。[2015 年 10 月真题]
A. 发票　　B. 汇票　　C. 支票　　D. 本票

【解析】票据，是指出票人依法签发，由自己无条件支付或委托他人无条件支付一定金额的有价证券。按照《票据法》的规定，票据包括汇票、本票、支票。

9. 持票人对支票出票人的权利期限是自出票日起(　　)个月。[2019 年 6 月真题]
A. 1　　B. 24　　C. 6　　D. 3

10. 商业银行为票据持有人贴现票据，是商业银行通过(　　)未到期的商业票据，为持票人融通资金的行为。[2012 年 6 月真题]
A. 借入　　B. 买进　　C. 贷出　　D. 卖出

【解析】票据的融资作用主要是通过票据贴现来实现的。票据贴现是指未到期票据的买卖行为，持有未到期票据的人通过卖出票据得到现款，商业银行通过买进票据为持票人融通资金。

6C　7A　8A　9C　10B

11. 按我国现行规定，可以向商业银行申请贴现的票据必须是(　　)。[2018 年 10 月真题]

A. 已到期的未承兑票据　　B. 未到期的未承兑票据

C. 已到期的已承兑票据　　D. 未到期的已承兑票据

【解析】票据贴现是指未到期票据的买卖行为，持有未到期票据的人通过卖出票据得到现款。向商业银行申请贴现的票据须是已承兑票据。承兑是指汇票的付款人承诺负担票据债务的行为。出票人签发汇票，并不等于付款人就一定付款，持票人为确定汇票到期时能得到付款，在汇票到期前向付款人进行承兑提示。付款人签字承兑，就是对汇票的到期付款承担责任。

12. 票据行为是指以发生、变更或消灭票据的权利义务为目的的法律行为，(　　)是汇票所独有的一种票据行为。[2010 年 5 月真题]

A. 保证　　B. 承兑　　C. 背书　　D. 出票

【解析】票据行为是指以发生、变更或消灭票据的权利义务关系为目的的法律行为，包括出票、背书、承兑、保证。其中，承兑是指汇票的付款人承诺负担票据债务的行为。承兑为汇票所独有，付款人签字承兑，就是对汇票的到期付款承担责任。

13. 根据《公司法》的规定，下列说法不正确的是(　　)。

A. 公司营业执照签发日期为公司取得法人资格的日期

B. 公司营业执照签发日期为公司成立日期

C. 具备公司设立条件，公司即取得法人资格

D. 没有公司章程的公司，不能获得公司设立批准

【解析】C 项，仅具备公司设立条件，而不履行公司设立登记程序，公司不能成立，也不能取得法人资格。

14. 持票人对前手的追索权，自被拒绝承兑或者被拒绝付款之日起______个月；持票人对前手的再追索权，自清偿日或者被提起诉讼之日起______个月不行使而消灭。(　　)

A. 3；6　　B. 6；3　　C. 6；6　　D. 3；3

【解析】根据《票据法》第十七条规定，持票人对前手的追索权，自被拒绝承兑或者被拒绝付款之日起六个月不行使而消灭；持票人对前手的再追索权，自清偿日或者被提起诉讼之日起三个月不行使而消灭。

15. 公司应以其(　　)对公司债务承担责任。[2020 年 10 月真题]

A. 全部现金　　B. 认购的股份　　C. 全部资产　　D. 出资额

【解析】公司，是指股东依照《公司法》的规定出资设立，股东以其出资额或认购的股份对公司承担责任，公司以其全部资产对公司债务承担责任的企业法人。

16. 根据中国证监会《公开募集证券投资基金运作管理办法》的规定，百分之八十以上的基金资产投资于股票的，为(　　)。

A. 股票基金　　B. 债券基金　　C. 基金中基金　　D. 混合基金

【解析】根据中国证监会《公开募集证券投资基金运作管理办法》的规定，百分之八十以上的基金资产投资于股票的，为股票基金；百分之八十以上的基金资产投资于债券的，

11D　12B　13C　14B　15C　16A

为债券基金；仅投资于货币市场工具的，为货币市场基金；百分之八十以上的基金资产投资于其他基金份额的，为基金中基金；投资于股票、债券、货币市场工具或其他基金份额，并且股票投资、债券投资、基金投资的比例不符合前述规定的，为混合基金。

17. 在票据行为中(　　)是指汇票付款人的承诺负担票据债务的行为。[2024年10月真题]

A. 保证　　B. 背书　　C. 承兑　　D. 出票

【解析】承兑是指汇票的付款人承诺负担票据债务的行为。承兑为汇票所独有，汇票的发票人和付款人之间是一种委托关系，发票人签发汇票，并不等于付款人就一定付款，持票人为确定汇票到期时能得到付款，在汇票到期前向付款人进行承兑提示。

18. 新《公司法》简化了有限责任公司组织机构，公司可以只设______，不设置______。(　　)[2024年10月真题]

A. 董事会，经理层　　B. 股东会，董事会

C. 监事会，董事会　　D. 董事会，监事会

【解析】最新修订的我国《公司法》允许公司选择只设董事会、不设监事会的单层治理模式，实现公司治理结构由“双层制”到“单双并行”。

19. 按照保险实施范围的不同，保险可以分为普通保险和(　　)。[2024年10月真题]

A. 人身保险　　B. 自愿保险　　C. 财产保险　　D. 社会保险

【解析】按照保险实施范围的不同，保险可以分为社会保险和普通保险。社会保险是一种为丧失劳动能力、暂时失去劳动岗位或因健康原因造成损失的人口提供收入或补偿的一种社会和经济制度。社会保险包括养老保险、医疗保险、失业保险、工伤保险、生育保险；普通保险即由保险公司经营的商业保险。

20. 下列不属于信托终止的条件的是(　　)。[2024年10月真题]

A. 信托的存续违反信托目的　　B. 信托目的已经实现或者不能实现

C. 信托文件规定的终止事由发生　　D. 受益人对委托人有重大侵权行为

【解析】有下列情形之一的，信托终止：①信托文件规定的终止事由发生；②信托的存续违反信托目的；③信托目的已经实现或者不能实现；④信托当事人协商同意；⑤信托被撤销；⑥信托被解除。D项属于设立信托后，委托人可以变更受益人或者处分受益人的信托受益权的情形。

21. 信托委托人可以变更受益人的情形不包括(　　)。[2024年10月真题]

A. 经受益人同意

B. 信托文件规定的终止事由发生

C. 受益人对委托人有重大侵权行为

D. 受益人对其他共同受益人有重大侵权行为

【解析】设立信托后，有下列情形之一的，委托人可以变更受益人或者处分受益人的信托受益权：①受益人对委托人有重大侵权行为；②受益人对其他共同受益人有重大侵

17C　18D　19D　20D　21B

权行为；③经受益人同意；④信托文件规定的其他情形。有上述第①项、第③项、第④项所列情形之一的，委托人可以解除信托。B 项属于信托终止的情形。

22. 一人公司、国有独资公司属于特殊的(　　)。[2024 年 10 月真题]

A. 开放式公司　　B. 子公司　　C. 本国公司　　D. 有限责任公司

【解析】我国《公司法》主要以股东承担责任的范围和形式、股东人数的多少将公司分为有限责任公司和股份有限公司两类。一人公司和国有独资公司是一类特殊的有限责任公司。

二、多选题(下列选项中有两项或两项以上符合题目要求，请将符合题目要求选项的代码填入括号内)

1. 票据保证适用于(　　)。[2017 年 6 月真题]

A. 信用证　　B. 本票　　C. 信用卡　　D. 汇票

E. 支票

【解析】票据保证的目的是担保其他票据债务的履行，适用于汇票和本票，不适用于支票。

2.《中华人民共和国公司法》规定，公司解散的情形包括(　　)。[2016 年 10 月真题]

A. 股东会决议解散　　B. 公司章程规定的营业期届满

C. 公司法人代表死亡　　D. 被依法吊销营业执照

E. 公司亏损

【解析】《公司法》规定，公司有下列情形之一，可以解散：①公司章程规定的营业期限届满或者公司章程规定的其他解散事由出现；②股东会决议解散；③因公司合并或者分立需要解散；④依法被吊销营业执照、责令关闭或被撤销；⑤人民法院依法予以解散。

3. 下列属于公司董事会职责的有(　　)。[2015 年 10 月真题]

A. 执行股东大会决议，负责公司日常经营

B. 决定公司组织变更、解散、清算

C. 聘任或者解聘公司经理

D. 召集股东会，并向股东会报告工作

E. 制定公司基本管理制度

【解析】董事会(不设董事会的公司为执行董事)是公司的经营决策机构，负责召集股东会，并向股东会报告工作；执行股东大会决议；决定公司的经营计划和投资方案；聘任或者解聘公司经理(总经理)；制定公司基本管理制度；行使公司章程规定或者股东会授予的其他职权。董事会必须对股东会负责，接受股东会监督。董事长的产生办法由公司章程规定。董事长主持股东会，召集并主持董事会。B 项属于股东会的职责。

4. 票据丧失的补救措施主要有(　　)。[2024 年 10 月真题]

A. 挂失止付　　B. 申请出票人补开

C. 提起诉讼　　D. 公示催告

E. 向前手追索

22D　▎　1BD　2ABD　3ACDE　4ACD

【解析】票据丧失，是指持票人非出于本意而丧失对票据的占有。票据丧失的补救措施主要有：①挂失止付，是指持票人丢失票据后，依照《票据法》规定的程序通知票据上记载的付款人停止支付的行为。②公示催告，是指人民法院根据票据权利人的申请，以向社会公示的方法，将丧失的票据加以公示，催促不明利害关系的有关当事人在一定的期间向法院申报票据权利，如不在规定的期间内申报，就不能以有关的票据权利请求法律保护。③提起诉讼。票据丧失后，也可以提起民事诉讼，请求法院确认其票据权利。在起诉的同时，失票人可以向法院申请诉讼保全措施，由法院通知付款人或代理付款人暂停支付。

5. 票据行为包括(　　)。[2009 年 10 月真题]

A. 出票　　B. 背书　　C. 承兑　　D. 保证

E. 清交

【解析】票据行为是指以发生、变更或消灭票据的权利义务关系为目的的法律行为，包括出票、背书、承兑、保证。

6. 根据保险对象的不同，保险可以分为(　　)。[2021 年 6 月真题]

A. 原保险　　B. 再保险　　C. 财产保险　　D. 人身保险

E. 社会保险

【解析】按照保险对象的不同，保险可以分为财产保险和人身保险。AB 两项，按照保险承担的责任次序，保险可以分为原保险和再保险。E 项，按照保险实施范围的不同，保险可以分为社会保险和普通保险。

7. 下列解散情形出现时，公司必须进行清算、清理债权债务的是(　　)。

A. 公司章程规定的营业期限届满或者公司章程规定的其他解散事由出现

B. 股东会或股东大会决议解散

C. 因公司合并需要解散

D. 依法被吊销营业执照

E. 公司分立需要解散

【解析】根据《公司法》的规定，题中五项均为公司可以解散的情形。公司解散情形出现时，除公司合并、分立免于清算外，公司均必须进行清算，清理债权债务。

8. 公司章程作为公司的自治规范，是由以下哪些内容所决定的？(　　)

A. 公司章程作为一种行为规范，不是由国家，而是由公司股东依据《公司法》自行制定的

B. 公司章程一经有关部门批准，并经公司登记机关核准即对外产生法律效力

C. 公司章程规定了公司的组织和活动原则及其细则，包括经营目的、财产状况、权利与义务关系等

D. 公司章程是一种法律外的行为规范，由公司自己来执行，无须国家强制力保障实施

E. 公司章程作为公司内部的行为规范，其效力仅及于公司和相关当事人，而不具有普遍的效力

5ABCD　6CD　7ABD　8ADE

【解析】BC 两项是公司章程的作用。

9. 信托的基本特征包括(　　)。

A. 以信任为基础，受托人应具有良好的信誉

B. 信托成立的前提是委托人要将自有财产委托给受托人

C. 信托财产具有独立性

D. 受托人要为受益人的最大利益管理信托事务

E. 具有一定的连续性和稳定性

【解析】信托的基本特征有：①以信任为基础，受托人应具有良好的信誉；②成立的前提是委托人要将自有财产委托给受托人；③信托财产具有独立性，信托依法成立后，信托财产即从委托人、受托人以及受益人的自有财产中分离出来，成为独立运作的财产；④受托人要为受益人的最大利益管理信托事务；⑤不因委托人或者受托人的死亡、丧失民事行为能力、依法解散、被依法撤销或者被宣告破产而终止，也不因受托人的辞任而终止，具有一定的连续性和稳定性。

10. 下列属于信托财产的性质的是(　　)。

A. 信托财产与委托人未建立信托的其他财产相区别

B. 信托财产与受托人固有财产相区别

C. 受托人因管理、运用、处分该财产而取得的信托利益，也属于信托财产

D. 信托财产受委托人或受托人财务状况的恶化甚至破产的影响较大

E. 除法律规定的情况外，对信托财产不得强制执行

【解析】D 项，信托财产具有独立性，可以不受委托人或受托人财务状况的恶化甚至破产的影响。

11. 下列关于票据行为的表述，错误的有(　　)。

A. 承兑适用于汇票和本票

B. 背书只能在汇票上进行

C. 偷窃票据不能称作出票行为

D. 保证适用于支票

E. 保证适用于汇票

【解析】A 项，承兑为汇票所独有；B 项，背书适用于汇票、本票和支票；D 项，保证适用于汇票和本票，不适用于支票。

12. 下列有关票据权利的表述，正确的有(　　)。

A. 票据权利的取得方式包括原始取得和继受取得

B. 票据权利包括付款请求权和追索权

C. 票据权利在持票人自票据到期日起 2 年内不行使而消灭

D. 持票人对支票出票人的票据权利，自出票日起 6 个月不行使而消灭

E. 追索权是第一顺序请求权

【解析】E 项，追索权是指持票人被拒绝承兑或得不到付款时，向其他票据债务人请求支付票据金额的权利。付款请求权是第一顺序请求权，追索权是在付款请求权得不到实现后才能行使的权利，是第二顺序请求权。

9ABCDE　10ABCE　11ABD　12ABCD

13. 票据是(　　)。

A. 设权证券　　B. 要式证券　　C. 无因证券　　D. 流通证券

E. 文义证券

【解析】票据具有以下特点：①票据是完全有价证券；②票据是要式证券；③票据是一种无因证券；④票据是流通证券；⑤票据是文义证券；⑥票据是设权证券；⑦票据是债权证券。

14. 投资基金是一种(　　)的集合投资方式。

A. 组合投资　　B. 专业管理　　C. 利益共享　　D. 风险共担

E. 单一投资

【解析】投资基金是一种组合投资、专业管理、利益共享、风险共担的集合投资方式。它主要通过向投资者发行受益凭证(基金份额)，将社会上的资金集中起来，交由专业的基金管理机构进行投资，实现基金资产的保值增值。

15. 按照组织形式的不同，基金可分为(　　)。

A. 契约型基金　　B. 公募基金　　C. 公司型基金　　D. 合伙型基金

E. 私募基金

【解析】BE 两项是按照资金募集方式的不同进行的分类。

16. 基金按照资金募集方式的不同可以分为(　　)。[2024 年 10 月真题]

A. 契约型基金　　B. 公司型基金　　C. 私募基金　　D. 公募基金

E. 合伙型基金

【解析】按照不同的标准，基金可以分为多种类别。例如，按照资金募集方式的不同可以分为公募基金和私募基金；按照基金组织形式的不同可以分为契约型基金、公司型基金和合伙型基金等；按照基金运作方式的不同可以分为开放式基金和封闭式基金等；按照基金投资对象的不同可以分为证券投资基金、私募股权基金、风险投资基金、对冲基金以及另类投资基金等。

17. 证券交易内幕信息的知情人主要包括(　　)。[2024 年 10 月真题]

A. 发行人的董事、监事、高级管理人员

B. 证券服务机构的有关人员

C. 公司的实际控制人

D. 上市公司收购人

E. 公司的所有股东

【解析】我国《证券法》第五十一条规定，证券交易内幕信息的知情人包括：①发行人及其董事、监事、高级管理人员；②持有公司百分之五以上股份的股东及其董事、监事、高级管理人员，公司的实际控制人及其董事、监事、高级管理人员；③发行人控股或者实际控制的公司及其董事、监事、高级管理人员；④由于所任公司职务或者因与公司业务往来可以获取公司有关内幕信息的人员；⑤上市公司收购人或者重大资产交易方及其控股股东、实际控制人、董事、监事和高级管理人员；⑥因职务、工作可以获

13ABCDE　14ABCD　15ACD　16CD　17ABCD

取内幕信息的证券交易场所、证券公司、证券登记结算机构、证券服务机构的有关人员；⑦因职责、工作可以获取内幕信息的证券监督管理机构工作人员；⑧因法定职责对证券的发行、交易或者对上市公司及其收购、重大资产交易进行管理可以获取内幕信息的有关主管部门、监管机构的工作人员；⑨国务院证券监督管理机构规定的可以获取内幕信息的其他人员。

18. 关于商业银行代理保险业务，下列说法正确的是（　　）。[2025 年 6 月真题]
A. 商业银行属于保险专业代理机构
B. 投连险人员应接受专项培训，并无不良记录
C. 商业银行代理保险，应取得经营保险代理许可证
D. 商业银行应具备保险监督管理机构规定的保险代理机构条件
E. 商业银行属于保险兼业代理机构
【解析】保险代理机构包括专门从事保险代理业务的保险专业代理机构和兼营保险代理业务的保险兼业代理机构。商业银行属于保险兼业代理机构。

三、判断题（请对下列各题的描述做出判断，正确的用 A 表示，错误的用 B 表示）

1. 票据权利包括付款请求权和追索权。（　　）[2017 年 6 月真题]
【解析】票据权利是持票人因合法拥有票据而向票据债务人请求支付票据金额的权利。票据权利包括付款请求权和追索权。

2. 票据的流通性是票据的基本特征之一。（　　）[2016 年 10 月真题]
【解析】票据是流通证券。除票据特别注明外，票据在到期前，可以通过背书方式转让而流通。票据的流通性是票据的基本特征。

3. 受托人因管理、运用、处分信托财产而取得的信托利益，不属于信托财产。（　　）[2015 年 10 月真题]
【解析】信托法律关系的客体，即信托财产，是指受托人承诺信托而取得的财产。受托人因管理、运用、处分该财产而取得的信托利益，也属于信托财产。

4. 因背书而取得，因税收、继承、赠与而取得，因公司合并而取得票据，均属于继受取得。（　　）
【解析】继受取得是指持票人从有正当处分权的人那里依背书转让或者交付程序而取得票据。如因背书而取得，因税收、继承、赠与而取得，因公司合并而取得等。

5. 票据保证的目的是担保其他票据债务的履行，适用于汇票、本票和支票。（　　）
【解析】票据保证的目的是担保其他票据债务的履行，适用于汇票和本票，不适用于支票。

6. 银行代理保险业务属于保险兼业代理。（　　）[2024 年 10 月真题]
【解析】保险代理机构包括专门从事保险代理业务的保险专业代理机构和兼营保险代理业务的保险兼业代理机构。商业银行属于保险兼业代理机构。

18BCDE ▎ 1A 2A 3B 4A 5B 6A

第四章　刑事法律制度

一、单选题（下列选项中只有一项最符合题目要求，请将正确选项的代码填入括号内）

1. 没有金融票证制作权的人假冒他人名义，擅自制造外观上足以使一般人误认为是真实金融票证的假金融票证的是（　　）。［2018 年 10 月真题］

A. 无形变造　　B. 有形变造　　C. 有形伪造　　D. 无形伪造

【解析】伪造包括有形伪造和无形伪造两种，前者是指没有金融票证制作权的人，假冒他人名义，擅自制造外观上足以使一般人误认为是真实金融票证的假金融票证。后者是指有金融票证制作权的人，超越其制作权限，违背事实制造内容虚假的金融票证。

2. 某人被银行辞退，离职后佯装仍在银行上班，自称能弄到银行内部高利息集资指标，很多人信以为真，在取得资金后携款潜逃。该行为涉嫌构成（　　）。［2018 年 6 月真题］

A. 盗窃罪　　B. 吸收客户资金不入账罪

C. 集资诈骗罪　　D. 非法吸收公众存款罪

【解析】集资诈骗罪，是指以非法占有为目的，采用虚构事实、隐瞒真相的方法，非法向社会公开募集资金，数额较大的行为。

3. 江某盗窃李某的信用卡后，在自动取款机上提取了现金。下列关于江某行为的表述，正确的是（　　）。［2016 年 10 月真题］

A. 江某可能既构成盗窃罪，又构成信用卡诈骗罪，应实行数罪并罚

B. 江某可能构成信用卡诈骗罪

C. 江某可能构成盗窃信用卡罪

D. 江某可能构成盗窃罪

【解析】信用卡诈骗罪，是指使用伪造的信用卡，或者使用以虚假的身份证明骗领的信用卡，或者使用作废的信用卡，或者冒用他人的信用卡，或者利用信用卡恶意透支进行诈骗活动，数额较大的行为。需要注意的是，盗窃信用卡并使用的，定盗窃罪而非本罪。

4. 非国有的公司、企业或者其他单位的非国家工作人员利用职务上的便利，非法占有本单位财产，这构成了（　　）。［2025 年 6 月真题］

A. 贪污罪　　B. 非法占有财产罪

C. 职务侵占罪　　D. 挪用资金罪

【解析】职务侵占罪是指非国有的公司、企业或者其他单位的非国家工作人员利用职务上的便利，将本单位财物非法占为己有，数额较大的行为。

5. 伪造、变造金融票证侵犯的客体是（　　）。［2016 年 5 月真题］

A. 国家对金融票证的管理制度　　B. 国家对贷款的管理制度

C. 国家的银行管理制度　　D. 国家对票据的管理制度

1C　2C　3D　4C　5A

【解析】伪造、变造金融票证罪，是指伪造、变造汇票、本票、支票，伪造、变造委托收款凭证、汇款凭证、银行存单等其他银行结算凭证，伪造、变造信用证或者附随的单据、文件或者伪造信用卡的行为。本罪侵犯的客体是国家对金融票证的管理制度；本罪主体是一般主体，包括自然人和单位。

6. 下列关于金融犯罪对象的表述，正确的是(　　)。[2016 年 5 月真题]

A. 只能是金融企业　　B. 只能是法人

C. 只能是自然人　　D. 可以是金融工具

【解析】金融犯罪的对象，可以是人，也可以是各种金融工具。就作为金融犯罪对象的人而言，不仅包括自然人，也包括遭受金融诈骗的单位、非法吸收公众存款所涉及的"公众"等。就作为金融犯罪对象的金融工具而言，具体包括货币、各种金融票证(如汇票、本票、支票等)、有价证券、信用证、信用卡等。

7. 下列金融犯罪中，犯罪主体属于一般主体的是(　　)。[2017 年 10 月真题]

A. 对违法票据承兑、付款、保证罪　　B. 违法发放贷款罪

C. 伪造、变造金融票证罪　　D. 违规出具金融票证罪

【解析】C 项，伪造、变造金融票证罪主体是一般主体，包括自然人和单位；ABD 三项，犯罪主体均是特殊主体，为银行或其他金融机构及其工作人员。

8. 集资诈骗罪区别于非法集资的重要特征是(　　)。[2015 年 10 月真题]

A. 使用高端工具　　B. 犯罪主体资格

C. 以非法占有他人财物为目的　　D. 集资总量大

【解析】集资诈骗罪主观方面是故意，且要求是以非法占有为目的。是否具有非法占有他人财物的目的，是本罪区别于非法集资等行为(主要指《刑法》第一百七十六条规定的非法吸收公众存款罪、第一百七十九条规定的擅自发行股票、公司、企业债券罪等)的重要特征之一。

9. 下列银行业犯罪中，其主观方面不是故意的是(　　)。[2015 年 10 月真题]

A. 受贿罪　　B. 票据诈骗罪

C. 签订、履行合同失职被骗罪　　D. 持有、使用假币

【解析】犯罪主观方面是指犯罪主体对自己危害行为及其危害结果所持的心理态度。行为人的罪过(包括故意和过失)是一切犯罪构成都必须具备的主观方面要件，有些犯罪的构成还要求行为人主观上具有特定的犯罪目的。C 项，签订、履行合同失职被骗罪的主观方面是过失。

10. 某银行会计花 2000 元钱购入 5 万元的假币，然后利用职务之便，用假币换取等额真币，其行为涉嫌构成(　　)。[2017 年 10 月真题]

A. 出售、购买、运输假币罪

B. 伪造货币罪

C. 金融机构工作人员购买假币、以假币换取货币罪

D. 持有、使用假币罪

6D　7C　8C　9C　10C

【解析】金融机构工作人员购买假币、以假币换取货币罪，是指银行或者其他金融机构的工作人员购买伪造的货币或者利用职务上的便利，以伪造的货币换取货币的行为。本罪侵犯的客体是国家的货币管理制度。

11. 王某以高利率吸引公众存款，而后以更高利率将吸收的存款贷给一些公司企业。王某的这一行为违反了(　　)。[2015 年 10 月真题]

A. 非法吸收公众存款罪　　B. 擅自设立金融机构罪

C. 违法发放贷款罪　　D. 高利转贷罪

【解析】非法吸收公众存款罪，是指非法吸收公众存款或者变相吸收公众存款，扰乱金融秩序的行为。本罪侵犯的客体是国家的银行管理制度。本罪客观方面主要表现为非法吸收和变相吸收公众存款，扰乱金融秩序的行为。“非法”包括主体不合法和方式不合法两种情况：一种是行为人不具有吸收公众存款的法定主体资格而吸收公众存款，如个人私设银行、钱庄，企事业单位私设银行、储蓄所等，非法办理存款贷款业务，吸收公众存款；另一种是行为人虽然有吸收公众存款的法定资格，但采取非法的方式吸收公众存款，如有些商业银行和信用社，为了争揽客户，以擅自提高利率或在存款时以先支付利息等手段吸收公众存款。

12. 采用虚构事实或隐瞒真相的方法，非法占有本单位财物，该行为属于(　　)。[2015 年 5 月真题]

A. 侵吞　　B. 窃取　　C. 骗取　　D. 夺取

【解析】侵占财物的行为一般表现为：①侵吞，是指利用职务上的便利，将自己主管、经管、经手的公共财物，非法占为己有；②窃取，是指利用职务上的便利，采用秘密方法，将自己合法管理的公共财物窃为己有，也就是通常讲的“监守自盗”；③骗取，是指采用虚构事实或隐瞒真相的方法，非法占有本单位财物。

13. 下列不是职务侵占罪与贪污罪的主要区别之一的是(　　)。[2015 年 5 月真题]

A. 刑罚处罚幅度不同　　B. 犯罪主体不同

C. 犯罪对象不同　　D. 犯罪目的不同

【解析】职务侵占罪与贪污罪在客观方面和主观方面基本相同，主要区别在于：①犯罪主体不同，职务侵占罪的主体只能是非国有的公司、企业或者其他单位的非国家工作人员，而贪污罪的主体是国家工作人员或者受国有单位委派管理、经营国有财产的人员；②犯罪对象不同，职务侵占罪的犯罪对象是非国有单位(如私营企业、合伙企业、合资企业、股份制企业等)的财物，而贪污罪的犯罪对象是国有财产在内的公共财产；③刑罚处罚幅度不同，职务侵占罪的刑罚最高为五年以上有期徒刑，而对贪污罪，情节特别严重的可以处死刑。

14. 构成信用卡诈骗罪的行为是(　　)。[2014 年 11 月真题]

A. 误用他人信用卡　　B. 盗用他人信用卡

C. 冒用他人信用卡　　D. 善意透支

【解析】信用卡诈骗罪客观上表现为使用伪造、变造的信用卡，或者冒用他人信用卡，

11A　12C　13D　14C

或者利用信用卡恶意透支，诈骗公私财物，数额较大的行为，包括：①使用伪造的信用卡，或者使用以虚假的身份证明骗领的信用卡的；②使用作废的信用卡进行诈骗；③冒用他人的信用卡进行诈骗；④使用信用卡进行恶意透支。

15. 金融犯罪侵犯的客体是(　　)。[2014 年 11 月真题]

A. 银行　　B. 金融管理秩序

C. 银行从业人员　　D. 客户存款

【解析】金融犯罪侵犯的客体是金融管理秩序，金融管理秩序是银行管理秩序、货币管理秩序、外汇管理秩序、信贷管理秩序、证券管理秩序、票据管理秩序、保险管理秩序等的总称，侵犯其中任何一种秩序都属于侵害金融管理秩序。

16. 金融犯罪的主体是(　　)。[2014 年 6 月真题]

A. 只能是自然人　　B. 金融企业

C. 可以是自然人，也可以是单位　　D. 只能是单位

【解析】金融犯罪的主体可以是自然人，也可以是单位。自然人作为金融犯罪主体，有的是一般主体，有的是特殊主体。例如，违法向关系人发放贷款罪就是特殊主体，必须是银行或者其他金融机构的工作人员。单位作为金融犯罪的主体，也有一般主体和特殊主体两种，特殊主体为银行或者其他金融机构。

17. 根据《中华人民共和国刑法》，下列行为涉嫌诈骗银行贷款的是(　　)。[2014 年 6 月真题]

A. 某企业将价值 100 万元的厂房抵押给银行获取了 70 万元贷款，此后，该企业先后两次将该厂房抵押给其他银行获取相同数额的贷款

B. 某企业由于资金周转困难，与银行协商延长还款期限

C. 某企业以高利率向职工借款，用于公司经营

D. 某企业与银行协商，企业缩短还款期限，提前还款，从银行取得相对较低的利率

【解析】贷款诈骗罪是指以非法占有为目的，采用虚构事实、隐瞒真相的方法，诈骗银行或者其他金融机构的贷款，数额较大的行为。本罪客观方面表现为：①编造引进资金、项目等虚假理由；②使用虚假的经济合同；③使用虚假的证明文件；④使用虚假的产权证明作担保或超出抵押物价值重复担保；⑤以其他方法诈骗贷款。

18. 明知是伪造、变造的汇票、本票、支票而使用，涉嫌构成(　　)。[2014 年 6 月真题]

A. 金融凭证诈骗罪　　B. 伪造、变造金融票证罪

C. 挪用资金罪　　D. 票据诈骗罪

【解析】票据诈骗罪客观方面表现为：①明知是伪造、变造的汇票、本票、支票而使用；②明知是作废的汇票、本票、支票而使用；③冒用他人的汇票、本票、支票；④签发空头支票或者与其预留印鉴不符的支票，骗取财物；⑤汇票、本票的出票人签发无资金保证的汇票、本票或者在出票时作虚假记载，骗取财物。

19. 李某是农村信用社的会计主管，利用职务之便，其先后三次挪用本单位资金 25 万元，用于网上赌球。李某的行为涉嫌构成(　　)。[2014 年 6 月真题]

15B　16C　17A　18D　19C

A. 洗钱罪　　B. 职务侵占罪　　C. 挪用资金罪　　D. 贪污罪

【解析】挪用资金罪是指公司、企业或者其他单位的工作人员，利用职务上的便利，挪用本单位资金归个人使用或者借贷给他人，数额较大、超过三个月未还的，或者虽未超过三个月，但数额较大、进行营利活动的，或者进行非法活动的行为。

20. 下列关于商业银行业务的表述，错误的是(　　)。[2013 年 11 月真题]

A. 商业银行不得拖延、拒绝支付定期存款人本金和利息

B. 单位名称中使用“银行”字样须经国务院银行业监督管理机构批准

C. 企业法人可以根据经营融资需要从事吸收公众存款行为

D. 商业银行不得违反规定提高利率吸收存款

【解析】C 项，行为人不具有吸收公众存款的法定主体资格而吸收公众存款，如个人私设银行、钱庄，企事业单位私设银行、储蓄所等，非法办理存款贷款业务，吸收公众存款等构成非法吸收公众存款罪。

21. 下列关于金融犯罪的表述，错误的是(　　)。[2013 年 11 月真题]

A. 金融犯罪侵犯的客体是金融管理秩序

B. 金融犯罪的主体可以是自然人，也可以是单位法人

C. 金融犯罪的主观方面只能是故意的

D. 金融犯罪事实上以非法占有为目的

【解析】D 项，金融犯罪是一种图利犯罪，其主观方面只能是故意，有的还要求具有非法占有目的，但非法占有目的不是必须的。

22. 下列罪名中，个人不能构成犯罪主体的是(　　)。[2024 年 10 月真题]

A. 背信运用受托财产罪　　B. 违规出具金融票证罪

C. 违法发放贷款罪　　D. 吸收客户资金不入账罪

【解析】A 项，背信运用受托财产罪是指银行或者其他金融机构违背受托义务，擅自运用客户资金或者其他委托、信托的财产，情节严重的行为。本罪的犯罪主体为特殊主体，即为“商业银行、证券交易所、期货交易所、证券公司、期货经纪公司、保险公司或者其他金融机构”，个人不能构成本罪的主体。

23. 钱某持盗来的身份证及伪造的空头支票，骗取某音像中心 VCD 光盘 4000 张，支票票面金额 3.5 万元。对钱某骗取光盘行为构成的犯罪是(　　)。[2017 年 6 月真题]

A. 钱某的行为构成金融凭证诈骗罪　　B. 钱某的行为构成票据诈骗罪

C. 钱某的行为不构成犯罪　　D. 钱某的行为构成盗窃罪

【解析】票据诈骗罪是指以非法占有为目的，采用虚构事实、隐瞒真相的方法，利用金融票据进行诈骗活动，数额较大的行为。票据诈骗罪侵犯的客体是指狭义的金融票据，即仅指汇票、本票和支票。

24. 按照《中华人民共和国刑法》规定，索取他人财物或非法收受他人财物，必须达到数额较大，才构成犯罪。司法实践中，“数额较大”的标准是指索取或收受(　　)元以上者。[2016 年 10 月真题]

20C　21D　22A　23B　24D

A. 500000　　B. 50000　　C. 500　　D. 5000

【解析】按照《刑法》规定，索取他人财物或非法收受他人财物，必须达到数额较大，才构成犯罪。司法实践中，“数额较大”的标准是指索取或收受五千元以上者。非国家工作人员受贿罪最高可判处五年以上有期徒刑，可以并处没收财产。国有公司、企业中从事公务的人员和国有公司、企业委派到非国有公司、企业从事公务的人员犯受贿罪的，最高处死刑，并处没收财产。

25. 高利转贷罪侵犯的客体是(　　)。[2017 年 6 月真题]

A. 国家对贷款的管理制度　　B. 国家对存款的管理制度

C. 国家对银行的管理制度　　D. 国家对金融机构的准入管理制度

【解析】高利转贷罪，是以转贷牟利为目的，套取金融机构信贷资金高利转贷他人，违法所得数额较大的行为。本罪侵犯的客体是国家对贷款的管理制度。行为对象是金融机构的信贷资金。

26. 下列行为没有破坏金融管理秩序的是(　　)。[2010 年 5 月真题]

A. 银行工作人员为不符合条件的社会公益组织出具资信证明

B. 银行根据客户的指示，运用客户资金进行债券投资

C. 收买他人信用卡信息资料

D. 某公司根据自身资金需要，吸收社会公众存款

【解析】A 项属于违规出具金融票证罪；C 项属于窃取、收买、非法提供信用卡信息罪；D 项属于非法吸收公众存款罪。

27. 犯罪的基本特征是(　　)。

A. 社会危害性　　B. 人民危害性　　C. 暴力危害性　　D. 刑事违法性

【解析】犯罪具有社会危害性和刑事违法性两个特征。社会危害性是犯罪的基本特征，刑事违法性是犯罪的法律特征。

28. 刑法所保护而为犯罪所侵犯的社会主义社会关系是(　　)。

A. 犯罪主体　　B. 犯罪主观方面　　C. 犯罪客体　　D. 犯罪客观方面

【解析】犯罪客体是指刑法所保护而为犯罪所侵犯的社会主义社会关系。A 项，犯罪主体是指实施危害社会的行为，依法应当负刑事责任的自然人或单位；B 项，犯罪主观方面是指犯罪主体对自己危害行为及其危害结果所持的心理态度；D 项，犯罪客观方面是指犯罪活动的客观外在表现，包括危害行为、危害结果。

29. 下列人员中，(　　)不可以成为危害货币管理罪的主体。

A. 年满十八周岁，具有辨认控制能力的银行或者其他金融机构的工作人员

B. 年满十八周岁，具有辨认控制能力的自然人

C. 金融机构

D. 年满十六周岁，具有辨认控制能力的自然人

【解析】危害货币管理罪主要包括金融机构工作人员购买假币、以假币换取货币罪和持有、使用假币罪。其中，金融机构工作人员购买假币、以假币换取货币罪的主体是特

25A　26B　27A　28C　29C

殊主体，为年满十六周岁，具有辨认控制能力的银行或者其他金融机构的工作人员；持有、使用假币罪的主体是一般主体，为年满十六周岁，具有辨认控制能力的自然人。

30. 以下金融犯罪的主体属于特殊主体的是(　　)。

A. 伪造、变造金融票证罪　　B. 集资诈骗罪

C. 非法吸收公众存款罪　　D. 用账外客户资金非法拆借、发放贷款罪

【解析】自然人作为金融犯罪的主体时，特殊主体为银行或者其他金融机构的工作人员；单位作为金融犯罪的主体时，特殊主体为银行或者其他金融机构。用账外客户资金非法拆借、发放贷款只能由银行或者其他金融机构的工作人员实施。ABC 三项的犯罪主体为一般主体。

31. 下列关于非法吸收公众存款罪的说法不正确的是(　　)。

A. 侵犯的客体是国家的银行管理制度

B. 主观方面是故意，并且不具有非法占有不特定对象资金的目的

C. 自然人犯本罪数额巨大或有其他严重情节的，处三年以下有期徒刑或者拘役，并处或者单处二万元以上二十万元以下罚金

D. 单位犯本罪的，对单位判处罚金，并对其直接负责的主管人员和其他直接责任人员依照相关规定进行处罚

【解析】C 项，根据《刑法》第一百七十六条规定，犯非法吸收公众存款罪的，处三年以下有期徒刑或者拘役，并处或者单处罚金；数额巨大或者有其他严重情节的，处三年以上十年以下有期徒刑，并处罚金；数额特别巨大或者有其他特别严重情节的，处十年以上有期徒刑，并处罚金。

32. 某企业为了扩展业务规模，要求员工集资入股，后该企业集资 200 万元，危及分红即被他人告发，该企业的行为(　　)。

A. 构成非法吸收公众存款罪　　B. 不构成犯罪

C. 集资诈骗罪　　D. 擅自发行企业债券罪

【解析】非法吸收公众存款罪是指非法吸收公众存款或者变相吸收公众存款，扰乱金融秩序的行为；集资诈骗罪是指以非法占有为目的，采用虚构事实、隐瞒真相的方法，非法向社会公开募集资金，数额较大的行为。题中该企业为扩展业务规模进行的集资行为属于合法的行为，不构成犯罪。

33. 下列行为中，(　　)不属于持有、使用假币罪的范畴。

A. 使用假币购买商品　　B. 将假币存入银行或者兑换其他货币

C. 使用假币参与赌博　　D. 以假币作为资信证明

【解析】D 项，持有、使用假币罪中的使用应指使假币直接进入流通领域，如将假币作为资信证明给别人察看，应不属于本罪中使用的范畴。

34. 行为人购买假币后使用的，以(　　)从重处罚。

A. 购买假币罪　　B. 使用假币罪

C. 购买、使用假币罪　　D. 持有假币罪

30D　31C　32B　33D　34A

【解析】行为人购买假币后使用的，以购买假币罪从重处罚。但行为人出售、运输假币后又使用的，以出售、运输假币罪和使用假币罪数罪并罚。

35. 下列关于犯罪的预备、未遂和中止，说法错误的是(   )。

A. 盗窃分子练习偷盗技巧是犯罪预备

B. 犯罪预备行为不具有社会危害性

C. 已经着手实行犯罪，由于犯罪分子意志以外的原因而未得逞的，是犯罪未遂

D. 在犯罪过程中，自动放弃犯罪或者自动有效地防止犯罪结果发生的，是犯罪中止

【解析】B 项，犯罪预备行为虽然尚未直接侵害犯罪客体，但已经使犯罪客体面临即将实现的现实危险，因而同样具有社会危害性。因此，犯罪预备行为同样具有可罚性，应当追究刑事责任。同时考虑到犯罪预备行为毕竟尚未着手实行犯罪，还没有实际造成社会危害，因此，对于预备犯，可以比照既遂犯从轻、减轻处罚或者免除处罚。

36. 贷款诈骗罪与票据诈骗罪相比，最重要的区别在于主体(   )。

A. 是否涉及巨额资金　　B. 是否涉及众多被害人

C. 是否只能由个人实施　　D. 犯罪对象是否是金融机构

【解析】票据诈骗罪既可以由单位构成，也可以由个人构成；而贷款诈骗罪的主体只是自然人。单位实施骗取贷款的行为，不能按照贷款诈骗罪追究刑事责任，符合条件的也只能按照合同诈骗罪定罪。

37. 银行或其他金融机构的工作人员与诈骗贷款的犯罪分子串通并为之提供诈骗贷款帮助的，既可能构成贷款诈骗罪的共犯，也可能构成职务侵占罪或贪污罪的共犯，关键区别在于(   )。

A. 主观方面是否故意　　B. 是否采用虚构事实、隐瞒真相的方法

C. 银行是否被骗　　D. 所侵犯的客体是否是贷款

【解析】构成职务侵占罪和贪污罪均不需要受害人被欺骗，而贷款诈骗罪只有在犯罪主体采取欺诈的方法使银行受骗的前提下才可以构成。

38. 金融机构的工作人员严重不负责任，造成大量外汇被骗购或者逃汇的，应以何种罪论处？(   )

A. 逃汇罪　　B. 诈骗罪

C. 扰乱金融秩序罪　　D. 签订、履行合同失职被骗罪

【解析】签订、履行合同失职被骗罪，是指国有公司、企业、事业单位直接负责的主管人员在签订、履行合同过程中，因严重不负责任被诈骗，致使国家利益遭受重大损失的行为。本罪客观表现为在签订、履行合同过程中，因严重不负责任被诈骗，致使国家利益遭受重大损失。金融机构的工作人员严重不负责任，造成大量外汇被骗购或者逃汇的，也以本罪论处。

39. 下列不属于背信运用受托财产罪中所指的受托财产的是(   )。

A. 信托业务中的信托财产　　B. 委托理财业务中的客户资产

C. 非公开发售募集的客户资金　　D. 证券投资业务中的客户交易资金

35B　36C　37C　38D　39C

【解析】“委托、信托的财产”，主要是指在当前的委托理财业务中，存放在各类金融机构中的以下几类客户资金和资产：①证券投资业务中的客户交易资金；②委托理财业务中的客户资产；③信托业务中的信托财产，分为资金信托和一般财产信托；④证券投资基金，是指通过公开发售基金份额募集的客户资金。

40. 行为人购买假币后使用的，以购买假币罪______。但行为人出售、运输假币后又使用的，以出售、运输假币罪和使用假币罪数罪______(　　)。[2023 年 10 月真题]

A. 从重处罚；从轻处罚　　B. 从轻处罚；从重处罚

C. 从重处罚；并罚　　D. 从轻处罚；并罚

【解析】行为人购买假币后使用的，以购买假币罪从重处罚。但行为人出售、运输假币后又使用的，以出售、运输假币罪和使用假币罪数罪并罚。

41. 刑法的基本原则不包括(　　)。[2024 年 10 月真题]

A. 罪责刑相适应　　B. 意思自治

C. 法律面前人人平等　　D. 罪刑法定

【解析】我国《刑法》实行以下基本原则：①罪刑法定原则；②《刑法》面前人人平等原则；③罪责刑相适应原则。

42. 在以下金融犯罪中，犯罪主观方面可以是过失的是(　　)。[2024 年 10 月真题]

A. 对违法票据承兑、付款、保证罪　　B. 违规出具金融票证罪

C. 洗钱罪　　D. 变造货币罪

【解析】对违法票据承兑、付款、保证罪主观方面一般是故意，也可能是过失。

43. 以下不属于刑罚的是(　　)。[2025 年 6 月真题]

A. 拘留　　B. 罚金　　C. 剥夺政治权利　　D. 没收财产

【解析】我国的刑罚可以分为主刑和附加刑。主刑包括管制、拘役、有期徒刑、无期徒刑、死刑；附加刑包括罚金、剥夺政治权利、没收财产。此外，对犯罪的外国人，可以独立适用或附加适用驱逐出境。

二、多选题(下列选项中有两项或两项以上符合题目要求，请将符合题目要求选项的代码填入括号内)

1. 职务侵占罪的犯罪主体为特殊主体，包括(　　)。[2017 年 10 月真题]

A. 非国有的公司，企业的非国家工作人员

B. 国家机关的工作人员

C. 非国有的公司、企业或者其他单位的国家工作人员

D. 国有企业的国家工作人员

E. 其他单位的非国家工作人员

【解析】职务侵占罪的犯罪主体为特殊主体，即非国有的公司、企业或者其他单位的非国家工作人员才能构成，在这些单位工作的国家工作人员不能成为本罪的主体。

2. 违规出具金融票证罪的票证具体包括(　　)。[2016 年 10 月真题]

40C　41B　42A　43A　▎　1AE　2ABCDE

A．保函　　B．信用证　　C．存单　　D．票据

E．资信证明

【解析】违规出具金融票证罪，是指银行或者其他金融机构的工作人员违反规定，为他人出具信用证或者其他保函、票据、存单、资信证明，情节严重的行为。

3．我国《刑法》规定的附加刑有（　　）。［2017 年 10 月真题］

A．没收资产　　B．罚金　　C．剥夺政治权利　　D．管制

E．拘役

【解析】我国的刑罚可以分为主刑和附加刑，其中主刑包括：管制、拘役、有期徒刑、无期徒刑和死刑；附加刑包括：罚金、剥夺政治权利和没收财产。此外，对犯罪的外国人，可以独立适用或附加适用驱逐出境。

4．下列属于伪造、变造金融票证的有（　　）。［2023 年 10 月真题］

A．伪造信用卡　　B．汇款凭证的印鉴与预留印鉴不一致

C．伪造信用证随附的单据　　D．克隆银行本票

E．汇票附件不完整

【解析】伪造、变造金融票证罪客观方面表现为伪造、变造金融票证的行为，包括：①伪造、变造汇票、支票、本票；②伪造、变造委托收款凭证、汇款凭证、银行存单等其他银行结算凭证；③伪造、变造信用证或者附随的单据、文件；④伪造信用卡。

5．《刑法》规定的主刑有（　　）。［2015 年 10 月真题］

A．有期徒刑　　B．管制　　C．拘役　　D．无期徒刑

E．死刑

【解析】刑罚是统治阶级为了维护本阶级利益和统治秩序，以国家的名义对犯罪人实行惩罚的一种强制方法。我国的刑罚可以分为主刑和附加刑。主刑包括：①管制，是指对犯罪分子不实行关押，交由公安机关管束和人民群众监督，限制其一定自由的刑罚方法；②拘役，是指短期剥夺犯罪分子人身自由，就近强制实行劳动改造的刑罚方法；③有期徒刑，指在一定期限内剥夺犯罪分子的人身自由，实行强制劳动改造的一种刑罚方法；④无期徒刑，指终身剥夺犯罪分子的人身自由，实行强制劳动改造的一种刑罚方法；⑤死刑，指剥夺犯罪分子生命的一种刑罚方法。

6．下列属于票据诈骗罪客观方面表现的有（　　）。［2015 年 5 月真题］

A．明知伪造、变造的汇票、本票、支票而使用

B．签发空头支票或者与其预留印鉴不符的支票，骗取财物

C．使用伪造、变造的委托收款凭证、汇款凭证、银行存单

D．明知是作废的收款凭证、汇款凭证及银行存单而使用

E．冒用他人的汇票、本票、支票

【解析】票据诈骗罪客观方面表现为：①明知是伪造、变造的汇票、本票、支票而使用；②明知是作废的汇票、本票、支票而使用；③冒用他人的汇票、本票、支票；④签发空头支票或者与其预留印鉴不符的支票，骗取财物；⑤汇票、本票的出票人签发无资金保

3ABC　4ACD　5ABCDE　6ABE

证的汇票、本票或者在出票时作虚假记载，骗取财物。CD 两项是金融凭证诈骗罪客观方面的表现。

7. 下列属于金融诈骗罪的有(　　)。[2018 年 6 月真题]

A. 非法出具金融票证罪　　B. 吸收客户资金不入账罪

C. 信用卡诈骗罪　　D. 票据诈骗罪

E. 集资诈骗罪

【解析】金融诈骗罪包括集资诈骗罪、贷款诈骗罪、信用证诈骗罪、信用卡诈骗罪、票据诈骗罪、金融凭证诈骗罪。AB 两项属于破坏金融管理秩序罪中的破坏银行和其他金融机构管理类犯罪。

8. 犯罪主体不能由单位构成的金融犯罪有(　　)。[2014 年 6 月真题]

A. 贷款诈骗罪　　B. 信用证诈骗罪　　C. 票据诈骗罪　　D. 集资诈骗罪

E. 信用卡诈骗罪

【解析】A 项，贷款诈骗罪的主体只是自然人，单位实施骗取贷款的行为，不能按照贷款诈骗罪追究刑事责任，符合条件的也只能按照合同诈骗罪定罪；E 项，信用卡诈骗罪主体仅为自然人，单位不构成本罪。

9. 以非法占有为目的，诈骗银行或者其他金融机构的贷款，数额较大的，涉嫌构成“贷款诈骗罪”的情形有(　　)。[2013 年 11 月真题]

A. 使用虚假的产权证明作担保或者超出抵押物价值重复担保的

B. 以其他方法诈骗贷款的

C. 编造引进资金、项目等虚假理由的

D. 使用虚假的证明文件的

E. 使用虚假的经济合同的

10. 金融凭证诈骗罪，是指以非法占用为目的，采用虚构事实、隐瞒真相的方法，使用伪造、变造的(　　)等其他银行结算凭证进行诈骗活动的行为。[2013 年 11 月真题]

A. 银行存单　　B. 汇款凭证　　C. 委托收款凭证　　D. 信用证

E. 银行汇票

【解析】金融凭证诈骗罪，是指以非法占有为目的，采用虚构事实、隐瞒真相的方法，使用伪造、变造的委托收款凭证、汇款凭证、银行存单等其他银行结算凭证进行诈骗活动的行为。从广义上说，汇票、本票、支票都属于银行的结算凭证，但作为本罪行为对象的金融凭证，则仅指委托收款凭证、汇款凭证及银行存单。如果使用伪造、变造的汇票、本票、支票进行诈骗，构成犯罪的，不构成本罪，而应构成票据诈骗罪。使用伪造的信用证进行诈骗活动的构成信用证诈骗罪。

11. 吸收客户资金不入账罪的犯罪主体为(　　)。[2012 年 6 月真题]

A. 一般性公司企业及其工作人员　　B. 农村信用社工作人员

C. 银行工作人员　　D. 农村信用社

E. 银行

7CDE　8AE　9ABCDE　10ABC　11BCDE

【解析】吸收客户资金不入账罪，是指银行或者其他金融机构的工作人员，吸收客户资金不入账，数额巨大或者造成重大损失的行为。本罪侵犯的客体是国家对存款的管理制度。本罪主体是特殊主体，为银行或者其他金融机构及其工作人员。

12. 下列选项中属于银行人员职务犯罪的有(　　)。[2010 年 5 月真题]

A. 挪用公款　　B. 签订合同失职罪

C. 受贿　　D. 金融诈骗罪

E. 贪污

【解析】根据金融犯罪实施主体的不同，可以将金融犯罪划分为针对银行的犯罪和银行人员职务犯罪。针对银行的犯罪又称为外部犯罪，主要包括破坏金融管理秩序罪、金融诈骗罪等；银行人员职务犯罪又称为内部犯罪，包括贪污、受贿、挪用公款、签订合同失职罪等。

13. 下列关于对违法票据承兑、付款、保证罪的说法，正确的是(　　)。

A. 本罪侵犯的客体是国家对票据的管理制度

B. 承兑，是指汇票付款人承诺在汇票到期日支付汇票金额的票据行为

C. 保证，是指对已经存在的票据上的债务进行担保的票据行为

D. 本罪主体是一般主体，为银行工作人员

E. 本罪主观方面是故意

【解析】D 项，对违法票据承兑、付款、保证罪的主体是特殊主体，为银行或其他金融机构及其工作人员；E 项，对违法票据承兑、付款、保证罪主观方面一般是故意，也可能是过失，对造成重大损失，行为人不需要明确认识到。

14. 骗取贷款、票据承兑、金融票证罪与贷款诈骗罪的区别主要有(　　)。

A. 犯罪主体不同　　B. 犯罪主观方面不同

C. 犯罪客体方面不同　　D. 犯罪客观方面不同

E. 最高法定刑不同

【解析】骗取贷款、票据承兑、金融票证罪与贷款诈骗罪有一定区别：①骗取贷款、票据承兑、金融票证罪在主观上不要求行为人以“非法占有为目的”，而贷款诈骗罪要求行为人必须以“非法占有为目的”；②骗取贷款、票据承兑、金融票证罪的主体包括自然人和单位，而贷款诈骗罪的主体只是自然人；③两罪的最高法定刑不同，骗取贷款、票据承兑、金融票证罪最高法定刑仅为七年有期徒刑，而贷款诈骗罪最高可以判处无期徒刑。

15. 下列人员属于《商业银行法》规定的“关系人”的有(　　)。

A. 商业银行的董事　　B. 商业银行的监事

C. 商业银行的管理人员　　D. 信贷业务人员

E. 以上人员的近亲属

【解析】《商业银行法》第四十条规定，关系人是指：①商业银行的董事、监事、管理人员、信贷业务人员及其近亲属；②前项所列人员投资或者担任高级管理职务的公司、

12ABCE　13ABC　14ABE　15ABCDE

企业和其他经济组织。

16. 金融诈骗罪中具体罪名的共同特征包括（ ）。
A. 主观上均具有非法占有目的
B. 实施虚构事实、隐瞒真相等欺骗行为
C. 受骗者因被骗而作出行为人期待的财产处分行为
D. 受骗者或者其他人（被害人）遭受财产损失
E. 采取暴力手段实施

【解析】金融诈骗罪作为类罪，具有许多共性，其基本构造是：主观上均具有非法占有目的，客观上均遵循下列逻辑顺序：①实施虚构事实、隐瞒真相等欺骗行为；②使受骗者陷入或者强化认识错误；③受骗者因被骗而作出行为人期待的财产处分行为；④受骗者或者其他人（被害人）遭受财产损失。

17. 信用证诈骗罪客观方面的表现包括（ ）。
A. 使用伪造、变造的信用证或者附随的单据、文件
B. 使用作废的信用证
C. 骗取信用证
D. 盗窃信用证并使用
E. 以其他方法进行信用证诈骗活动的

【解析】信用证诈骗罪，是指使用伪造、变造的信用证或者附随的单据、文件，或者使用作废的信用证，或者骗取信用证以及以其他方法进行信用证诈骗活动的行为。信用证诈骗罪客观方面表现为行为人实施了利用信用证进行诈骗的行为：①使用伪造、变造的信用证或者附随的单据、文件；②使用作废的信用证；③骗取信用证的；④其他方法。

18. 以下凭证中，票据诈骗罪所侵犯的客体包括（ ）。
A. 汇票　B. 支票　C. 汇款凭证　D. 本票
E. 资信证明

【解析】票据诈骗罪所侵犯的客体为汇票、本票和支票。CE 两项属于金融凭证诈骗罪的客体。

19. 下列哪些犯罪必须以非法占有为目的？（ ）
A. 贷款诈骗罪　B. 信用卡诈骗罪
C. 集资诈骗罪　D. 骗取贷款、票据承兑、金融票证罪
E. 非法吸收公众存款罪

【解析】D 项，骗取贷款、票据承兑、金融票证罪在主观上不要求行为人以“非法占有为目的”，在司法实践中认定“以非法占有为目的”比较困难，致使社会上大量的骗取银行贷款的行为难以被追究刑事法律责任。本罪的设立，降低了打击骗取银行贷款和信用行为的门槛，为保障银行信贷资产提供了更加有力的法律武器。E 项，非法吸收公众存款罪主观方面是故意，并且不具有非法占有不特定对象资金的目的，否则可能构成

16ABCD　17ABCE　18ABD　19ABC

集资诈骗罪。

20. 背信运用受托财产罪中的犯罪主体包括(　　)。

A. 个人　　B. 商业银行　　C. 证券交易所　　D. 期货交易所

E. 期货经纪公司

【解析】背信运用受托财产罪的犯罪主体为特殊主体，即为“商业银行、证券交易所、期货交易所、证券公司、期货经纪公司、保险公司或者其他金融机构”。个人不能构成本罪的主体。

21. 下列选项中属于职务侵占罪的构成要件的有(　　)。

A. 犯罪主体是非国家工作人员　　B. 利用职务上的便利

C. 非法将本单位的财物占为己有　　D. 非法占有财物数额较大

E. 占有财物超过三个月未还

【解析】职务侵占罪是指公司、企业或者其他单位的工作人员利用职务上的便利，将本单位财物非法占为己有，数额较大的行为。构成职务侵占罪在占有财物时间上没有限制。

三、判断题(请对下列各题的描述做出判断，正确的用 A 表示，错误的用 B 表示)

1. 汇票、本票的出票人签发无资金保证的汇票、本票或者在出票时作虚假记载，骗取财物的，构成金融凭证诈骗罪。(　　)[2017 年 6 月真题]

【解析】汇票、本票的出票人签发无资金保证的汇票、本票或者在出票时作虚假记载，骗取财物的，构成票据诈骗罪。

2. 违法发放贷款罪的主体是特殊主体，商业银行不能成为本罪的主体。(　　)[2017 年 10 月真题]

【解析】违法发放贷款罪，是指银行或者其他金融机构的工作人员，违反国家规定发放贷款，造成重大损失的行为。本罪主体是特殊主体，即银行或者其他金融机构及其工作人员。

3. 对违法票据承兑、付款、保证罪的主观方面一般是故意。(　　)[2016 年 5 月真题]

【解析】对违法票据承兑、付款、保证罪，是指银行或其他金融机构的工作人员在票据业务中，对违反《票据法》规定的票据予以承兑、付款或者保证，造成重大损失的行为。本罪主体是特殊主体，为银行或其他金融机构及其工作人员。本罪主观方面一般是故意，也可能是过失。

4. 对于中止犯，可以比照既遂犯从轻或者减轻处罚。(　　)[2015 年 10 月真题]

【解析】《刑法》第二十三条规定，已经着手实行犯罪，由于犯罪分子意志以外的原因而未得逞的，是犯罪未遂。对于未遂犯，可以比照既遂犯从轻或者减轻处罚。《刑法》第二十四条规定，在犯罪过程中，自动放弃犯罪或者自动有效地防止犯罪结果发生的，是犯罪中止。对于中止犯，没有造成损害的，应当免除处罚；造成损害的，应当减轻处罚。

5. 贷款诈骗罪，是指以非法占有为目的，采用虚构事实、隐瞒真相的方法，诈骗银行或者

20BCDE　21ABCD　▎　1B　2B　3B　4B　5A

其他金融机构的贷款，数额较大的行为。（　　）［2015 年 10 月真题］

【解析】贷款诈骗罪，是指以非法占有为目的，采用虚构事实、隐瞒真相的方法，诈骗银行或者其他金融机构的贷款，数额较大的行为。诈骗贷款行为不仅侵犯了银行等金融机构的财产所有权，而且必然影响银行等金融机构贷款业务和其他金融业务的正常进行，破坏我国金融秩序的稳定。

6. 国有公司、企业中从事公务的人员和国有公司、企业委派到非国有公司、企业从事公务的人员犯受贿罪的，最高处死刑，并处没收财产。（　　）［2014 年 6 月真题］

【解析】根据《刑法》规定，非国家工作人员受贿罪最高可判处五年以上有期徒刑，可以并处没收财产。国有公司、企业中从事公务的人员和国有公司、企业委派到非国有公司、企业从事公务的人员犯受贿罪的，最高处死刑，并处没收财产。

7. 国有公司、企业、事业单位直接负责的主管人员在签订、履行合同过程中，因严重不负责任被诈骗，致使国家利益遭受重大损失的，属于职务犯罪。（　　）［2013 年 11 月真题］

【解析】银行业相关职务犯罪主要包括职务侵占罪、挪用资金罪、非国家工作人员受贿罪和签订、履行合同失职被骗罪。其中，签订、履行合同失职被骗罪，是指国有公司、企业、事业单位直接负责的主管人员在签订、履行合同过程中，因严重不负责任被诈骗，致使国家利益遭受重大损失的行为，属于渎职犯罪。

8. 明知是假币的情况下，把假币赠与他人也应列为使用假币罪。（　　）［2010 年 5 月真题］

【解析】持有、使用假币罪中的“使用”，是将假币作为真币使用，可以是以外表合法的方式使用，如购买商品、兑换他种货币、存入银行、赠与他人、缴纳罚款等，也可以是以非法的方式使用，如用于赌博等。

9. 伪造、变造金融票证罪主体是一般主体，包括自然人和单位。（　　）

【解析】伪造、变造金融票证罪主体是一般主体，包括自然人和单位。单位犯罪的，对单位判处罚金，并对其直接负责的主管人员和其他直接责任人员，依照规定处罚。

10. 犯罪主体主观上具有故意，是金融犯罪成立的前提和基础。（　　）

【解析】金融犯罪成立的前提是违反金融管理法律法规，而非主观上故意。

11. 金融管理秩序是银行管理秩序、证券管理秩序、货币管理秩序、外汇管理秩序、信贷管理秩序等的总称，而票据管理秩序、保险管理秩序不包括在其中。（　　）

【解析】金融管理秩序是银行管理秩序、货币管理秩序、外汇管理秩序、信贷管理秩序、证券管理秩序、票据管理秩序、保险管理秩序等的总称，侵犯其中任何一种秩序都属于侵害金融管理秩序。

12. 金融机构工作人员和非金融机构工作人员购买假币的行为分别触犯了不同的罪名。（　　）

【解析】金融机构工作人员购买假币行为构成金融机构工作人员购买假币、以假币换取

6A　7A　8A　9A　10B　11B　12A

货币罪；非金融机构工作人员购买假币后使用的，以购买假币罪从重处罚，非金融机构工作人员出售、运输假币后又使用的，则以出售、运输假币罪和使用假币罪数罪并罚。

13. 高利转贷罪的犯罪主体是特殊主体。(　　)

【解析】高利转贷罪的犯罪主体是一般主体，包括自然人和单位，不包括具有贷款业务经营权的金融机构。

14. 违规出具金融票证罪的主体是一般主体。(　　)

【解析】违规出具金融票证罪的主体是特殊主体，为银行或者其他金融机构及其工作人员。

15. 股份制商业银行的一般工作人员不能成为贪污罪的犯罪主体。(　　)

【解析】贪污罪的主体是国家工作人员或者受国有单位委派管理、经营国有财产的人员。

16. 骗取贷款、票据承兑、金融票证罪的犯罪主体是自然人，单位不能构成该罪。(　　)

【解析】骗取贷款、票据承兑、金融票证罪的犯罪主体是一般主体，自然人和单位都可成为犯罪主体。

17. 骗取贷款、票据承兑、金融票证罪最高可以判处无期徒刑。(　　)

【解析】骗取贷款、票据承兑、金融票证罪的最高法定刑为七年有期徒刑。

18. 挪用资金进行非法活动的，不受时间的限制，但要构成犯罪，挪用的资金必须数额较大。(　　)

【解析】挪用资金进行非法活动的，既没有挪用资金数额和时间的限制，也没有还与不还的条件，只要是挪用资金用于非法活动的，即构成挪用资金罪。

19. 违法必然涉嫌犯罪。(　　)2022 年 11 月真题]

【解析】违法不一定涉嫌犯罪，犯罪具有社会危害性和刑事违法性两个特征。社会危害性是犯罪的基本特征，刑事违法性是犯罪的法律特征。

20. 不满 16 周岁的人不管实施何种危害社会的行为，都不负刑事责任，为完全不负刑事责任年龄阶段。(　　)［2021 年 6 月真题］

【解析】已满 14 周岁不满 16 周岁的人，犯故意杀人、故意伤害致人重伤或者死亡、强奸、抢劫、贩卖毒品、放火、爆炸、投毒罪的，应当负刑事责任，为相对负刑事责任年龄阶段。

13B　14B　15A　16B　17B　18B　19B　20B

第五部分　银行监管与自律

第一章　银行监管体制

一、单选题(下列选项中只有一项最符合题目要求，请将正确选项的代码填入括号内)

1. 银行监管的本质实际上是(　　)监管。

A. 法律　　B. 行政规章　　C. 制度　　D. 风险

【解析】市场经济首先是规则经济或者是法制经济，银行监管的本质实际上是制度监管，正如高兰所说，“监管就是制定并实施规则的一种活动”。

2. 20 世纪 30 年代以前，银行监管的目标主要是(　　)。

A. 防止银行挤提带来的消极影响

B. 防止银行体系的崩溃对宏观经济的严重冲击

C. 注重效率问题

D. 有效控制风险、注重安全和效率的平衡

【解析】20 世纪 30 年代以前，银行监管的目标主要是提供稳定和弹性的货币供给，防止银行挤提带来的消极影响。

3. 我国银行监管制度在探索成形阶段的特点不包括(　　)。

A. 监管手段进一步丰富，增加了非现场监管，并注意与现场检查的配合运用

B. “部门执法”的局面凸显

C. 在制度设计上已经开始部分涉及权责分配、激励约束和再监督等方面的内容

D. 对主要银行业机构实行了管、监在部门间的职责分离

【解析】我国银行监管制度在探索成形阶段的特点主要有三个：①监管手段进一步丰富，增加了非现场监管，并注意与现场检查的配合运用；②各相关部门独立行使处罚权的状况没有改变，且职责进一步增大，“部门执法”的局面凸显；③在制度设计上已经开始部分涉及权责分配、激励约束和再监督等方面的内容，但仅仅形成了初步框架，还没有对运行机制和监管绩效发挥实质性作用。D 项属于改革调整阶段的特点。

4. 下列不属于监管工具的是(　　)。[2024 年 10 月真题]

A. 银行账簿利率风险　　B. 资本回报率

C. 风险集中度　　D. 流动性

【解析】我国传统的监管工具主要包括流动性、拨备覆盖率、风险集中度、不良资产率等。近年来，在国际金融危机、《巴塞尔协议Ⅲ》发布的背景下，国务院银行业监督管理机构于 2011 年 4 月 27 日公布关于中国银行业实施新监管标准的指导意见，并陆续引入

1C　2A　3D　4B

或更新了资本、拨备、流动性(LCR、NSFR)、银行账簿利率风险(IRRBB)、大额风险暴露、杠杆率等银行监管工具。

5. 银行业监管的最高层次是(　　)。[2024年10月真题]

A. 行业自律　　B. 市场约束

C. 银行业外部监管　　D. 银行自我监管

【解析】银行业外部监管是监管的最高层次,是由国务院授权的金融监督管理机构统一监督管理银行、金融资产管理公司、信托投资公司及其他存款类金融机构,维护银行业的合法、稳健运行。

二、多选题(下列选项中有两项或两项以上符合题目要求,请将符合题目要求选项的代码填入括号内)

1. 1984年以来,我国银行监管治理的演变过程可以划分为哪些阶段?(　　)

A. 初步确立阶段　　B. 探索成形阶段　　C. 改革调整阶段　　D. 形成完善阶段

E. 成熟更新阶段

【解析】1984年以来,我国银行监管治理随着金融监管体制的演变和监管重点的变化而随时调整、演化,其演变过程可以划分为五个主要阶段:①初步确立阶段(1984~1993年);②探索成形阶段(1994~1997年);③改革调整阶段(1998~2003年);④形成完善阶段(2003~2017年);⑤改革完善阶段(自2017年至今)。

2. 我国银行监管在初步确立阶段的特点有(　　)。

A. 监管职责配置的部门化,采取了功能化的监管组织架构

B. 监管运行机制的概念尚未提出,更缺少制度上的安排

C. 初步形成了机构监管的组织架构

D. 监管部门之间"各自为战"的现象较为突出

E. 监管治理得到完善,银行监管工作进入一个新的发展阶段

【解析】在我国银行监管制度初步确立阶段,银行监管运行上有两个特点:①监管职责配置的部门化,采取了功能化的监管组织架构,即金融管理部门负责市场准入、退出的审批与违规处罚,稽核部门负责现场检查及违规处罚。②监管运行机制的概念尚未提出,更缺少制度上的安排。行政管理与处罚、现场检查与处罚由同一个部门行使,监管行为的过程控制实际上并没有建立。C项属于探索成形阶段的特点;D项属于改革调整阶段的特点;E项属于形成完善阶段的特点。

3. 自律组织对其会员银行的监管一般有哪些方式?(　　)

A. 每年进行一次例行检查

B. 要求商业银行建立完善的法人治理结构

C. 强制商业银行进行信息披露

D. 要求建立一个独立的、协助董事会工作的公司审计委员会

E. 对会员的日常业务活动进行监管

【解析】自律组织对其会员的监管一般有两种方式:①对会员每年进行一次例行检查,包

5C　▍　1ABCD　2AB　3AE

括对会员的财务状况、业务执行情况、对客户的服务质量等的检查；②对会员的日常业务活动进行监管，包括对其业务活动进行指导，协调会员之间的关系，对欺诈客户、操纵市场等违法违规行为进行调查处理。

三、判断题（请对下列各题的描述做出判断，正确的用 A 表示，错误的用 B 表示）

1. 银行业监管的发展历程在表象上反映为管制、放松、重新管制。（　　）［2015 年 10 月真题］

【解析】银行业监管的发展历程在表象上反映为管制、放松、重新管制，但从深层次看，这是由特定历史时期银行业的实际发展状况所决定的，是对安全优先和效率优先两种监管目标的选择过程，正是由于风险与效益之间存在替代性效应，这一演变过程最终将会达成复合型监管目标的某种平衡，即寻求在效率与风险之间的平衡。

2. 银行监督是指监管部门依法对辖内银行机构及市场进行管理，对银行机构及其经营活动实行领导、组织、协调和控制等。（　　）

【解析】银行监督是指监管部门对银行市场运行状况进行系统、及时地信息收集和信息处理，以维护市场秩序和防范市场风险；同时，对银行机构实施全面、经常性的检查和督促，以促进银行机构依法稳健经营，安全可靠和健康地发展。题干所述是银行管理的内容。

3. 尽管银行监管理论不断发生变化，银行监管的目标、体制等仍保持不变。（　　）

【解析】在银行监管理论不断发生变化的同时，银行监管的目标、体制及银行监管的方式、方法和手段都在随之不断变化和演进之中。

4. 近年来，由于金融危机等的冲击，银行监管的目标发展到更加注重风险的方面。（　　）

【解析】近年来，银行监管的目标发展到有效控制风险、注重安全和效率的平衡方面。

5. 1995 年 3 月颁布的《中国人民银行法》，标志着人民银行非现场监管工作开始起步。（　　）

【解析】1994 年《商业银行资产负债比例管理考核暂行办法》的出台，标志着人民银行非现场监管工作开始起步。

6. 银行业监管规则体系主要由法律、行政法规、部门规章、规范性文件四个层次构成。（　　）

【解析】银行业监管规则体系主要由法律、行政法规、部门规章、规范性文件四个层次构成，法律、行政法规是基础和主干，部门规章和规范性文件构成了实际监管工作中的依据和准绳。

7. 在华外资银行必须接受国务院银行业监督管理机构的监管。（　　）［2017 年 10 月真题］

【解析】银行业监管的行政法规主要包括《中华人民共和国外资银行管理条例》等，其中规定了外资银行同样需要接受国务院银行业监督管理机构的监管以及来自中国人民银行的监督检查等要求。

1A　2B　3B　4B　5B　6A　7A

第二章　银行自律与市场约束

一、单选题(下列选项中只有一项最符合题目要求，请将正确选项的代码填入括号内)

1．陈某是一家银行的部门总经理，同时在当地金融学会兼任顾问，下列对其兼职行为表述正确的是(　　)。[2021 年 6 月真题]

A．违反了有关法律法规和职业操守的规定，必须停止兼职活动

B．属于允许范围内的兼职活动，但应当向所在银行披露自己的兼职身份

C．属于允许范围内的兼职活动，可以把一半以上的工作时间用于此兼职工作

D．与银行业务不直接相关，因此可以不披露自己的兼职工作

【解析】银行业从业人员应当遵守法纪规定以及所在机构有关规定从事兼职活动，主动报告兼职意向并履行相关审批程序。应当妥善处理兼职岗位与本职工作之间的关系，不得利用兼职岗位谋取不当利益，不得违规经商办企业。

2．下列行为中，不属于银行业从业人员职业操守关于"爱国爱行"规定的是(　　)。

A．认真践行服务实体经济、防范化解金融风险、深化金融改革的任务

B．认真贯彻执行党和国家的金融路线方针政策

C．切实履行岗位职责，爱岗敬业

D．恪守诚实信用原则，真诚对待客户

【解析】D 项属于银行业从业人员职业操守关于"诚实守信"的规定。

3．下列行为中，违反银行业从业人员职业操守关于"监管规避"规定的是(　　)。[2016 年 10 月真题]

A．建议客户根据经常项目交易情况购买外汇

B．建议客户做假账以逃避反洗钱检查

C．建议客户投资国债(免利息税)降低风险

D．建议客户投资风险组合稳定收益降低风险

【解析】实践中，以下存在明显不妥的行为，有可能会对从业人员及其所在机构产生不利影响：①以明示或暗示方式向客户提供规避法律、法规规定的建议；②明知所经办的业务是为了逃避监管规定或规避法律、法规禁止性规定，但仍不按照内部流程进行必要的报告，默许甚至提供协助；③出于私情，向亲朋好友提供规避监管规定的意见和建议，并利用其所在机构的资源，为这些行为提供方便。

4．下列关于中国银行业协会的表述，正确的是(　　)。[2016 年 5 月真题]

A．全国性营利社会团体　　B．最高权力机构是会员大会

C．对会员单位提供资金支持　　D．具有金融监管权

【解析】A 项，中国银行业协会是在民政部登记注册的全国性非营利社会团体。C 项，中国银行业协会是我国的银行业自律组织，不对会员单位提供资金支持。D 项，中国银行

1B　2D　3B　4B

业协会履行自律、维权、协调、服务职能，不具有金融监管权。

5. 某银行从业人员未如实说明该理财产品的风险，该行为违反了银行业从业人员职业操守基本准则关于(　　)的规定。［2016 年 5 月真题］

A. 专业胜任　　B. 诚实信用

C. 保护商业秘密与客户隐私　　D. 勤勉尽职

【解析】银行业从业人员应当以高标准职业道德规范行事，品行正直，恪守诚实信用。未向客户如实说明理财产品风险违反了诚实信用原则。

6. 下列行为中，不属于银行业从业人员职业操守关于“依法合规”规定的是(　　)。

A. 敬畏党纪国法，严格遵守法律法规、监管规制、行业自律规范以及所在机构的规章制度

B. 自觉抵制违法违规违纪行为

C. 坚持不碰政治底线、不越纪律红线

D. 遵守岗位管理规范，严格执行业务规定和操作规程

【解析】D 项属于银行业从业人员职业操守关于“勤勉履职”的规定。

7. 下列选项中符合银行业从业人员关于协助有权机关执法的规定的是(　　)。［2015 年 10 月真题］

A. 按规定审核有权机关来人的证件

B. 为图方便，简化协助执行程序

C. 未经法定程序透露客户信息给司法人员

D. 协助客户转移资产

【解析】银行业从业人员应当熟知银行承担的依法协助执行的义务，在严格保守客户隐私的同时，按法定程序积极协助执法机关的执法活动，不泄露执法活动信息，不协助客户隐匿、转移资产。

8. 银行从业人员的下列行为中，违反银行业从业人员行为规范中关于遵守岗位管理规范规定的是(　　)。［2015 年 10 月真题］

A. 未经批准帮同事代班　　B. 不打听与自身工作无关信息

C. 保管好自己的交易密码　　D. 对反洗钱信息保密

【解析】银行业从业人员应当遵守业务操作指引，遵循银行岗位职责划分和风险隔离的操作规程，确保客户交易的安全。不得打听与自身工作无关的信息，或是违反规定委托他人履行保管物品、信息或其他岗位职责。

9. 下列选项中，违反银行业从业人员职业操守关于“严守秘密”规定的是(　　)。［2018 年 10 月真题］

A. 依法向有权机构提供客户账户信息

B. 向反洗钱主管机构提供反洗钱需要的材料

C. 与本行专家讨论某股票的走势

D. 出于好奇向其他同事打听客户个人信息

【解析】银行业从业人员应当谨慎负责，严格保守工作中知悉的国家秘密、商业秘密、工

5B　6D　7A　8A　9D

作秘密和客户隐私，坚决抵制泄密、窃密等违法违规行为。

10. 银行从业人员处理客户投诉时，下列行为正确的是(　　)。[2018 年 6 月真题]
   A. 若在机构规定的投诉反馈期限内无法提出处理意见，只能搁置
   B. 对客户错误的投诉和建议无需理会
   C. 应当耐心听取客户投诉，事后若经过调查发现客户投诉不当则不必再答复客户
   D. 应当将处理的进展和结果及时地反馈给客户

   【解析】银行业从业人员应当坚持客户至上、客观公正原则，耐心、礼貌、认真地处理客户的投诉，及时作出有效反馈。

11. 法院持法定手续去某银行支行查询某贸易公司的存款状况，该行客户经理小刘因与该贸易公司保持良好的业务关系，闻讯后立即告知该贸易公司。此行为违反了银行业从业人员职业操守中关于(　　)规定。[2018 年 6 月真题]
   A. 监管规避　　B. 协助执行　　C. 内部交易　　D. 风险提示

   【解析】协助有权机关执法要求银行业从业人员应当熟知银行承担的依法协助执行义务，在严格保守客户隐私的同时，按法定程序积极协助执法机关的执法活动，不泄露执法活动信息，不协助客户隐匿、转移资产。

12. 下列行为中，不属于银行业从业人员职业操守关于“专业胜任”规定的是(　　)。
   A. 银行业从业人员应当具备现代金融岗位所需的专业知识、执业资格与专业技能
   B. 以服务国家战略、服务实体经济、服务客户为天职
   C. 树立终身学习和知识创造价值的理念，及时了解国际国内金融市场动态
   D. 通过“学中干”和“干中学”锤炼品格、补充知识、增长能力

   【解析】B 项属于银行业从业人员职业操守关于“服务为本”的规定。

13. 下列行为中，属于银行业从业人员接受、配合监管工作的是(　　)。[2014 年 6 月真题]
   A. 管理人员之间统一口径　　B. 提供检查经费
   C. 提供内部管理基本情况　　D. 转移相关账本

   【解析】银行业从业人员应当树立依法合规意识，依法接受银行业监督管理部门的监管，积极配合非现场监管和现场检查等监管工作。严禁自行或诱导客户规避监管要求。

14. 下列行为中，不属于银行业从业人员职业操守关于“诚实守信”规定的是(　　)。
   A. 恪守诚实信用原则，真诚对待客户，珍视声誉、信守承诺
   B. 发扬银行业“三铁”精神
   C. 秉持服务为本的理念
   D. 谋事要实，创业要实，做人要实，通过踏实劳动实现职业理想和人生价值

   【解析】C 项属于银行业从业人员职业操守关于“服务为本”的规定。

15. 下列行业中，违反“公平竞争”原则的是(　　)。[2014 年 6 月真题]
   A. 某银行为提高服务质量，定期对从业人员进行培训讲授金融产品和服务的特点和技巧，经过一段时间后，该行的服务质量和效率显著提高，吸引了更多客户

10D　11B　12B　13C　14C　15D

B. 某银行在向客户推销信用卡业务时，明确告知客户在信用卡使用过程中，消费达到一定金额后，可以获得相应积分

C. 与同业相比，某银行同类产品定价并非最低，但却能在提供产品和服务的过程中，为客户提供增值服务

D. 某银行客户经理为了获得一家上市企业的贷款业务，自己掏钱购买贵重礼物馈赠给该企业财务部门负责人

【解析】银行业从业人员应当崇尚公平竞争，遵循客户自愿原则、尊重同业公平原则。在宣传、办理业务过程中，不得使用不正当竞争手段。坚决抵制以权谋私、钱权交易、贪污贿赂、“吃拿卡要”等腐败行为。

16. 近期，某银行支行因为一笔违规放贷可能导致损失，记者李某找到他在该支行的一位朋友张某进行采访。在这种情况下(　　)。[2013 年 11 月真题]

A. 张某为维护所在机构的形象和声誉，应断然否认

B. 张某有责任告知李某他所知道的情况

C. 未经单位允许和授权，张某不应擅自代表所在机构接受新闻媒体采访

D. 如果李某答应不披露采访对象，张某就可以将他所知道的情况告诉李某

【解析】银行业从业人员应当遵守法律法规、监管规制及所在机构关于信息发布的规定，严禁擅自接受媒体采访或通过微信、微博、贴吧、网络直播等自媒体形式对外发布相关信息。

17. 下列不属于银行从业人员履职遵纪行为规范的是(　　)。

A. 如实反馈信息　　B. 遵守信贷业务规定

C. 严禁非法利益输送交易　　D. 实施履职回避

【解析】B 项属于银行从业人员业务合规行为规范。

18. 某上市银行工作人员小王在编制本行年度报告过程中，建议其父亲购买 10000 股该行的股票，此行为违反了行为规范的(　　)规定。[2010 年 5 月真题]

A. 严禁内幕交易行为　　B. 严禁违法犯罪行为

C. 严禁组织、参与非法民间融资　　D. 严禁挪用资金行为

【解析】银行业从业人员在业务活动中应当遵守有关禁止内幕交易的规定。不得以明示或暗示的形式违规泄露内幕信息，不得利用内幕信息获取个人利益，或是基于内幕信息为他人提供理财或投资方面的建议。

19. 某银行员工甲与员工乙共同负责业务印章及重要凭证的保管，甲保管保险箱钥匙，乙掌握密码，某日，甲员工请假看病，下列做法中，符合职业操守要求的是(　　)。[2009 年 10 月真题]

A. 甲估计外出时间不长，不会用到业务印章和相关凭证，因此未做移交就外出看病

B. 甲根据银行印章、重要凭证等管理规定，办理移交手续，正式移交钥匙后外出看病

C. 甲将保险箱钥匙委托第三名员工保管

D. 考虑到时间不长，甲将保险箱钥匙交于乙暂时保管

16C　17B　18A　19B

【解析】银行业从业人员应当遵守业务操作指引，遵循银行岗位职责划分和风险隔离的操作规程，确保客户交易的安全。不得打听与自身工作无关的信息，或是违反规定委托他人履行保管物品、信息或其他岗位职责。

20. 中国银行业协会的主管单位是(　　)。

A. 国务院银行业监督管理机构　　B. 中国人民银行

C. 国务院　　D. 中国银行

【解析】中国银行业协会是我国的银行业自律组织，成立于2000年，是在民政部登记注册的全国性非营利社会团体，主管单位为国务院银行业监督管理机构。

21. 以下不属于银行业监管机构的是(　　)。

A. 国务院银行业监督管理机构　　B. 中国人民银行

C. 中国银行业协会　　D. 国家外汇管理局

【解析】银行业从业人员应当遵守职业操守与准则，并接受所在机构、银行业自律组织、监管机构和社会公众的监督。其中，监管机构既包括国务院银行业监督管理机构，也包括中国人民银行、国家外汇管理局等行使监督管理职能的部门及其分支机构。C项，中国银行业协会属于银行业自律组织，不是监管机构。

22. 下列关于银行从业人员行为规范的说法不正确的是(　　)。

A. 自觉遵守法律法规规定，不得参与“黄、赌、毒、黑”、非法集资、高利贷、欺诈、贿赂等一切违法活动和非法组织

B. 不得以故意伤害、非法拘禁、侮辱、恐吓、威胁、骚扰等非法手段催收贷款

C. 可以参与或支持客户用信贷资金进行股票买卖

D. 不得组织或参与非法吸收公众存款、套取金融机构信贷资金、高利转贷、非法向在校学生发放贷款等民间融资活动

【解析】银行业从业人员不得默许、参与或支持客户用信贷资金进行股票买卖、期货投资等违反信贷政策的行为。不得挪用所在机构资金和客户资金，不得利用本人消费贷款进行违规投资。

23. 下列选项中，不属于银行业从业人员职业操守要求的是(　　)。

A. 专业胜任　　B. 公平竞争　　C. 依法合规　　D. 严守秘密

【解析】银行业从业人员的职业操守包括：①爱国爱行；②诚实守信；③依法合规；④专业胜任；⑤勤勉履职；⑥服务为本；⑦严守秘密。

24. 下列属于法律法规中程序性规定范畴的是(　　)。

A. 不得进行洗钱活动

B. 法律、法规要求所有经营性、生产性企业依法照章纳税

C. 商业银行开办代客境外理财业务必须向国务院银行业监督管理机构申请代客理财业务资格

D. 法律、法规要求所有经营性、生产性企业要遵守会计原则

【解析】程序性规定是指法律法规中有关从事某种活动必须按照一定程序履行审批或备

20A　21C　22C　23B　24C

案的规定。A 项属于禁止性规定；BD 两项属于义务性规定。

25. 下列规定不属于实施履职回避的有(　　)。

A. 银行业从业人员应当严格遵守有关履职回避要求

B. 银行从业人员任职期间出现需要回避情形的，本人应当主动提出回避申请，服从所在机构作出的回避决定

C. 银行业从业人员严禁通过近亲属以明显优于或低于正常商业条件与其所在机构进行交易

D. 银行业金融机构不得向特定关系人及其亲属提供高薪岗位、职务、薪酬奖励

【解析】C 项属于严禁非法利益输送交易的规定。

26. 根据法律、法规的规定，我国证券投资基金、企业年金、社保基金等都必须指定(　　)家商业银行作为托管人。

A. 1　　B. 2　　C. 3　　D. 4

【解析】根据《证券投资基金法》及其相关法律、法规的规定，证券投资基金、企业年金、社保基金等都必须指定一家商业银行作为托管人。

27. 在向客户推荐产品或提供服务时，(　　)不属于银行业从业人员应当提示的风险。

A. 道德风险　　B. 法律风险　　C. 政策风险　　D. 市场风险

【解析】在向客户推荐产品或提供服务时，银行业从业人员应当根据监管规定要求，对所推荐的产品及服务涉及的法律风险、政策风险以及市场风险等进行充分的提示。

28. 下列选项中，(　　)不属于银行业从业人员业务合规的内容。

A. 遵守信贷业务规定　　B. 厉行勤俭节约

C. 遵守出访管理规范　　D. 遵守离职交接规定

【解析】B 项属于银行业从业人员履职遵纪的内容。

29. 下列不属于银行业金融机构营造风清气正的职场环境和氛围的是(　　)。

A. 按照“忠、专、实”的衡量标准，选拔任用政治过硬、素质过硬、踏实肯干的干部人才

B. 破除阿谀奉承、拉帮结派等小圈子、小团伙依附关系

C. 采取合理的预防、受理投诉、调查处置等措施，防止和制止利用职权、从属关系等实施性骚扰

D. 严禁通过网络等发布、传播不当言论

【解析】D 项属于塑造职业形象的相关内容。

30. 中国银行业协会的宗旨是(　　)。［2024 年 10 月真题］

A. 促进银行业的合法、稳健运行　　B. 维护公众对银行业的信心

C. 促进会员单位实现共同利益　　D. 提高银行业竞争能力

【解析】中国银行业协会以促进会员单位实现共同利益为宗旨，履行自律、维权、协调、服务职能，维护银行业合法权益，维护银行业市场秩序，提高银行业从业人员素质，

25C　26A　27A　28B　29D　30C

提高为会员服务的水平，促进银行业的健康发展。

31. 下列关于强化银行从业人员职业行为自律的相关说法错误的是(　　)。

A. 严格遵守准则，接受所在机构的监督管理

B. 自觉接受银行业协会等自律组织的监督

C. 对所在机构的惩戒有异议的，有权按照正常渠道反映和申诉

D. 对银行业从业人员严重违法违规违纪的、严重影响行业形象造成恶劣社会影响的纳入“黑名单”管理，予以通报同业，但不实行行业禁入制度

【解析】对银行业从业人员严重违法违规违纪的、严重影响行业形象造成恶劣社会影响的纳入“黑名单”管理，予以通报同业，实行行业禁入制度。对其他情节较严重的违法违规违纪人员实行“灰名单”管理制度，限制其不得任职于银行业金融机构重点部门或关键岗位。

32. (　　)不是政府对银行进行审慎监管的原因。

A. 银行业由于高度依赖负债经营，因而具有较大风险

B. 银行业经营具有较强的外部性

C. 银行业具有资本派生功能，对国民经济的稳定有重要作用

D. 银行的资产规模巨大，它的倒闭容易给国家造成重大经济损失

【解析】世界各国对银行进行审慎监管的原因在于：①银行业是一个高度依赖负债经营的行业，其经营中潜伏着较大的不确定性和风险；②银行业经营具有较强的外部性，一家银行的经营成果不仅与银行的股东和从业人员有关，还常常涉及社会公众；③银行业可以吸收存款并发放贷款，具有货币派生功能，对国民经济稳定有重要的作用，它是一个具有天然的脆弱性并对国计民生产生重大影响的行业，是政府重点监管的行业。

33. 银行从业人员的下列行为中，违反银行业从业人员行为守法规定的是(　　)。

A. 不利用职务便利实施伪造信用卡、非法套现信用卡、滥发信用卡等行为

B. 发现泄密事件，立即采取合理措施但未报告

C. 不为特定客户优于同等条件办理高端信用卡，提供价质不符的高端服务

D. 不利用职务便利实施窃取、泄露客户信息、所在机构商业秘密等的违法犯罪行为

【解析】B 项，银行业从业人员不得利用职务便利实施窃取、泄露客户信息、所在机构商业秘密等的违法犯罪行为。发现泄密事件，应立即采取合理措施并及时报告。违反工作纪律、保密纪律，造成客户相关信息泄露的，应当按照有关规定承担责任。

34. 下列不属于银行业协会职能的是(　　)。[2025 年 6 月真题]

A. 维权　　B. 服务　　C. 协调　　D. 监督

【解析】中国银行业协会以促进会员单位实现共同利益为宗旨，履行自律、维权、协调、服务职能，维护银行业合法权益，维护银行业市场秩序，提高银行业从业人员素质，提高为会员服务的水平，促进银行业的健康发展。

二、多选题(下列选项中有两项或两项以上符合题目要求，请将符合题目要求选项的代码填入括号内)

31D　32D　33B　34D

1．下列属于银行业从业人员维护国家金融安全的相关规定的有（　　）。

A．接受、配合监管工作　　B．遵守反洗钱、反恐怖融资规定

C．协助有权机关执法　　D．举报违法行为

E．服从应急安排

【解析】银行业从业人员维护国家金融安全的相关规定有：①接受、配合监管工作；②遵守反洗钱、反恐怖融资规定；③协助有权机关执法；④举报违法行为；⑤服从应急安排；⑥守护舆情环境。

2．中国银行业协会的主要职能包括（　　）。［2024 年 10 月真题］

A．服务　　B．维权　　C．审批　　D．自律

E．协调

【解析】中国银行业协会以促进会员单位实现共同利益为宗旨，履行自律、维权、协调、服务职能，维护银行业合法权益，维护银行业市场秩序，提高银行业从业人员素质，提高为会员服务的水平，促进银行业的健康发展。

3．《银行业从业人员职业操守和行为准则》由（　　）监督实施。［2016 年 5 月真题］

A．司法机构　　B．监管机构

C．银行业自律组织　　D．银行业从业人员所在机构

E．社会公众

【解析】从一般意义上讲，遵守职业操守与准则，应当成为银行业从业人员自觉的职业行为。但没有一定的监督、约束机制，严重违反职业操守规定的行为得不到应有的惩罚，银行业就不能健康发展。因此，《银行业从业人员职业操守和行为准则》的监督者有：银行业从业人员所在机构、银行业自律组织、监管机构和社会公众。

4．下列行为中，符合银行业从业人员业务合规规定的有（　　）。［2015 年 10 月真题］

A．根据监管规定和所在机构风险控制的要求，严格执行贷前调查、贷时审查和贷后检查等“三查”工作

B．不得在任何场所开展未经监管机构或所在机构批准的金融业务，不得销售或推介未经所在机构审批的产品，不得代销未持有金融牌照机构发行的产品

C．不得针对特定客户非公开销售优于其他同类客户的存款产品、贷款产品、基金产品、信托产品、理财产品等

D．严格执行所在单位的财务报销规定，组织或参加会议、调研、出差等公务活动应当严格执行公务出差住宿和交通标准

E．不得用公款支付应当由本人或亲友个人支付的费用

【解析】A 项是遵守信贷业务的规定；BC 两项是遵守销售业务的规定；DE 两项是遵守财务管理的规定。

5．银行业金融机构应当依照法律法规和《银行业从业人员职业操守和行为准则》的精神制定本单位员工具体职业行为规范，将职业操守和行为准则作为（　　）的重要内容。

A．反腐倡廉建设　　B．企业文化建设　　C．合规管理　　D．员工教育培训

1ABCDE　2ABDE　3BCDE　4ABCDE　5ABCDE

E. 人力资源管理

【解析】银行业金融机构应当依照法律法规和《银行业从业人员职业操守和行为准则》的精神制定本单位员工具体职业行为规范，将职业操守和行为准则作为反腐倡廉建设、企业文化建设、合规管理、员工教育培训及人力资源管理的重要内容，定期评估，建立持续的员工执业行为评价和监督机制。

6. 下列关于银行业从业人员遵守出访管理规范，说法正确的有(　　)。

A. 除另有规定外，严禁持因私护照出访执行公务

B. 出访期间须主动接受我国驻外使领馆的领导和监督，但不必请示报告

C. 严格执行中央对外工作方针政策和国别政策

D. 严禁变相公款旅游

E. 不得参加可能对公正履职有影响的出访活动

【解析】银行业从业人员出访期间须主动接受我国驻外使领馆的领导和监督，及时请示报告。除另有规定外，严禁持因私护照出访执行公务。严格执行中央对外工作方针政策和国别政策，严守外事纪律，遵守当地法律法规，尊重当地风俗习惯，杜绝不文明行为。严禁变相公款旅游，严禁安排与公务活动无关的娱乐活动，不得参加可能对公正履职有影响的出访活动。增强安全保密意识，妥善保管内部资料，未经批准，不得对外提供内部文件和资料。

7. 下列属于银行业从业人员保护客户合法权益规定的有(　　)。[2014 年 11 月真题]

A. 礼貌服务客户　　B. 保护客户信息

C. 必要时隐瞒风险　　D. 充分披露信息

E. 妥善处理客户投诉

【解析】银行业从业人员应当遵守的保护客户合法权益的规定有：①礼貌服务客户；②公平对待客户；③保护客户信息；④充分披露信息；⑤妥善处理客户投诉。

8. 小王是某商业银行客户经理，他应该接受(　　)监督。[2018 年 6 月真题]

A. 国家外汇管理局　　B. 其所在地区的银行业协会

C. 国务院银行业监督管理机构　　D. 社会公众

E. 所在商业银行

【解析】银行业从业人员应当遵守《银行业从业人员职业操守和行为准则》，并接受所在机构、银行业自律组织、监管机构和社会公众的监督。其中，监管机构既包括国务院银行业监督管理机构，也包括中国人民银行、国家外汇管理局等行使监督管理职能的部门及其分支机构。

9. 下列行为属于内幕交易的有(　　)。[2011 年 10 月真题]

A. 非内幕信息知情人利用不正当手段获得内幕信息，根据该信息建议他人买卖证券

B. 内幕信息知情人根据内幕信息建议他人买卖证券

C. 内幕信息知情人根据内幕信息自行买卖证券

D. 内幕信息知情人向他人泄露内幕信息，他人利用该信息获利

6ACDE　7ABDE　8ABCDE　9ABCDE

E. 非内幕信息知情人以不正当手段获得内幕信息，根据该信息买卖证券

【解析】严禁内幕交易行为的主要内容包括：银行业从业人员在业务活动中应当遵守有关禁止内幕交易的规定。不得以明示或暗示的形式违规泄露内幕信息，不得利用内幕信息获取个人利益，或是基于内幕信息为他人提供理财或投资方面的建议。

10. (　　)属于银行业自律规范。

A.《银行业从业人员职业操守和行为准则》

B.《银行业协会工作指引》

C.《中国银行业反商业贿赂承诺》

D.《商业银行合规风险管理指引》

E.《商业银行监管评级内部指引》

【解析】银行业自律规范是指由银行业协会经过其章程规定的程序通过的对全体会员具有一定约束力的行业规范及公约，BDE 三项由国务院银行业监督管理机构制定，不属于银行业自律规范。

11. 下列属于银行业从业人员离职交接的相关规定的有(　　)。

A. 接待国(境)外来宾坚持服务外交、友好对等、务实节俭原则

B. 安排宴请、住宿、交通等接待事宜根据相关规定执行

C. 岗位变动或离职时，不得擅自带走所在机构的财物、工作资料和客户资源

D. 岗位变动或离职时，应当按照规定妥善交接工作，遵守脱密和竞业限制约定

E. 在公务外事活动中，严格遵守外事礼品赠予与接受的相关规定

【解析】ABE 三项属于遵守外事接待规范的规定。

12. 在日常工作和生活中，银行业从业人员应恪守有关内幕信息和内幕交易的禁止性规定，下列关于这些规定的说法正确的有(　　)。

A. 不得采取匿名、假名或委托他人利用内幕信息进行内幕交易，为自己谋取不当利益

B. 不得将内幕信息以明示或暗示方式告知自己的亲友

C. 不在不当时间和地点谈论工作话题

D. 不得为身份不明的客户提供服务或者与其进行交易

E. 按照内部秘密信息保管规定妥善保管涉及内幕信息的文件和电子文档

【解析】D 项属于如实反馈信息的内容。

13. 尊重同事原则要求从业人员(　　)。

A. 任何情况下均不得引用同事的工作成果

B. 和同事分享专业知识和工作经验

C. 尊重同事的个人隐私

D. 尊重同事的工作方式和工作成果

E. 和其他部门的同事分享和交流客户信息

【解析】尊重同事原则要求：①银行业从业人员应当尊重同事，不得因同事的国籍、肤色、民族、年龄、性别、宗教信仰、婚姻状况、身体健康或残障而进行任何形式的骚

10AC　11CD　12ABCE　13CD

扰和侵害，禁止带有任何歧视性的语言和行为；②尊重同事的个人隐私，工作中接触到同事个人隐私的，不得擅自向他人透露；③尊重同事的工作方式和工作成果，不得不当引用、剽窃同事的工作成果，不得以任何方式予以贬低、攻击、诋毁。B 项属于团结合作原则的内容；E 项违反了保护客户隐私的原则。

14. 下列属于银行业从业人员维护国家金融安全的相关规定的有(   )。

A. 对所在机构违反法律法规侵害国家金融安全的行为，有责任予以揭露

B. 对所在机构违反法律法规侵害国家金融安全的行为，有权向上级机构或所在机构的监督管理部门直至国家司法机关举报

C. 积极响应国家号召、落实行业倡议、服从机构安排

D. 在抗震救灾、卫生防疫等重大公共应急事件中坚守岗位，尽职履责，努力保障特殊时期金融服务的充分供给

E. 不得向客户明示、暗示或者默许以虚假资料骗取、套取信贷资金

【解析】E 项属于银行业从业人员行为规范中严禁骗取信贷行为的相关规定。

15. 某银行支行员工与客户合谋骗贷的行为被同事察觉，该同事应该(   )。

A. 立即劝阻同事停止骗贷，劝阻无效时才向领导举报

B. 立即向银行有关领导举报

C. 立即向媒体披露有关证据

D. 向银行业协会报告

E. 向监管部门举报

【解析】根据《银行业从业人员职业操守和行为准则》的规定，银行业从业人员同事之间应当互相监督，对同事在工作中违反法律、内部规章制度的行为应当予以提示、制止，并视情况向所在机构，或行业自律组织、监管部门、司法机关报告。A 项，同事的违规行为情节非常严重，一旦成立会给银行造成巨大损害，故应立即举报；C 项，银行业从业人员不得擅自代表所在机构对外发布信息。

16. 两家上市银行的职员在一次聚会中认识，作为银行业从业人员，他们(   )。

A. 可以通过邮件交换各自银行即将要公布的财务数据信息

B. 只能交换对某些客户的评价，不能交流有关客户的具体数据

C. 可以一起参加学术研讨会

D. 可以交流各自银行在理财产品方面的创新思路

E. 可以共同研究货币政策在行业内的具体影响

【解析】银行业从业人员应当严格遵守保密规定，时刻注意强化保密意识，对所在机构尚未公开的财务数据、重大战略决策和产品研发等重大内部信息，自觉履行保密责任，做到不泄密、不失密，确保所在机构经营安全和客户的资金、信息安全。AD 两项所述的行为可能会泄露商业秘密；B 项，交换对客户的评价的做法可能会触犯客户隐私。

17. 下列关于中国银行业协会的运行机制的说法正确的有(   )。

A. 中国银行业协会的最高权力机构为会员大会，由参加协会的部分会员单位组成

14ABCD　15BDE　16CE　17BD

B. 会员大会的执行机构为理事会，对会员大会负责

C. 常务理事会在会员大会闭会期间负责领导协会开展日常工作

D. 理事会闭会期间，常务理事会行使理事会职责

E. 常务理事会由会长 1 名、专职副会长 1 名、副会长 1 名、秘书长 1 名组成

【解析】A 项，中国银行业协会的最高权力机构为会员大会，由参加协会的全体会员单位组成；C 项，理事会在会员大会闭会期间负责领导协会开展日常工作；E 项，常务理事会由会长 1 名、专职副会长 1 名、副会长若干名、秘书长 1 名组成。

三、判断题（请对下列各题的描述做出判断，正确的用 A 表示，错误的用 B 表示）

1. 银行中如有闲置的手提电脑，从业人员可以带回家中供家人使用，银行需要随时返回。（　　）[2017 年 6 月真题]

【解析】银行业从业人员应当厉行勤俭节约，珍惜资源，爱护财产。根据工作需要合理使用所在机构财物，禁止以任何方式损害、浪费、侵占、挪用、滥用所在机构财产。

2. 银行业从业人员应当遵守职业操守与准则，在从业生涯中恪守诚信、合规、尽职的职业价值理念。（　　）[2016 年 10 月真题]

【解析】银行业从业人员应当遵守职业操守与准则，在从业生涯中恪守诚信、合规、尽职的职业价值理念。从一般意义上讲，遵守职业操守与准则，应当成为银行业从业人员自觉的职业行为。

3. 银行业从业人员应当坚持客户至上、客观公正原则，耐心、礼貌、认真地处理客户投诉，及时作出有效反馈。（　　）[2014 年 6 月真题]

【解析】银行业从业人员应妥善处理客户投诉，应当坚持客户至上、客观公正原则，耐心、礼貌、认真地处理客户投诉，及时作出有效反馈。

4. 银行业高级管理人员应当带头遵守、模范践行职业操守和行为准则，并通过“立规矩、讲规矩、守规矩”以上率下，在战略制定和绩效管理等工作中融入职业操守和行为准则考量。（　　）

【解析】银行业高级管理人员应当带头遵守、模范践行职业操守和行为准则，并通过“立规矩、讲规矩、守规矩”以上率下，在战略制定和绩效管理等工作中融入职业操守和行为准则考量，管好关键人、管到关键处、管住关键事、管在关键时，全面推动所在机构营造爱国爱行、诚实守信、专业过硬、勤勉履职、服务为本的良好从业氛围和工作环境。

5. 中国人民银行重庆分行不属于银行业监管机构。（　　）

【解析】监管机构既包括国务院银行业监督管理机构，也包括中国人民银行、国家外汇管理局等行使监督管理职能的部门及其分支机构。故中国人民银行重庆分行属于银行业监管机构。

6. 商业银行的整体经营活动的合规是由其众多的从业人员合规构成的，所以个别银行业从业人员违反规定政策的行为不影响商业银行整体的合规。（　　）

1B　2A　3A　4A　5B　6B

【解析】商业银行的整体经营活动的合规是由其众多的从业人员合规构成的，任何一个银行业从业人员违反合规政策的行为都有可能给银行带来合规风险。

7. 银行业从业人员应当认真落实所在机构贯彻中央“八项规定”的有关制度，坚决反对“形式主义、官僚主义、享乐主义和奢靡之风”等四种不正之风。(　　)

【解析】银行业从业人员应当严格遵守纪律要求，认真落实所在机构贯彻中央“八项规定”的有关制度，求真务实、勤俭节约，坚决反对“形式主义、官僚主义、享乐主义和奢靡之风”等四种不正之风。

8. 银行业从业人员应当遵守业务操作指引，遵循银行岗位职责划分和风险隔离的操作规程，在任何情况下都不能代其他岗位人员履行职责或将本人工作委托他人代为履行。(　　)

【解析】根据《银行业从业人员职业操守和行为准则》对于岗位职责的规定，经内部职责调整或经过适当批准，银行业从业人员可以代其他岗位人员履行职责或将本人工作委托他人代为履行。

9. 银行业从业人员根据所在机构和客户之间的契约而产生的服务方式的差异是歧视客户的表现。(　　)

【解析】银行业从业人员应当公平对待所有客户，不得因客户的国籍、肤色、民族、性别、年龄、宗教信仰、健康或残障及业务的繁简程度和金额大小等其他方面的差异而歧视客户。银行业从业人员根据所在机构与客户之间的契约而产生的服务方式、费率等方面的差异属于双方约定的内容，不应视为歧视。

10. 银行业从业人员所在机构是指从业人员供职的银行业金融机构。(　　)

【解析】银行业从业人员所在机构是指从业人员供职的银行业金融机构。银行业自律组织包括全国性银行业自律组织和地方性银行业自律组织。

11. 中国银行业协会的主管单位为国务院银行业监督管理机构。(　　)

【解析】中国银行业协会是我国的银行业自律组织，成立于2000年，是在民政部登记注册的全国性非营利社会团体。主管单位为国务院银行业监督管理机构。

12. 中国银行业协会以促进会员单位实现共同利益为宗旨。(　　)

【解析】中国银行业协会以促进会员单位实现共同利益为宗旨，履行自律、维权、协调、服务职能，维护银行业合法权益，维护银行业市场秩序，提高银行业从业人员素质，提高为会员服务的水平，促进银行业的健康发展。

13. 中国银行业协会的最高权力机构是理事会。(　　)[2017年10月真题]

【解析】中国银行业协会的最高权力机构为会员大会，由参加协会的全体会员单位组成。会员大会的执行机构为理事会，对会员大会负责。

14. 中国银行业协会会员大会的执行机构为理事会。(　　)[2024年10月真题]

【解析】中国银行业协会的最高权力机构为会员大会，由参加协会的全体会员单位组成。会员大会的执行机构为理事会，对会员大会负责。

7A　8B　9B　10A　11A　12A　13B　14A

第三章　清廉金融

一、单选题(下列选项中只有一项最符合题目要求，请将正确选项的代码填入括号内)

1. 下列关于清廉金融的内涵的说法错误的是(　　)。

A. 清廉金融包含清廉从业理念、清廉从业制度、清廉从业行为、清廉金融产品等

B. 清廉从业理念，强调金融从业诚信、责任、服务、合规、稳健、创新

C. 清廉从业制度，纳入金融业全面风险管理体系，将清廉理念贯穿金融机构业务经营各个方面、各个环节和流程

D. 清廉金融产品，强调金融产品的安全性、风险性、收益性是金融客户关注的重点

【解析】清廉金融产品，强调金融产品的安全性、透明度、收益性是金融客户关注的重点，必须经得起客户及社会的监督和检验。金融机构不得销售或推介未经审批的产品，不得代销未持有金融牌照机构发行的产品。

2. 下列关于清廉金融文化建设的宗旨，说法错误的是(　　)。

A. 增强金融从业人员清廉从业意识　　B. 消除存在的潜在风险

C. 培育清廉金融理念　　D. 提升金融反腐败内生动力

【解析】银行业保险业清廉金融文化建设活动，旨在通过全覆盖参与、全过程融入、全方位提升，增强金融从业人员清廉从业意识，培育清廉金融理念，通过文化的渗透力和影响力，厚植清廉根基，提升金融反腐败内生动力，提升从业人员的道德品行、职业操守和法治意识，增强抵御风险和违法犯罪侵蚀的免疫力，净化金融政治生态。

3. 下列关于银行业从业人员清廉金融行为守法，说法错误的是(　　)。

A. 自觉遵守法律法规规定，不得参与“黄、赌、毒、黑”、非法集资、高利贷、欺诈、贿赂等一切违法活动和非法组织

B. 遵守岗位管理规范，确保客户交易的安全

C. 不得以故意伤害、非法拘禁、侮辱、恐吓、威胁、骚扰等非法手段催收贷款

D. 不得利用职务便利实施伪造信用卡、非法套现信用卡、滥发信用卡等

【解析】B 项属于银行业从业人员清廉金融业务合规的相关规定。

4. 下列关于清廉从业管理的监督问责，说法错误的是(　　)。

A. 高级管理人员及关键岗位人员的绩效薪酬与行为评估紧密挂钩

B. 银行业金融机构行为管理牵头部门制定完善从业人员行为的长期监测机制，定期评估全体从业人员行为，并向高级管理层报告评估结果

C. 从业人员行为评估结果将作为薪酬发放和职位晋升的重要依据

D. 银行业金融机构应对员工 10 小时内外违规违纪行为，严肃问责，强抓整改

【解析】D 项，银行业金融机构应对员工 8 小时内外违规违纪行为，严肃问责，强抓整改。

1D　2B　3B　4D

5. 银行业金融机构应加强清廉金融建设，将清廉从业制度纳入(　　)体系，将清廉金融理念贯穿业务经营各个方面、各个环节和流程。[2024 年 10 月真题]

A. 内部审计　　B. 合规管理　　C. 全面风险管理　　D. 内部控制

【解析】银行业金融机构应加强清廉金融建设，将清廉从业制度纳入金融业全面风险管理体系，将清廉理念贯穿金融机构业务经营各个方面、各个环节和流程。强调建立科学完备、适应市场发展的现代金融制度，保障金融业稳健发展。

6. 清廉金融产品，强调金融产品的(　　)、透明度和收益性是客户关注的重点。[2024 年 10 月真题]

A. 流动性　　B. 独立性　　C. 风险性　　D. 安全性

【解析】清廉金融产品，强调金融产品的安全性、透明度、收益性是金融客户关注的重点，必须经得起客户及社会的监督和检验。金融机构不得销售或推介未经审批的产品，不得代销未持有金融牌照机构发行的产品。

7. 以下关于授信业务廉洁从业禁令的说法，错误的是(　　)。[2025 年 6 月真题]

A. 严禁随意调整贷款风险分类

B. 严禁披露贷款审查中发现的重大问题或疑点问题

C. 严禁以资料审核代替实地调查方式进行贷前调查

D. 严禁以贷款或贴现资金缴存保证金、滚动签发银行承兑汇票

【解析】B 项，严禁隐瞒贷款审查中发现的重大问题或疑点。

二、多选题(下列选项中有两项或两项以上符合题目要求，请将符合题目要求选项的代码填入括号内)

1. 下列关于银行业从业人员清廉从业管理的授信业务方面的行为禁令的说法正确的有(　　)。

A. 严禁隐瞒贷款审查中发现的重大问题或疑点

B. 严禁以化整为零等方式越权或变相越权审批贷款，逆程序或缺程序审批贷款

C. 严禁不按规定审核办理贷款发放手续直接发放贷款，未落实贷款审批意见或擅自变更审批意见发放贷款

D. 严禁采用自主支付方式

E. 严禁无票据贴现或先贴现后见票，以先转后贴的方式逆程序办理贴现和转贴现业务

【解析】D 项，严禁不按规定采用受托支付，或按规定采用自主支付方式时未对借款人的资金使用情况进行监控。

2. 下列关于银行业从业人员清廉从业管理职业操守方面的行为禁令，说法正确的有(　　)。

A. 严禁参加非法集资或高利贷活动，为高利贷公司、担保公司、小额贷款公司以及客户之间等充当任何形式的资金掮客，牵线搭桥帮助借款人筹措资金归还银行贷款并从中牟利

B. 严禁对不具有真实贸易背景的商业汇票或不能确认具有真实贸易背景的票据办理承兑、贴现

5C　6D　7B　▎　1ABCE　2ACDE

C. 严禁利用职务上的便利与亲属及其他利益关系人投资入股或实际控制的担保机构进行业务合作，或利用职权指令与某一特定担保机构合作

D. 严禁利用职务上的便利索要、收受贿赂，或违反国家规定收受各种名义的回扣、手续费等

E. 严禁允许非本行员工以各种方式进入本机构办公或营业场所开展民间借贷、违规担保和非法集资活动

【解析】B 项属于银行业从业人员清廉从业管理授信业务方面的行为禁令。

3. 下列选项中，属于清廉金融内涵的有（　　）。［2024 年 10 月真题］

A. 清廉从业理念　　B. 清廉从业制度　　C. 清廉从业行为　　D. 清廉经营绩效

E. 清廉金融产品

【解析】清廉金融内容丰富、影响广泛，是一项系统工程。清廉金融包含清廉从业理念、清廉从业制度、清廉从业行为、清廉金融产品等。

三、判断题（请对下列各题的描述做出判断，正确的用 A 表示，错误的用 B 表示）

1. 银行业金融机构应加强员工行为管理的全周期落实，重视员工职业发展，从员工入职前、入职后的新人期、成长期，自始至终分阶段进行行为管理教育防范。（　　）

【解析】银行业金融机构将清廉行为规范作为反腐倡廉建设、企业文化建设、合规管理、员工教育培训及人力资源管理的重要内容，定期评估，建立持续的员工执业行为评价和监督机制。加强员工行为管理的全周期落实，重视员工职业发展，从员工入职前、入职后的新人期、成长期，自始至终分阶段进行行为管理教育防范。

2. 银行业金融机构应当强化内控案防管理，通过大数据等系统排查手段，强化对员工异常行为的监督。（　　）

【解析】银行业金融机构应当强化内控案防管理，通过大数据等系统排查手段，强化对员工异常行为的监督，包括员工与客户之间是否存在经济往来，是否有大额资金进出，以及员工与员工之间是否有不正当经济往来等。

3ABCE　　▍　　1A　2A

第四章　银行业消费者权益保护

一、单选题(下列选项中只有一项最符合题目要求，请将正确选项的代码填入括号内)

1. 银行业从业人员下列行为中，违反“勤勉尽职”要求的是(　　)。[2019 年 6 月真题]

A. 将客户信息告知第三人　　B. 对所在机构恪守诚实信用原则

C. 在工作时间上网浏览娱乐信息　　D. 通过支付回扣方式获取业务

【解析】银行业从业人员应当勤勉谨慎，对所在机构负有诚实信用义务，切实履行岗位职责，维护所在机构商业信誉。A 项违反了“保护商业秘密与客户隐私”的要求；B 项符合“勤勉尽职”的要求；D 项违反了“公平竞争”的要求。

2. 个别银行以各种理由和借口限制、误导银行业消费者进行自主决策，侵犯了消费者的(　　)。[2024 年 10 月真题]

A. 自主选择权　　B. 隐私权　　C. 安全权　　D. 知情权

【解析】银行业消费者的自主选择权是指银行业消费者可以根据自己的体验、爱好与判断自主选择银行作为交易对象或自主选择银行产品并决定是否与其进行交易，不受任何单位和个人的不合理干预。银行业消费者可以自主决定选择银行，而个别银行以各种理由和借口限制、误导银行业消费者进行自主决策就会造成侵权。

3. 享有(　　)，是银行业消费者在消费过程中作出自由选择并实现公平交易的前提条件。

A. 安全权　　B. 隐私权　　C. 知情权　　D. 自主选择权

【解析】银行业消费者的知情权，是指在消费中，银行业消费者享有知悉其购买、使用产品或接受服务的真实情况的权利。享有知情权，是银行业消费者在消费过程中作出自由选择并实现公平交易的前提条件。

4. 银行业消费者的受教育权可以分为______的教育权和______的教育权。(　　)

A. 银行消费知识；银行服务知识　　B. 银行消费知识；消费者权益保护知识

C. 银行产品知识；消费者权益保护知识　　D. 银行产品知识；银行服务知识

【解析】银行业消费者的受教育权可以分为两类：银行消费知识的教育权和消费者权益保护知识的教育权。前者指消费者有权接受关于银行产品的种类、特征等有关知识的教育，后者指消费者有权接受权益受到侵害时如何维权等知识的教育。

5. 银行业消费者的主要权利不包括(　　)。[2023 年 10 月真题]

A. 安全权　　B. 自主选择权　　C. 依法求偿权　　D. 保密权

【解析】银行业消费者的主要权利的具体表现为：安全权、隐私权、知情权、自主选择权、公平交易权、依法求偿权、受教育权、受尊重权、监督权。

6. 银行业金融机构(　　)是指银行业金融机构支持国家产业政策和环保政策，节约资源，保护和改善自然生态环境，支持社会可持续发展。

1C　2A　3C　4B　5D　6D

A. 慈善责任　　B. 经济责任　　C. 社会责任　　D. 环境责任

【解析】AC 项，银行业金融机构社会责任，是指银行业金融机构以符合社会道德和公益要求的经营理念为指导，积极维护消费者、员工和社区大众的社会公共利益，提倡慈善责任，积极投身社会公益活动，构建社会和谐，促进社会发展；B 项，银行业金融机构经济责任，是指银行业金融机构在遵守法律条件下，营造公平、安全、稳定的行业竞争秩序，以优质的专业经营，持续为国家、股东、员工、客户和社会公众创造经济价值。

7. 2012 年，原中国银监会颁布《银行业金融机构绩效考评监管指引》，将(　　)类指标作为五大类指标之一专门纳入绩效考评中。

A. 合规经营　　B. 社会责任　　C. 风险管理　　D. 发展转型

【解析】为指导和推动银行业金融机构履行社会责任，2012 年，原中国银监会颁布《银行业金融机构绩效考评监管指引》，将社会责任类指标作为五大类指标之一专门纳入绩效考评中。银行业金融机构绩效考评指标包括：合规经营类指标、风险管理类指标、经营效益类指标、发展转型类指标、社会责任类指标。

8. 商业银行应该严格区分自有产品和(　　)，不误导或诱导消费者购买金融产品。[2024 年 10 月真题]

A. 基金产品　　B. 储蓄产品　　C. 代销产品　　D. 理财产品

【解析】银行业金融机构应当在产品销售过程中，严格区分自有产品和代销产品，不得混淆、模糊两者性质向银行业消费者误导销售金融产品。

二、多选题(下列选项中有两项或两项以上符合题目要求，请将符合题目要求选项的代码填入括号内)

1. 银行业从业人员职业操守的宗旨包括(　　)。[2018 年 10 月真题]

A. 规范银行从业人员职业行为

B. 确保银行利润最大化

C. 维护银行业良好信誉

D. 提高中国银行业从业人员整体素质和职业道德水准

E. 在银行业内建立良好的清廉文化

【解析】为规范银行业从业人员职业行为，提高中国银行业从业人员整体素质和职业道德水准，在银行业内建立良好的清廉文化，维护银行业良好信誉，促进银行业的健康发展，制定《银行业从业人员职业操守和行为准则》。

2. 下列属于银行业消费者权利的是(　　)。

A. 自主选择权　　B. 公平交易权　　C. 依法求偿权　　D. 安全权

E. 受教育权

【解析】银行业消费者，是指购买或使用银行业产品和接受银行业服务的自然人。其主要权利有：①安全权；②隐私权；③知情权；④自主选择权；⑤公平交易权；⑥依法求偿权；⑦受教育权；⑧受尊重权；⑨监督权。

7B　8C　▍　1ACDE　2ABCDE

3. 《中国银行业金融机构企业社会责任指引》从(　　)三个方面对银行业金融机构应该履行的社会责任进行了阐述。

A. 社会责任　B. 环境责任　C. 政治责任　D. 安全责任

E. 经济责任

【解析】《中国银行业金融机构企业社会责任指引》从经济责任、社会责任、环境责任三个方面对银行业金融机构应该履行的社会责任进行了阐述，并对银行业金融机构履行社会责任的管理机制和制度提出了建议。

4. 银行业金融机构经济责任的主要内容包括(　　)。

A. 在法律规定下积极提高经营效益　B. 重视消费者的权益保障，有效提示风险

C. 积极支持政府经济政策　D. 主动承担信用体系建设的责任

E. 关心社会发展

【解析】DE 两项属于银行业金融机构社会责任包含的内容。

5. 银行业金融机构社会责任的主要内容包括(　　)。

A. 制定资源节约与环境保护计划

B. 通过信贷等金融工具支持客户节约资源、保护环境

C. 承担消费者教育的责任

D. 提倡以人为本，重视员工健康和安全

E. 支持社区经济发展

【解析】AB 两项属于银行业金融机构环境责任包含的内容。

6. 银行业金融机构环境责任的主要内容包括(　　)。

A. 优化资源配置，支持社会、经济和环境的可持续发展

B. 倡导独立对融资项目的环境影响进行现场调查、审核

C. 热心慈善捐赠、志愿者活动

D. 积极主动地参与环境保护的实践和宣传活动

E. 维护银行业良好的市场竞争秩序，促进银行业健康发展

【解析】C 项属于银行业金融机构社会责任包含的内容；E 项属于银行业金融机构经济责任包含的内容。

三、判断题(请对下列各题的描述做出判断，正确的用 A 表示，错误的用 B 表示)

1. 当前，金融教育已逐渐成为市场行为和审慎监管的有效补充。(　　)

【解析】当前，金融教育已逐渐成为市场行为和审慎监管的有效补充，许多国家在改进个人金融行为上也将金融教育定位为长期优先事项。

2. 2013 年 8 月，国务院办公厅发布《银行业消费者权益保护工作指引》，这是我国首次从国家层面公布专门针对金融消费者权益保护工作的文件规范。(　　)

【解析】2015 年 11 月，国务院办公厅发布《关于加强金融消费者权益保护工作的指导意见》，对监管部门、金融机构、社会组织等提出了具体的工作要求，这是我国首次从国家层面公布专门针对金融消费者权益保护工作的文件规范。

3ABE　4ABC　5CDE　6ABD　┃　1A　2B

3. 银行业消费者专指购买或使用银行业产品的自然人。（　　）

【解析】银行业消费者是指购买或使用银行业产品和接受银行业服务的自然人。

4. 金融机构应至少每年排查一次个人金融信息安全隐患。（　　）

【解析】金融机构应依法收集个人金融信息，采取有效措施确保个人金融信息安全，至少每半年排查一次个人金融信息安全隐患。

5. 金融机构应当定期开展金融消费者权益保护专题教育和培训，培训对象仅覆盖中高级管理人员，不包括基层业务人员。（　　）

【解析】金融机构应当开展金融消费者权益保护员工教育和培训，提高员工的金融消费者权益保护意识和能力。金融机构应当每年至少开展一次金融消费者权益保护专题教育和培训，培训对象应当全面覆盖中高级管理人员及基层业务人员。

3B　4B　5B